KB213356

목숨을 건 일본 사랑

러브소나타

ove Sonata

일러두기

이 책은 2007년부터 2010년까지 일본에서 진행된 문화 전도집회 '러브소나타'에서 하용조 목사가 설교한 내용과 소천하신 그분을 추모하는 글을 엮은 것입니다. 국내 출간에 앞서 일본에서 『神が愛される日本を私も愛した (하나님이 사랑하는 일본을 나도 사랑했다)』라는 제목으로 출간된 바 있습니다. 『神が愛される日本を私も愛した』에 실린 일본어는 김윤희(엔터스코리아 소속 전문 번역가) 씨가 번역해 주었습니다.

지은이 | 하용조
초판 발행 | 2012. 7. 20

등록번호 | 제3-203호
등록된 곳 | 서울시 용산구 서빙고동 95번지
발행처 | 사단법인 두란노서원
영업부 | 2078-3333 FAX | 080-749-3705
출판부 | 2078-3444

책값은 뒤표지에 있습니다.
ISBN 978-89-531-1786-0 03230

독자의 의견을 기다립니다.
tpress@duranno.com http://www.duranno.com

이 책의 성경 본문은 개역개정을 사용했습니다.

두란노서원은 바울 사도가 3차 전도 여행 때 에베소에서 성령 받은 제자들을 따로 세워 하나님의 말씀으로 양육하던 장소입니다. 사도행전 19장 8-20절의 정신에 따라 첫째 목회자를 돕는 사역과 평신도를 훈련시키는 사역, 둘째 세계선교(TIM)와 문서선교(단행본 · 잡지) 사역, 셋째 예수문화 및 경배와 찬양 사역, 그리고 가정 · 상담 사역 등을 감당하고 있습니다. 1980년 12월 22일에 창립된 두란노서원은 주님 오실 때까지 이 사역들을 계속할 것입니다.

목숨을 건 일본 사랑

러브소나타

두란노

주님의 부르심에 응답하십시오

하나님께서는 저를 일본에 3년 동안 묶어 두셨습니다.
저는 병 고치러 일본에 와 있는 줄 알았습니다.

제가 미국에 갔다가 심장 마비를 두 번 겪었습니다.
일본에 돌아왔더니 의사 선생님이 한국에 가지 말라고,
최소한 3개월 동안만이라도 비행기는 타지 말라고 하셨습니다.
그래서 한국에도 갈 수 없었습니다.

왜 이렇게 되었나 생각해 봤더니
하나님이 제가 건강하면 도망갈까 봐, 제가 가고 싶은 데로 갈까 봐.
너는 일본을 떠나지 말고 일본에 있으라고 하신 것입니다.
하나님은 참 집요하십니다.
하나님은 방법이 많으십니다.

'너는 일본을 위해 헌신해라.' 제 마음속에 그런 감동이 왔습니다.
하나님께서 시키시는 데, 붙잡으시는 데, 제가 어디를 갑니까?

하용조, 2010년 10월에 열렸던 성령집회 '더 멋진 세상' 때

목차

오직 성령이 너희에게 임하시면
너희가 권능을 받고 예루살렘과
온 유대와 사마리아와 땅 끝까지 이르러
내 증인이 되리라 하시니라

행 1:8

비전은 모자이크다.

처음 한 발짝을 떼어 놓을 때에는

그 비전 하나만 보인다.

그러나 순종하고 출발하면

조금씩 다른 비전들과 연결되어

큰 그림이 보이기 시작한다.

러브소나타가 그랬다.

순종하고 시작하니,

하나님이 온누리교회에 쏟아 부어 주셨던

은혜의 뜻이,

퍼즐 조각이 맞춰지듯 연결되었다.

하용조 목사의 『사도행전적 교회를 꿈꾼다』에서

추천의 글

영적으로 잠자고 있는 일본을 깨우다

이어령_ 초대 문화부 장관, 중앙일보 고문

"그동안 나는 죽음이 끝이라고 생각했다. 내가 아는 지식을 통해서는 예수의 부활을 믿을 수가 없었다."

하나님을 믿기 전에 이런 말을 했던 제가 2007년 4월 12일 동경 러브소나타 때 하용조 목사님을 통해 세례를 받았습니다. 세례 받던 날, 격투기 경기가 열리는 사이다마 돔에 2만 명의 일본인들이 모여 있었습니다. 하 목사님의 힘 있는 설교에 일본인들이 눈물을 흘리며 손을 흔드는, 기적을 맛볼 수 있는 밤이었습니다.

일본인들은 스스로 일본은 경제대국이지만 친구가 없는 나라라고 비판합니다. 그러나 하 목사님은 일본인들에게 당신과 함께 울고 상처를 씻어줄 착한 이웃들이 있다는 것을 몸을 불살라 보여 주셨습니다.

과거 역사적으로 침략자요 수탈자였던 일본을 사랑하는 것은 사람의 힘으로는 불가능합니다. 하 목사님은 하나님이 주신 사랑으로 갈등의 벽을 넘어 일본에 아낌없는 사랑과 생명을 나누어 주었습니다. 영적으로 고갈되어 있는 일본인에게 영원히 목마르지 않는 진정한 사랑을 맛보게 해 주었습니다. 한국인 위주의 일방적인 선교 방법이 아니라 문화 전도집회인 '러브소나타'라는 창의적인 선교 방법으로 말입니다.

육신과 뼛속에 사무치는 고통 중에도 하 목사님은 한계가 없는 비전을 품고 이루신 분입니다. 처음 러브소나타의 비전을 시작했을 때는 일본만 보였다고 합니다. 진행 중에 일본과 손을 잡으면 중국 선교를 할 수 있겠다는 꿈을 꾸게 되었습니다. 중국과 함께 인도를, 인도 이후에 이슬람권에 복음을 전할 수 있다는 확신을 갖게 되었습니다.

러브소나타는 갈등 관계에 있는 사람들이 하나가 되는 기적을 낳고 있습니다. 또한 러브소나타는 하나님이 원하시는 화해, 일치, 용서, 나눔, 평화 등을 알게 해 주는 좋은 모델입니다. 하 목사님이 목숨의 진액을 쏟아 부은 러브소나타가 영적으로 잠자고 있는 일본인들을 깨우기를 바랍니다. 이 책이 일본 열도의 사막을 사랑의 화원으로 바꾸는 귀한 도구가 되리라 믿습니다.

지, 정, 의가 함께 혼합된 러브소나타

홍정길_ 남서울은혜교회 원로목사, 밀알복지재단 이사장

하용조 목사님을 회고해 보건데 그의 삶 자체가 바로 열정이었습니다. 그리고 그 시작은 늘 자기가 서 있는 현장이었습니다. 목숨을 걸고 대학생들을 향해 전도하던 CCC시절이 그러했고, 삶 전체를 열정으로 불 태웠던 민족복음화 운동, 겉모습은 화려하나 깊은 허무로 가득한 연예계에 굳건히 세운 연예인 교회, 영국에서 복음을 전한 유학생들과 영국의 신학자들과 교류하던 곳이 그러했고, 그러는 가운데 복음 영광을 마음으로 더 깊이 붙잡았습니다.

하나님의 은혜가 필요한 곳이라면 그곳이 어디든지 바로 하용조 목사님이 일하는 장소였습니다. 하 목사님은 온누리교회를 열심히 섬기면서 사람을 양육했을 뿐만 아니라, 성도들에게 세계 선교의 큰 비전을 심어 주었습니다. 그러던 중에 그가 몸이 아파 일본에서 치료를 받게 되었습니다.

복음과 상관없을 것 같던 일본 사람들. 또 그 이름만 들어도 왠지 싫은 일본. 하지만 하용조 목사님은 일본에서 하나님의 사랑이 필요한 영혼들을 보게 되었고, 일본을 향한 복음 전도의 놀라운 환

상을 갖게 됩니다. 그리고 그곳에서 영광스러운 하나님의 본질인 사랑을 하용조 목사님 나름대로 연주하기 시작했습니다.

하 목사님처럼 일본 사람들에게 가깝게 다가서서 복음을 전했던 역사는 아마 이전에 없었을 것입니다. 젊은 시절, 지방 곳곳을 돌아다니며 민족복음화의 횃불을 들고 집회하며 전도했던 그 열정을 일본에 쏟아 붓기 시작했습니다. 늘 은원(恩怨) 관계가 이어지고 있는 그곳. 아니 우리 민족에 아픔과 수치, 고통을 준 그들을 향해 하나님의 심장에서 흘러나오는 사랑을 온누리교회와 함께 힘차게 연주한 것입니다.

복음은 살아 있습니다. 그리고 운동력이 있습니다. 우리의 혼과 영과 관절과 골수를 찔러 쪼개는 놀라운 능력이 있습니다. 일본을 향한 사랑 노래, 러브소나타. 이는 눈에 보이는 것만 철저히 신뢰하는 일본 사람들에게 하나님의 사랑을 가슴으로 만나는 계기를 만들어 주었습니다.

2011년에 일본에 쓰나미가 덮쳤습니다. 사람이 애쓰고 조심하면 모든 것이 잘 될 줄 알았던 일본 사람들에게 이 재해는 경종을 울렸습니다. 사람의 힘으로는 어찌할 수 없는 불가항력의 사태를 인정한 것입니다.

온누리교회는 일본 사람들에게 불가항력의 유일한 해답이신 살아계신 하나님을 지금도 전하고 있습니다. 일본 땅에 연주된 복음의 아름다운 소식이 일본 사람들의 마음속 깊숙이 반드시 울려 퍼져서, 그들에게 옛날 우치무라 간조(內村鑑三)가 외쳐댔던 '성서일본'의 놀라운 영광의 때를 만들어 주리라고 기대해 봅니다. 우치무라 간조의 성서일본이 진리 말씀인 성경말씀을 일본의 지성으로 그대로 받자는 운동이었다면, '지, 정, 의'가 함께 혼합된 러브소나타를 통해서 복음의 시대를 열어가는 놀라운 신 유언을 우리 하용조 목사님의 생애를 통해 만들어냈습니다.

러브소나타. 연주가 계속 될 때마다 그 깊이가 더해집니다. 처음 음악을 몰랐던 사람이 반복해 들어가면서 그 깊이를 깨닫는 것처럼, 러브소나타를 통해서 복음이 들려질 때마다 일본의 영혼들이 하나님의 사랑에 깊이 감동하는 축복이 있을 줄로 믿습니다. 이 축복의 씨앗인 하용조 목사님의 러브소나타의 행전을 정리하는 이 책. 100년 후 일본 역사의 변화의 시점에서 본다면 또 놀라운 감동이 펼쳐지리라 생각됩니다. 이 일에 동참한 하용조 목사님의 믿음의 동지들과 하 목사님이 그처럼 사랑했던 온누리교회 성도들에게 러브소나타를 통해서 주어진 축복을 삶으로 온전히 누리고 기뻐하는 놀라운 일이 일어나리라 믿습니다.

또 다른 비저너리가 일어나기를

이동원_ 지구촌교회 원로목사, 국제 코스타 이사장

겨울소나타(겨울연가) 바람이 일본 섬나라를 강타하고 지난 그곳엔 무엇으로도 메울 길 없는 허전한 영혼들의 허무와 절망이 있었습니다. 아무도 보지 못한 이 허무의 공간을 하용조 목사님은 주목했습니다. 그리고 러브소나타를 꿈꾸었습니다. 마침내 일본 영혼들을 강타하는 성령의 바람이 불기 시작했습니다.

일본 교회에 처음으로 '사도행전 29장'의 역사가 씌어지게 되었습니다. 그것도 일본의 정치적 지배를 받은 한국인들에 의해서 말입니다. 그것은 마치 자신들을 정치적으로 지배한 로마를 향해 나아간 유대인 바울 사도의 복음의 기적의 발걸음 같은 것이었습니다.

이제 여기 이 러브소나타의 바람이 지나간 흔적을 모으게 되었습니다. 나는 이 책으로 일본과 아시아 그리고 이 세대 온 세상을 향해 자신을 꿈꾸는 자(visionary)로 헌신한 또 다른 하용조들이 일어나기를 기도합니다. 그리고 일본과 아시아가 복음의 한류로 계속 불타오르게 되기를 기도합니다.

성령에 이끌린 거대한 사랑

미네노 타츠히로_요도바시교회 담임목사, 동경 러브소나타 실행위원장

시간이 지나면 지날수록 하 목사님의 따스하고 인자한 미소를 머금은 얼굴이 자꾸만 떠올라 그리움이 사무칩니다.

몇 해 전, 동경에서 머무실 때 목사님은 요도바시교회 예배 시간에 아무 예고도 없이 나타나 성도들 사이에서 예배를 드리시곤 했습니다. 저는 그때마다 목사님을 강대상으로 모셔 축도를 부탁드렸습니다. 그러면 성도들은 어느 때보다 엄숙해지면서 거룩한 주님이 임재하시는 축복을 누릴 수 있었습니다. 지금도 간혹 예배당에 목사님이 앉아계시는 것 같은 착각을 하기도 합니다.

하용조 목사님의 존재감은 무어라 표현할 수 없을 정도로 거대합니다. 항상 온화하고 자비로우신 가운데 뿜어져 나오는 존재감과 감화력은 무엇과도 견줄 수 없을 만큼 강렬하고 충격적이기까지 했습니다. 말을 아끼시는 분이었지만 온몸으로 예수 그리스도의 사랑을 나타내셨고, 입을 열어 말씀을 선포하실 때면 사랑과 기쁨, 희망으로 가득 찬 하늘의 지혜가 성령에 이끌리듯 거대한 강물이 되어 흘러내리곤 했습니다. 그 물결은 전 세계로 뻗어나갔고, 하늘의 꿈과 비전은 모든 국경을 뛰어넘어 세상의 구석구석을 채우고도 남았습니다.

목사님의 기도는 하나님을 모르고, 갈 길을 몰라 헤매는 영혼들을 구원했고, 그의 사랑과 도움의 손길은 배고픔과 질병으로 고통받는 가난한 사람들에게 향했습니다. 무엇보다 그분의 따스한 마음은 도움을 갈구하는 모든 인류, 지역, 국가를 위해 자기희생과 불이익을 기꺼이 감수하는, 예수 그리스도의 깊은 연민과 자비로 이루어진 아가페 사랑으로 가득 차 있었습니다.

하용조 목사님의 사랑과 기도, 사역은 거세게 활활 타오르는 선교와 성령의 불꽃이 되어 2007년 이곳 일본에까지 전파되었습니다. 그 불꽃은 '러브소나타'와 'CGNTV'로 이어졌고, 그와 연관된 수많은 선교사 육성 프로그램으로 타올랐습니다. 이러한 움직임들이 오늘날 일본의 선교를 지탱해 준다고 해도 과언이 아닙니다. 이토록 위대한 하 목사님의 공적과 발자취를 우리는 결코 잊을 수 없습니다. 그리하여 '떠나가신 후에도 음성을 들려주시는' 하용조 목사님이 일본 선교 사역에서 남기신 주옥 같은 메시지를 수많은 일본 사역자의 증언을 빌어 한 권의 기념 책자로 세상에 남기게 되었습니다.

이 책의 일본어판 제목처럼 "하나님께서 사랑하신 일본을 나도 사랑했다"고 말씀하시는 하 목사님의 음성이 귓가에 들려오는 듯합니다.

보내든지 가든지 하라

이재훈_온누리교회 담임목사

　고(故) 하용조 목사님은 온누리교회를 세계 최고의 선교적 교회로 이끄신 분입니다. 하 목사님은 2천 명의 선교사를 파송하겠다는 놀라운 비전을 선포하시고 선교를 최우선적인 목회중점사역으로 여기고 사역하시다가 주님 곁으로 가셨습니다.

　하 목사님께서 꿈꾸셨던 교회는 선교를 프로그램으로 행하는 교회가 아니라 모든 성도들이 선교사가 되는 교회였습니다. 출석한 지 7년이 된 성도들은 떠나라고 말씀하셨고, "보내든지 가든지 하라"고 도전하셨습니다. 이러한 선교적 목회 철학의 배경에는 하 목사님이 선교사로 헌신하셨던 일이 자리잡고 있습니다.

　하 목사님은 찰리 스터드(C. T. Studd)가 창립한 WEC라는 선교단체에서 선교사 후보생으로 훈련 받으셨지만 건강의 문제로 파송되지 못하셨습니다. 그토록 선교사로 가고 싶어하셨지만 하나님께서는 도리어 목회자가 되어 온누리교회를 이끌도록 인도하셨습니다. 그래서 늘 선교사들과 함께 지내셨고 선교에 관한 일이라면 어떤 일이든지 두려워하지 않고 도전하셨습니다.

온누리교회는 1,350명이 넘는 선교사를 파송하였고 현재 활동 중인 선교사도 730명에 이릅니다. 이렇게 많은 선교사를 파송하고 사역하였지만 하 목사님의 마음에는 늘 아쉬움이 많았습니다. 본인이 선교사로 사역하지 못하고 있다는 부담 때문이었습니다.

신장기능이 약화되어 장기적으로 일본에서 치료를 받아야 한다는 결론에 이르렀을 때 하 목사님은 이를 하나님께서 자신을 일본 선교사로 파송하신 것이라고 해석하셨습니다. 아무 일도 하지 않고 쉬어야 하는 상황임에도 불구하고 5년간 러브소나타를 직접 지휘하면서 일본 열도를 누비셨고 일본 선교 150주년 기념대회에 주강사로 서시기까지 하며 일본 목회자들과 함께 사역하셨습니다. 또한 일본 두란노(Duranno Japan)를 세워 일본에서 출판사역을 시작하셨고 이 사역을 기초로 7개의 온누리 비전교회를 일본에 세우셨습니다. 일본 CGNTV를 설립하여 일본 목회자들이 하나 될 수 있는 기반도 마련하셨습니다.

하나님께서는 하용조 목사님의 연약함을 사용하셨습니다. 사도 바울의 고백대로 "내가 약할 때 곧 강함이라"는 말씀이 이루어진 것입니다.

돌이켜보면 하 목사님이 약해지실 때가 온누리교회에 새로운 변화가 일어나는 기회였습니다. 간암 수술을 7번 받으시는 가운데에도 온누리교회는 약해지지 않고 더욱더 강해졌습니다. 일본에서 신장투석을 받으시는 동안에 일본의 온누리 비전교회들이 성장해

갔습니다.

하 목사님의 리더십은 '약함의 리더십'이었습니다. 하 목사님은 하나님께서 자신의 연약한 건강을 통해 일하신다고 늘 고백하셨습니다.

그리고 또 담대히 "내가 약해서 못한 일이 무엇이 있습니까?"라고 성도들을 웃게 만들기도 하셨습니다. 하 목사님은 몸이 연약하셨기에 늘 연약한 성도들을 긍휼히 여기셨고 연약한 교회들에게 많은 관심을 가지셨습니다. 특별히 연약한 일본 교회에 대한 깊은 사랑을 가지셨습니다.

하 목사님은 일본 교회를 위한 일이라면 어떤 것도 아끼지 않으셨습니다. 온누리교회 성도들과 후임으로 담임을 맡게 된 저에게도 동일한 비전과 마음이 있습니다. 일본 교회를 사랑하고 축복하는 온누리교회를 하나님께서는 기뻐하셨습니다.

앞으로도 러브소나타는 계속 될 것이며, 일본 두란노와 일본 CGNTV도 계속 발전하도록 후원을 아끼지 않을 것입니다. 일본 교회를 향한 성도들의 사랑도 더욱더 풍성해질 것입니다.

일본 복음화를 위해 헌신하셨던 하용조 목사님을 추모하며 이렇게 귀한 책을 내게 되었습니다. 하 목사님에 대한 추억만이 아니라 하 목사님과 함께하셨던 하나님께 대한 신앙의 고백으로 쓰여진 글들입니다. 이 책을 통하여 하 목사님의 선교적 열심과 헌신이 널리 전해질 수 있기를 기대합니다.

일본이 다시 일어날 것을 믿고 기도합니다. 일본 교회도 더욱 부흥할 것입니다. 일본을 변화시키고 세계를 변화시키는 데 일본 교회가 사용될 것입니다. 하나님의 축복이 일본과 일본 교회 성도들에게 함께하시기를 기도합니다.

하나님의 멈추지 않는 사랑 노래

김영미_성악가, 한국예술종합학교 교수

하용조 목사님은 "내가 약한 그 때에 강함이라"는 사도 바울의 말씀대로 그 누구보다도 그리스도 안에서 강함을 보여 주신 분이셨습니다. 일본을 향한 하나님의 사랑을 품고 하나님의 지상 명령인 복음 사역을 위해서 목숨의 진액을 부으셨습니다. 하 목사님은 평소 움직이는 '종합병원'이라 불릴 만큼 연약한 육체에도 불구하고 흐트러짐 없이 열정을 쏟으신 것입니다.

저는 2007년에 처음 오키나와에서 시작된 러브소나타부터 참석하여 이후 한번도 빠짐없이 러브소나타에서 찬양하는 은혜를 누리고 있습니다. 하나님께 찬양 드리며 제가 오히려 더 큰 감동을 받았으며 믿음의 도전을 받고 있습니다.

예술적 감각과 문화적 안목이 뛰어났던 하 목사님이셨기에 '러브소나타'라는 기적이 가능했다고 생각합니다. 하 목사님의 겨자씨만한 믿음으로 시작한 러브소나타가 어느덧 우리의 러브소나타가 되었고 하나님의 사랑을 전하는 귀한 도구가 되었습니다.

복음 사역을 위해 목숨도 아끼지 않고 주님께 순종하셨던 하 목사님! 그립고 사랑합니다. 하 목사님의 열정과 온 세계를 주 안에서 품으시던 그 사랑을 저도 본 받고 싶습니다. 다시 만나 뵐 그날까지 하나님의 멈추지 않는 사랑 노래, 러브소나타는 계속 연주될 것입니다. 주님의 뜻과 하 목사님의 열정을 담아 땅 끝까지 그 노래가 울려 퍼지기를 간절히 바랍니다.

하용조 목사님의 얼굴

이어령

하용조 목사님의 얼굴에는 봄의 햇살 같은 온유함과

천둥 번개치는 여름의 열정과

가을의 성숙 혹은 단풍잎 같은 쓸쓸함이

그리고 질병이 고드름처럼 매달리는 겨울의 고통이 있습니다.

남을 미워하던 차가운 마음도 하용조 목사님의 소박한 미소 앞에 서면

봄 시냇물처럼 녹아 흐릅니다,

하지만 보세요.

일하실 때의 그 얼굴에는 여름 소낙비가 내리고

이글이글 타는 여름 햇빛이 엇갈립니다.

혼자서 병상에 누워있는 시간,

어두운 골방에서 홀로 기도하는 그런 시간에는

아주 조용히 익어서 떨어지는 열매의 완성과 추락,

나뭇가지를 떠날 때의 고요함과 그 쓸쓸한 가을의 얼굴이 있습니다.

하용조 목사의 발자취

온누리교회 서빙고성전

대학교 졸업 당시

주일학교 전도사 시절

결혼식

영국 유학 시절

아내(이형기 사모)와 함께

초기 두란노서원의 모습

온누리교회 개척 당시

준 레인 사모와 함께

한국대학생선교회(CCC) 시절

사랑하는 가족과 함께

아프가니스탄의 아이들과 함께

그러나 보셨습니까.

칼갈이를 하는 동굴 속의 독수리처럼 살의 아픔과 뼈의 고통을

축복과 환희로 옮기는 하 목사님의 겨울 얼굴을.

오종일 투석을 하는 아픔 속에서도 강철의 얼굴로 나타나는 준엄한 겨울의 율법.

그러다가 봄의 얼굴이 되면 그때는 우리들 언 가슴에도 물 흐르는 소리가 들릴 것입니다.

우리는 아직 시간이 오고 가는 지상에 있지만 하 목사님은 이제 봄도 없고,

여름도 없고 가을 겨울도 없는 하늘나라,

이제 영원한 우주의 시계 같은 얼굴로 계십니다.

꽃이 한 번 피면 질 줄 모르고 소낙비가 내리면

아름다운 무지개가 뜨는 그렇게 찬란한 빛.

고통도 눈물도 모르는 조용하고 조용한 곳에

계절을 뛰어넘은 하용조 목사님이 계십니다.

투석을 하시지 않아도 맑은 피가 도는 곳.

걱정 말라 걱정 말라고 말하십니다.

그래도 잊을 수 없는 그 사계절의 얼굴,

잊으려 해도 잊을 수 없는 봄 여름 가을 겨울의 얼굴.

떠나시고 난 뒤에야 알겠습니다.

책력처럼 정확하게 찾아오는 사랑의 부활 생명의 순환.

지상의 사계절을 담은 넉넉한 벌판 같은 그 얼굴,

어제 본 그 얼굴인데 벌써 그리워집니다.

* 이어령 중앙일보 고문이 하용조 목사에게 바친 헌시를 조시(弔詩)로 고쳐 쓴 글이다. 원래의 시는 동일한 제목으로
시집 『어느 무신론자의 기도』 (열림원, p. 172-173)에 수록되었다.

CEO 전도 집회

교회 동역자들과 축구하는 모습

성탄예배 설교

고든 맥도널드 목사와

햇불트리니티 신학대 졸업식

햇불트리니티 신학대 졸업

이스라엘 갈릴리 호수 집회

이스라엘 갈릴리 호수 집회

온누리교회 사랑 오케스트라

온누리교회 목회사관학교

닉 부이치치

빌 하이벨스 목사와

으라차차! 떡메치기

신년예배 축도

온누리교회 창립 25주년 예배 (2010)

두란노서원 창립 30주년 (2010)

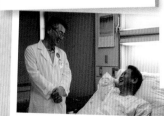
다섯 번째 간암 수술 후

장로들의 뜨거운 기도

오키나와 러브소나타

동경 러브소나타

오사카 러브소나타

두란노서원 임원들과 함께

CGNTV 메시지 녹음

바이올라대학 명예박사 학위 수여

미네노 타츠히로 목사의 축도(동경)

삿포로 러브소나타

삿포로 기독교 기념관 세미나

후쿠오카 러브소나타 실행위원들

10번째 러브소나타 감사예배(나가사키)

오키나와 러브소나타 리더십 포럼

일본 선교 150주년 기념대회

일본 선교 150주년 기념대회

에든버러 선교 100주년 세계선교대회

동경 러브소나타

요코하마 러브소나타

오키나와 러브소나타

아오모리 러브소나타

고베 러브소나타

나고야 러브소나타

아사히카와 러브소나타 리더십 포럼

"선교의 꿈에 사로 잡혀
아픈 것도 잊어 버리고, 모르는 척 살던 삶!
당신은 Acts 29를 이어가던 이 시대의 바울이었소"

– 주선애 교수

1장

나는 일본 선교에
목숨을 걸었다

일본에 하나님을 전하기 위한 러브소나타를 왜 시작했다고
생각하십니까? 일본이 변하면 세계가 변하기 때문입니다.
일본은 정치, 경제, 사회, 문화에서 탁월한 위치에 있습니다.
일본이 만약 하나님의 축복을 받는다면 일본은 세계를 변화시킬 것입니다.

일본만 생각하면 눈물이 난다

저는 일본에서 태어나지도 않았고,
이 나라와 무슨 관계가 있는 것도 아닙니다.
그러나 어느 날인가부터
일본이 마음에 걸리고 걱정이 되어 미칠 지경이 되었습니다.
일본을 생각하면 절로 눈물이 흘렀습니다.

진짜 사랑에 목마른 세대

우리 기독교인들이 하나가 되기 시작하면 이 세계도 하나가 될
것입니다. 저는 그에 대해 분명하고 확실한 비전을 갖고 있습니다.

예전에 성도 한 분이 영화배우 배용준 씨가 저를 뵈러 올 것이
라고 이야기해 주었습니다. 저는 혹시나 하는 마음에 배용준 씨가
출연했던 드라마 〈겨울연가(겨울소나타)〉 DVD를 빌려서 보고 또
보았습니다. 그때까지만 해도 드라마에는 통 관심이 없었지만, 정
말 배용준 씨를 만나게 된다면 드라마 줄거리를 어느 정도 알고 있
어야 전도를 할 수 있다고 생각했기 때문입니다.

그러나 배용준 씨는 만날 수가 없었고 대신 상대 여배우였던 최
지우 양이 저를 찾아왔습니다. 지우 양과 대화를 나누면서 그녀가

예수님과 하나님을 너무도 사랑하고 있다는 것을 알게 되었습니다.

〈겨울연가〉를 보면서 느낀 것이 있습니다. 왜 일본 사람들은 이 토록 〈겨울연가〉라는 드라마에 열광하는가. 반면 중국에서는 〈대장금〉이라는 사극이 엄청난 사랑을 받고 있었습니다. 그 차이는 무엇일까요. 물론 일본 사람들도 〈대장금〉을 좋아했지만, 〈겨울연가〉에 훨씬 매료된 것 같았습니다.

당시 신문에는 일본에 배용준과 최지우가 나타나면 큰 인명 사고가 생길 것이라는 기사가 실릴 정도였습니다. 배용준 씨의 팬 클럽 회원 수는 이미 30만 명을 넘었다고 합니다. 지금도 그들은 한결같이 배용준에게 열광하고 그를 추종하고 있습니다. 대체 이유가 무엇입니까. 그것은 바로 사랑에 목말라 있기 때문입니다. 변함없는 사랑, 영원한 사랑, 어떤 대가를 치르더라도 포기할 수 없는 사랑, 그런 사랑을 갈급하고 고대하는 것 아닐까요. 그 사랑을 채우기 위해 그들은 배용준이라는 배우를 필사적으로 사랑합니다.

이 드라마를 보면서 한 가지 더 느낀 점은, 사실 사람들은 배용준이 아닌 하나님의 사랑에 목말라 있다는 것입니다. 인간은 하나님의 사랑을 망각하고 있습니다. 그렇기 때문에 마음 깊은 곳에서 그 사랑에 목말라 하고 있습니다. 진정한 사랑을 만나면 목숨을 내주어도 아깝지 않습니다. 기꺼이 생명을 바칩니다. 그래서 생각해낸 것이 〈겨울소나타〉가 아니라 〈러브소나타〉입니다. 배용준의 사랑 이야기보다 하나님의 사랑이 중요합니다. 배용준의 사랑 이야기는 허구지만, 나를 위해 십자가에 달리시고 마지막 피 한 방울까지 흘리신 예수 그리스도의 사랑은 진실입니다. 그 사랑이야말로 영원하고 변함이 없습니다.

하나님이 베푸시는 사랑의 결말은 구원이요, 천국입니다. 배용준을 사랑한다고 해서 천국에 갈 수는 없습니다. 저는 이 드라마를 통해 모든 사람이 하나님의 사랑을 깨닫기 원합니다. 그 열정과 열광이 하나님을 향하기만 하면, 일본은 완전히 변화될 것입니다.

사랑이란 무엇입니까. 눈을 감을 때도 뜰 때도 언제나 마음속에 있는 것. 배가 고플 때도 건강할 때도, 아플 때도 마음은 오로지 사랑을 갈구합니다. 잊으려고 해도 저절로 떠오릅니다. 도저히 잊을 수가 없습니다. 왜 사랑하느냐고 물으면 대답을 하지 못합니다. 그냥 사랑하니까요.

이 사랑에 한 번 빠지면 사람은 완전히 미쳐버립니다. 저는 진정한 사랑이란 짝사랑이라고 생각합니다. 상대방은 전혀 사랑을 주지 않는데도 혼자서 사랑하고 행복해 합니다. 하나님은 인간을 짝사랑하십니다. 사람들은 하나님에게 등을 돌렸지만, 하나님은 항상 우리를 지켜보고 계십니다. 배신자를 향한 하나님의 사랑. 너무나 터무니없고, 절망적이라고 생각될 정도입니다.

일본 사랑의 산물

어느 새 저도 일본을 사랑하게 되었습니다. 저는 일본에서 태어나지도 않았고, 이 나라와 무슨 관계가 있는 것도 아닙니다. 그러나 어느 날인가부터 일본이 마음에 걸리고 걱정이 되어 미칠 지경이 되었습니다. 일본과 일본 사람들을 생각하면 절로 눈물이 흘렀습니다. 왜 그러냐고 물어도 대답할 수가 없습니다. 음식물이 목에 걸린 것처럼, 가시 하나가 박힌 것처럼 말입니다. 그래서 일본에 교회를 세웠습니다. 동경, 오사카, 우에다, 야치요, 요코하마 등지에 비전교회를 세워 목회자와 선교사를 보냈습니다. 하지만 여전히 목마르고 갈급했습니다.

일본은 복음을 전하기 어려운 나라입니다. 말씀을 붓고 또 부어도 밑 빠진 독에 물 붓기입니다. 어떤 사람은 일본을 가리켜 '선교사의 무덤'이라고까지 했습니다. 그만큼 말씀이 들어가기 어려운 곳이지만 포기할 수 없었습니다. 드디어 하나님께서는 저를 통해 일본 CGNTV 개국이라는 엄청난 사역을 완성하셨습니다.

CGNTV는 하나님께서 제게 명하신 복음 사역입니다. 전파가 닿는 곳이면 어디나 안테나를 달고 24시간 HDTV 수준의 고화질 화면으로 복음에 대한 프로그램들을 시청할 수 있습니다. 당연히 시청료는 무료입니다. 모든 프로그램을 모국어로 들을 수 있게 될 것입니다. 일본에서는 지금부터 24시간 일본어로, 일본 전역에 일본 사람을 위한 방송이 시작됩니다.

세상 사람들이 말하는 사랑은 변합니다. 복음은 그대로이고 성경도 예수님도 변함이 없지만, 우리가 살아가는 이 땅의 환경은 변화무쌍합니다. 예전 방식으로는 더 이상 전도를 할 수 없습니다. 옛날에는 무조건 선교사를 파송했습니다. 바다를 건너고 산을 넘고, 순교도 두려워하지 않고 복음을 전했습니다. 하지만 사람들은 여전히 복음을 모르고 하나님을 모릅니다. 세상은 마지막을 향하는 중요한 시점에 와 있는데 말입니다.

"이 천국 복음이 모든 민족에게 증언되기 위하여 온 세상에 전

파되리니 그제야 끝이 오리라"(마 24:14)

예수님은 다시 오십니다. 반드시 재림합니다. 그분이 오지 않으면 이 세상이 끝나지 않습니다. 그럼 그 때가 언제일까요. 복음이 세상 끝까지 전파되는 그 순간입니다. 이슬람 문화가 맹위를 떨치고 자본주의와 근대 문화가 지배하며, 종교 다원주의와 포스트모더니즘이 온 세상을 뒤덮고 있는 이 시대에, 어떻게 복음이 세상 끝까지 전파될 수 있겠습니까. 그러나 성경은 분명히 선포합니다. 복음이 전파되지 않으면 예수님은 오시지 않는다고.

제 마음이 불일 듯 타오르기 시작했습니다. 마지막 세대에 복음을 세상 끝까지 전파하려면 하늘을 장악하지 않으면 안 됩니다. 육군도 해군도 중요하지만, 현대는 공중전입니다. 공중을 손 안에 거머쥐어야 합니다. 하늘의 권세를 잡은 이는 사탄이 아니라 하나님이십니다.

저는 이 추하고 악한 시대에 전 세계 오대양 육대주에 말씀을 전할 수 있는 마지막 방법은 바로 인공위성이라는 것을 깨달았습니다. 아무리 비싼 값을 치르더라도, 기하학적인 금액이 필요하더라도 인공위성으로 온 세상 사람들에게 하나님의 복음이 전파되기만 하면 성령의 역사가 전 세계에 가득할 것입니다. 하나님께서 이러한 비전을 제게 주셨습니다.

IT시대에 필요한 새로운 전도 방법

한국 사람들은 일본의 정세를 잘 모릅니다. 그러니 한국식으로 전도해서는 답이 나오질 않습니다. 일본 사람들에게 통할 수 있는 방법을 찾아야 합니다. 저는 일본 교회들이 연합하기를 원합니다. 일본 목회자들이 함께 일어나기를 원합니다. 일본의 모든 기독교인들이 행동하기를 원합니다. 그러기 위해서는 CGNTV 방송을 활용해야 합니다. 그리하여 오키나와에서 삿포로까지 일본의 모든 교회가 회복되기를 간구합니다. 예수님을 모르는 사람들이 이 방송을 통해 그분을 만나게 되기를 바랍니다.

일본이 살아야 아시아가 살 수 있습니다. 일본이 살아야 세계가 살아납니다. 일본은 일등 국가입니다. 예수 그리스도에 관해서도 마찬가지입니다. 만약 예수님이 일본의 주인공이 되면 일본은 온 세상 구원과 행복에 공헌할 수 있을 뿐 아니라, 아시아 전체를 변화시킬 수 있습니다. 이 사명에 대한 비전을 갖기를 소망합니다. 이 일에 대해 꿈꾸기를 원합니다. CGNTV가 이 모든 일에 도움이 되기를 기도합니다.

이제 전도 방법이 바뀌어야 합니다. 대표적인 전도자로 손꼽히는 빌리 그레이엄 목사님은 대중전도집회를 했습니다. 그러나 시대는 변했습니다. IT시대입니다. 영상이 지배하는 대중문화 시대입니다. 예전의 전도 방법을 고집해서는 요즘 젊은이들을 흔들 수 없습니다.

저는 신주쿠 거리를 걸을 때마다 눈물을 흘립니다. 이 거리를 하루에 얼마나 많은 젊은이들이 지나고 있을까. 아마 헤아리지도 못할 것입니다. 대체 저렇게 수많은 사람들이 거리에 넘쳐나는 이유가 무엇입니까. 이유도 목적도 없이 방황하는 이들은 없습니까. 인생의 목적을 잃어버린 젊은이, 자살의 유혹에 흔들리고 절망하는 젊은 영혼, 약물과 마약에 중독되어 있는 사람들은 또 얼마나 많을까요. 도박, 술, 마약, 성에 빠져 있는 어린 영혼들이 죽음을 향해 걸어가고 있습니다. 가엾은 그들을 누가 건져낼 수 있겠습니까. 오직 예수 그리스도 한 분밖에 없습니다.

교회가 연합하여 다음 세대를 구원하지 않으면 안 됩니다. 절대로 그들과 갈등하고 싸워서는 안 됩니다. 다툼과 분열을 피하고 하나가 되어야 합니다. 사랑하고 서로를 권면하며 축복해야 합니다. 한국과 일본이 복음으로 이어지면, 아프가니스탄과 미국도 화해할 수 있습니다. 팔레스타인과 이스라엘이 하나가 될 것입니다. 이것은 매우 중요한 일입니다. 우리 믿는 자들이 하나로 이어지기 시작하면 이 세상도 하나가 될 수 있기 때문입니다. 저는 이러한 확고한 비전을 품고 있습니다.

우리는 앞으로 CGNTV를 통해 전 세계로 나가려고 합니다. 문화라는 창을 이용하여 젊은 영혼을 전도할 것입니다. 방황하고 있는 우리 아이들을 회복시킬 것입니다. 온갖 중독에 빠져 있는 이 사회를 치유할 것입니다. 그것이 바로 복음의 능력입니다. 저는 예배당이 젊은 영혼으로 넘쳐나기를 원합니다. 눈물로 울부짖으며 기도하는 젊은이, 말씀에 순종하고 헌신하는 젊은이가 넘쳐나기를 원합니다.

이제 일본 교회가 해야 할 일이 있습니다. 그것은 바로 선교사 파송입니다. 선교사를 받아들이고 그들의 눈물과 기도로 은혜를 입은 만큼, 우리도 다른 영혼을 위하여 선교사를 보내야 합니다.

희망을 가지십시오. 절망은 가장 큰 적입니다. 미래를 두려워하지 마십시오. 미래를 가 본 사람이 있습니까. 복음과 신앙을 가진 사람만이 미래의 주인공입니다. 교회는 미래의 주인공입니다. 교회는 일본의 미래입니다.

2, 3년 안에 일본에 치유와 회복의 불길이 일어야 합니다. 5년을 넘겨서는 안 됩니다. 그 전에 오사카에서 삿포로까지 성령의 바람이 불어오고 성령의 불길이 일어서, 일본 민족을 회복시켜야 합니다. 반드시 그 축복이 임하리라 믿어 의심치 않습니다. 우리의 기도를 통하여 그런 사역이 완성될 것입니다.

하나님의 일본 사랑을 연주하다

한국과 일본은 껄끄러운 관계입니다.
과거의 역사에 상처가 있기 때문에 보이지 않는
갈등관계에 놓여 있습니다. 그러나 만약 일본과 한국이
화해하고 하나가 될 수 있다면 엄청난 기적이 일어날 것입니다.

우리가 하나가 되면

오키나와는 참 아름다운 도시입니다. 이 아름다운 오키나와가
변하면 일본이 변할 수 있습니다. 일본의 부흥은 오키나와에서부
터 시작되어야 합니다. 오키나와가 축복을 받는다면 일본은 축복
을 받을 수 있습니다. 오키나와에 계시는 모든 이들이 자부심을 가
져야 합니다.

일본에 하나님을 전하기 위한 러브소나타를 왜 시작했다고 생
각하십니까? 일본이 변하면 세계가 변하기 때문입니다. 일본은 모
든 것을 다 가졌습니다. 정치, 경제, 사회, 문화에서 탁월한 위치에
있습니다. 세계 어느 나라를 가도 일본을 모르지 않습니다. 일본이
만약 하나님의 축복을 받는다면 일본은 세계를 변화시킬 것입니다.

사실 한국과 일본은 껄끄러운 관계입니다. 과거의 역사에 상처가 있기 때문에 보이지 않는 갈등관계에 놓여 있습니다. 그러나 만약 일본과 한국이 화해하고 하나가 될 수 있다면 세계에 엄청난 기적이 일어날 것입니다. 일본과 한국이 하나가 될 수 있으면 미국과 아프가니스탄, 이란과 이라크가 하나가 될 수 있습니다. 북한과 남한이 하나가 될 수 있습니다. 팔레스타인과 이스라엘이 하나가 될 수 있습니다. 그 열쇠를 우리가 가지고 있는 것입니다.

과연 한국과 일본은 갈등을 극복할 수 있을까요? 하나님을 믿지 않는 사람, 예수님을 믿지 않는 사람들에게는 불가능한 일입니다. 그러나 하나님을 믿는 사람, 예수님을 믿는 사람들은 십자가로 하나가 될 수 있습니다. 우리가 하나 되어 세상을 변화시켰으면 좋겠습니다. 그리고 그 출발이 오키나와가 되었으면 합니다.

현대인이 잃어버린 것들

저는 현대인이 세 가지를 잃어버렸다고 생각합니다.

첫째는 인생의 목표인 길을 잃어버렸습니다. 그래서 허무합니다. 살기는 사는데 왜 사는지 모릅니다. 돈도 벌고 일도 하고 결혼도 하고 성공도 합니다. 그런데 인생의 목적을 모르고 삽니다. 우리는 왜 살고 있습니까? 무엇 때문에 삽니까? 과연 우리 인생의 목적은 무엇입니까? 왜 모두들 성공하려 합니까? 왜 돈을 벌려고 안간힘을 씁니까? 돈보다 중요한 것은 목적입니다. 그러나 많은 사람들이 인생의 목적 없이 그저 열심히 달릴 뿐입니다.

둘째는 인생의 중심인 진리를 잃어버렸습니다. 진실이 없습니다. 우리는 전부 거짓말 속에서 살고 있습니다. 불법과 불의로 가득 차 있습니다. 우리는 이런 어두운 인생의 터널을 지나고 있습니다. 그래서 늘 불안하고 외롭고 방황하게 됩니다.

셋째는 인생에 있어서 생명을 잃어버렸습니다. 우리는 거짓 생명을 가진 채 살고 있습니다. 생명이 없기 때문에 마치 꽃꽂이와 같습니다. 화려하지만 뿌리가 잘려 있습니다. 예뻐 보이지만 이제 얼마 가지 않으면 시들고 말 것입니다. 어떤 인생은 꽃꽂이 같고, 어떤 인생은 조화 같습니다. 꽃은 꽃인데 향기가 없습니다. 나비가 날아들지 않고 열매가 맺히지도 않습니다.

우리는 모두 인생을 행복하게 사는 것처럼 보이지만 사실 이 중요한 세 가지를 빠뜨린 채 살고 있습니다. 길이 없고, 진리가 없고, 생명이 없는 것입니다. 이러한 인생이 결국에 이르는 것은 죽음입니다. 길을 잃어버린 인생, 진리가 없는 인생, 생명이 꺼져가는 인생은 죽음 앞에 서 있는 인생일 뿐입니다. 그 인생에 대해서 예수님이 말씀하십니다.

"너희는 마음에 근심하지 말라 하나님을 믿으니 또 나를 믿으라"(요 14:1)

"예수께서 이르시되 내가 곧 길이요 진리요 생명이니 나로 말미암지 않고는 아버지께로 올 자가 없느니라"(요 14:6)

인생의 진정한 목적은 예수 그리스도이십니다.

예수님이 열어 주시는 길

저는 바다가 인접한 시골에서 자라 어렸을 때부터 수영을 할 줄 알았습니다. 가까이 있는 작은 섬에 헤엄쳐서 간 적도 있습니다. 수영을 좀 한다는 사람들은 바다를 건너는 꿈을 꿉니다. '현해탄을 건너보고 싶다'는 생각을 합니다. 아마도 서울에 사는 사람들은 '한강을 건너보고 싶다'는 생각을 할 것입니다. 저 멀리 영국에 사는 사람들도 마찬가지입니다. 예전에 영국에서 3년 정도 살았는데, 그때 보니 영국 사람들 중에도 도버 해협을 건너보고 싶어하는 이들이 있었습니다.

그런데 아무리 물고기처럼 헤엄을 잘 친다고 해도 우리가 할 수 없는 것이 있습니다. 일본에서 미국으로 이어지는 드넓은 바다인 태평양을 건너가지는 못합니다. 미국에 가려면 우리는 겸손하게 배나 비행기를 타야 합니다. 헤엄쳐서 가는 것은 누가 보아도 무지하거나 미친 짓입니다.

사실 일본과 한국을 오갈 때에도 비행기를 타야 합니다. 내가 수영을 좀 잘한다고 해서 매번 현해탄을 헤엄쳐 건너 다닐 수는 없습니다. 이렇게 사람의 능력으로 현해탄을 건너고, 도버 해협을 건너고, 한강을 건널 수 있다는 것이 바로 종교입니다. 세상에는 아주 훌륭한 사람들이 많습니다. 그들은 보통 사람들보다 훨씬 탁월하고 위대합니다. 그런 이들이 종교를 만들었습니다. 그러나 불교, 마호메트교와 같은 종교를 만들었다고 해도 그들이 할 수 있는 것은 현해탄을 건너는 정도밖에 되지 않습니다.

넓은 태평양은 우리 힘으로 헤엄쳐 건널 수 없습니다. 자기 의지로 건너지 못합니다. 자기 노력으로 할 수 없습니다. 자기 선행으로 되는 것도 아닙니다. 마찬가지로 구원 받고 천국 가는 것은 선한 일을 많이 한 것과는 아무런 상관이 없습니다. 열심히 한다고 갈 수 있는 것이 아닙니다. 위대한 이들이 만든 종교로는 구원이 불가능합니다. 인생에 있어서 작은 그림은 그릴 수 있겠지만, 본질적이고 큰 그림은 그릴 수 없습니다.

여기에 천국에 가는 완전하고 확실한 길이 하나 있습니다. 그것은 예수 그리스도이십니다. 우리가 구원 받는 유일한 방법은 길이요 진리요 생명이신 예수님을 만나는 것입니다. 예수님은 자신을 가리켜 길 중의 하나가 아니라 천국 가는 유일한 길이라고 말씀하셨습니다. 예수님은 우리를 위해 십자가에 못 박히셨습니다. 그리고 천국 가는 길을 만들어 주셨습니다. 하나님을 만나는 길을 만들어 주셨습니다. 우리는 그 길로 들어서야 합니다. 그 길로 한 발자국을 내딛으면 하나님을 만날 수 있고 천국으로 이어지는 길을 걸어갈 수 있습니다.

길 없는 길을 가면 죽게 되어 있습니다. 어떤 때는 가다가 끊어진 길도 있습니다. 멋있는 길처럼 보였는데 한참 가다 보니 길이 끊어져 있습니다. 절벽에 다다른 것입니다. 그 길은 계속 갈 수 없습니다.

길을 환히 비추는 빛

그런데 예수님이 여신 길을 가려면 빛이 있어야 합니다. 아무리 길이 좋아도 불빛이 없으면 그 길을 제대로 갈 수가 없습니다. 길에는 빛이 비춰져야 합니다. 그래야 그 길을 걸을 수 있습니다.

예수님은 '내가 곧 진리'라고 말씀하셨습니다. 진리란 무엇입니까? 빛입니다. 우리가 예수 그리스도를 만나면 진리를 깨닫게 됩니다. 예수를 만나면 빛을 만나게 됩니다. 우리 자신을 되돌아보십시오. 어둡지 않습니까? 죄가 있지 않습니까? 다 감추고 있지만 곳곳에 불의가 있습니다.

사람들은 모두 자신의 죄를 감추고 삽니다. 그래서 죄가 드러날까 봐 늘 걱정되고 겁이 납니다. 이 세상에는 드러난 죄가 있고 감추어진 죄가 있습니다. 드러난 죄를 지은 사람은 교도소에 갑니다. 그렇다면 드러나지 않는 죄를 지은 사람들은 어디에 있습니까? 아무렇지 않게 살고 있는 바로 우리들입니다.

우리 안에는 어둠이 있습니다. 우리 안에는 절망이 있습니다. 그래서 외면하고 달아나고 싶습니다. 그 이유는 빛이 없기 때문입니다. 공부를 해도 종교를 가져도 철학을 해도 선행을 해도 불안하기는 마찬가지입니다. 우리 안에 늘 도사리고 있는 어둠 때문입니다. 그런데 예수님을 믿으면 빛이 들어오고 어둠이 사라집니다. 죄가 사라집니다. 내 마음 속 양심의 갈등이 사라집니다.

생명 되신 예수님

그런데 천국 가는 길이 펼쳐지고 길을 환히 비춰 주는 빛이 있다고 그것만으로 천국에 이를 수 있을까요? 아닙니다. 그 환한 길을 갈 수 있기 위해서는 에너지가 필요합니다. 힘이 있어야 길을 걸어갈 수 있는 것입니다. 길이 뚫리고 불빛은 비추고 있는데 내가 그 길을 걸어갈 힘이 없다면 결국 절망하고 맙니다. 우리 인생이 끝나 죽음에 이릅니다.

예수님은 '나는 생명'이라고 말씀하셨습니다. 예수님을 믿는 자에게는 생명이 있습니다. 생명의 반대는 죽음입니다.

예수님을 만나지 못한 우리의 인생은 어둠과 죽음 가운데 놓여 있습니다. 열심히 살지만 인생에 목적이 없습니다. 목적이 없는 인생, 방황하는 인생입니다. 목적이 없는 사람이 성실하게 살면 어떻게 될까요? 성실하게 방황합니다. 인생의 목적이 있습니까? 빛이 있습니까?

우리 안에 죽음을 뚫고 나갈 생명이 있습니까? 어떤 고통과 시험과 죽음이 와도 흔들리지 않는 인생의 목적과 불빛과 생명을 갖고 싶지 않습니까?

한 가지 질문을 던져 보겠습니다. 부모가 자식을 사랑하는 것이 큽니까, 자식이 부모를 생각하는 것이 큽니까? 당연히 부모가 자식을 사랑하는 것이 큽니다. 그렇다면 하나님이 인간을 사랑하는 것이 큽니까, 인간이 하나님을 사랑하는 것이 큽니까? 하나님이 인간을 사랑하는 것이 큽니다.

사실 하나님을 믿는 것은 아주 쉽습니다. 하나님께서는 우리를 기다리고 계십니다. 하나님께서는 우리를 2천 년 동안 기다리고 계셨습니다. 그런데 우리는 하나님을 모르는 척하고 살아왔습니다. 누가 전도하며 교회에 가자고 해도 귀를 막았습니다. 그래도 하나님은 변함없이 우리를 기다리십니다. 우리를 찾고 계십니다.

우리 인생의 길이며 어둠 가운데 빛이며 죽음 가운데 생명이신 예수 그리스도에 대해 관심을 조금만 가져도 하나님은 기뻐하며 문을 활짝 여실 것입니다. "하나님!" 하고 불러 보십시오. "하나님,

믿고 싶습니다. 알고 싶습니다" 하고 말해 보십시오. 그렇게 하나님을 부르기만 하면 하나님은 다 알아들으십니다. "얘야, 얼마나 외로웠니? 얼마나 인생이 불안했니? 얼마나 인생에서 근심 걱정이 많았니? 암에 걸렸을 때, 불치병에 걸렸을 때, 사업이 망했을 때, 친구가 떠났을 때, 자녀가 죽었을 때 네 인생이 얼마나 흔들렸니? 그러나 두려워 말아라. 걱정하지 말아라. 네가 작은 소리로 신음하기만 해도 나는 너를 도와줄 것이다. 너를 붙들어 주겠다. 너를 축복해 주겠다. 너를 품어 주겠다"라고 말씀하시며 우리를 위로해 주십니다.

이제는 우리 인생이 예수님으로 인해 바뀌어야 할 때입니다. 우리 모두가 하나님의 사랑을 알게 되기를 바랍니다. 인생의 목적을 발견하기를 바랍니다. 우리 안에 있는 어둠의 세계를 박차고 빛의 세계로 나아가기를 바랍니다. 죽음을 박차고 생명으로, 나오기를 바랍니다.

내가 본

한 알의 밀알이 낳은 기적
쿠니요시 마모루_ 오키나와 러브소나타 실행위원장, 나하침례교회 담임목사

하용조 목사와의 만남은 나에게 엄청난 충격이었습니다. 그분
의 비전이 너무나도 원대하고 그 비전을 향해 전력투구하는 모습
이 강렬했기 때문입니다.

하 목사는 28장으로 끝난 '사도행전'을 29장부터 이어서 계속
써나가겠다는 비전에 불타고 있었습니다. 이는 주님의 지상 명령
이 없었다면 누구도 함부로 단언해서는 안 되는 비전이요, 놀라움
을 금할 수 없는 도전이었습니다.

그러나 인간에게 자유의지를 주시고 그것을 실현할 수 있도록
인도하시는 이는 바로 주님이시기에, 하 목사에게 주어진 비전과
도전에 대한 사명은 이미 성취된 것이나 다름없습니다. 그 중 하나
가 바로 러브소나타입니다.

러브소나타는 한국의 유명 연예인들을 일본 각 도시로 초대하
여 대규모 전도 집회를 여는 행사를 말합니다. 이 행사에 필요한 막
대한 비용을 위해 온누리교회 성도들이 물심양면으로 귀한 헌금을
모아 주셨다고 합니다.

일본이 한때 한국을 식민통치했음에도 불구하고 하 목사는 일

본인들의 무거운 죄를 기꺼이 용서해 주었습니다. 아니, 그것은 단순한 용서가 아니었습니다. 암세포와 처절한 사투를 벌이면서도, 일본에 대한 진정한 사랑으로 일본인들을 구원하기 위해 일본 선교에 온몸을 불살랐던 것입니다.

또한 하 목사는 세계 선교를 위해 CGNTV를 개국했습니다. 특히 일본을 구원하기 위해 일본 CGNTV를 개국하여, 일본어로 연중무휴, 하루 24시간 복음 방송을 시청할 수 있도록 했습니다. 우리 교회도 CGNTV를 통해 새신자와 성도들 모두가 자유롭게 복음 프로그램을 시청할 수 있어서 매우 기쁘고 감사하게 생각합니다.

이 CGNTV는 실로 획기적인 방송 전도인 동시에, 만물의 마지막이 다가오는 이 세대에 꼭 필요한 도구라고 자신합니다.

일본의 모든 교회가 이 방송을 활용하여 항상 전도에 임할 태세를 갖추고, 각 지교회와 지역 사람들에게 언제든지 복음을 만나는 기회를 제공한다면 얼마나 멋있을까요. 이 방송 전도가 일본 교회의 회복과 부흥에 강력한 힘이 되어 주리라 믿습니다. 나아가 이 운동이 지속될 수 있도록 지원하고 권면하는 것이 일본 기독교인의 한 사람으로서 감당해야 할 사명이요, 특권이라고 생각합니다.

하나님께서는 크고 놀라운 일을 보여 주시겠다고 우리에게 말씀하십니다. 2천 년 동안 수많은 기적이 주님의 충직한 종들을 통해 일어난 것을 보면서, 우리는 하나님 말씀의 참뜻을 이해할 수 있습니다.

하 목사를 통해 교회를 세우시고 QT로 하나님과 교제를 나누는 축복도 누리게 하시며, 전도와 영혼 구원의 실천, 세계 선교를 향한 비전을 이루어 나가시는 모습은 하나님이 충직한 종, 하 목사를 얼마나 귀히 들어 사용하셨는지 실감케 합니다.

하 목사는 눈에 보이지 않는 하나님의 사랑을 실제로 체험하도록 해 주었습니다. 하나님의 계획, 인류 구원을 위해 불타오르는 하나님의 열정을 보여 주었습니다. 하나님의 선교 명령에 따라 세계 선교의 비전과 실천 의지를 펼쳐보여 주었습니다.

또한 기독교란 무엇인가, 신앙이란 어떤 것인가, 목회와 선교는 어떻게 해야 하는가 등 다양한 물음의 본질을 완벽하게 이해시켜 주었습니다.

하 목사와의 만남은 내 인생의 가장 큰 기쁨이요, 이루 헤아릴 수 없을 만큼 거대한 축복입니다.

그만큼 하 목사와의 헤어짐은 엄청난 충격이고 슬픔이었습니다. 언제까지나 목회와 선교를 위해 헌신해 주기를 모든 사람이 바랐겠지요. 그러나 주님은 2011년 8월 2일, 하 목사를 부르셨습니다. 우리는 이 고통스러운 현실을 직시하지 않으면 안 됩니다. 늘 성령이 충만하고, 웅장하고 강인하게 생을 달리다가 천국의 부르심을 받은 하 목사를, 그토록 경건하고 자비로우며 신앙의 모범을 보였던 그를, 그런 하 목사를 우리에게 보내 주신 하나님께 감사하는 마음으로 보내 드리고자 합니다.

"믿음으로 아벨은 가인보다 더 나은 제사를 하나님께 드림으로 의로운 자라 하시는 증거를 얻었으니 하나님이 그 예물에 대하여 증언하심이라 그가 죽었으나 그 믿음으로써 지금도 말하느니라"(히 11:4)

한 알의 밀알이 땅에 떨어져 죽으나, 그 싹은 살아나 열매를 맺는다는 것을 믿습니다.

하 목사에게 주님의 평안이 있을지어다!

사모님과 유족들께, 온누리교회 담임목사를 비롯한 성도님들께 주님의 축복이 가득하기를 기도드립니다.

하나님은 우리를 기다리신다

하나님을 의지하고픈 마음이 든다면, 이미 하나님께서
우리 안에 들어와 계신 것입니다. 그 마음을 하나님께서 주신 것입니다.
우리는 그 마음을 거부하지 않아야 합니다.
하나님은 우리를 기다리고 계십니다.

진짜 신과 가짜 신

이 세상에는 두 종류의 사람이 있습니다. 자기 힘으로 스스로 살아가는 사람과 하나님의 능력을 믿고 의지하며 살아가는 사람입니다. 자기 힘을 믿고 사는 사람은 쉽게 절망하고 좌절하며 늘 외로워하고 방황합니다. 그리고 자살에 이르게 되는 경우도 많습니다. 스스로 사는 사람에게는 인생의 목적이 없습니다.

또 하나의 사람은 나를 지으시고 창조하신 하나님을 믿고 의지하며 사는 사람입니다. 그 사람은 항상 희망을 노래합니다. 사랑을 노래합니다. 믿음으로 삽니다. 모든 사람이 다 떠나도 외롭지 않습니다. 죽음이 와도 두렵지 않습니다. 그에겐 하나님이 있기 때문입니다.

우리는 어떠한가요? 자기 혼자 스스로 살아가는 사람입니까? 아니면 하나님을 믿고 의지하며 살아가는 사람입니까? 인간이 약해서 하나님을 의지하는 것이 아닙니다. 하나님을 의지하는 것은 인간의 본분입니다. 그것은 정상입니다. 인간이 약해서 태양을 의지하는 것이 아니듯이 말입니다. 태양이 없으면 인간이 살 수 없기 때문에 그렇습니다.

그러면 하나님은 어떤 분이십니까? 두 종류의 하나님이 있습니다.

첫째는 인간이 만든 하나님입니다. 인간은 불안하고 불완전하며 유한한 존재입니다. 그래서 자기보다 더 강한 존재를 원합니다. 사람들은 그를 신이라고 부릅니다. 예컨대 몇 백 년 된 나무를 신이라고 부르고 싶어합니다. 후지산이나 백두산이나 히말라야 같은 높은 산을 신이라고 믿고 싶어합니다. 사람들은 이상하게 생긴 돌을 보면 신이라고 합니다. 이것들은 모두 인간이 만든 신입니다.

또 이런 신도 있습니다. 옛날에 살았던 훌륭한 장군들, 영웅들, 건국 신화를 만들었던 사람들을 신으로 섬깁니다. 어떤 사람들은 조상을 신으로 섬깁니다. 이것들도 마찬가지로 인간이 만든 신일 뿐입니다. 어떤 사람은 귀신을 섬기기도 합니다. 부적을 붙이고 다닙니다. 그리고 그것을 신이라고 말합니다. 일본에도 이런 신들이 얼마나 많은지 모릅니다. 부족한 인간이기에 이런 신들을 믿고 의지하고 싶지만, 이것은 가짜 신에 불과합니다. 인간이 만든 신은 인간을 구원할 수 없습니다. 인간이 만든 신은 한계가 있습니다. 생명을 주지 못합니다. 결국 인간이 만든 신에 실망하게 됩니다.

그렇다면 진짜 신은 어떤 것일까요? 진짜 신은 스스로 존재합니다. 인간은 육체입니다. 물질입니다. 그렇기 때문에 진짜 신은 영이어야 합니다. 인간은 죽어야 하는 존재입니다. 그러나 진짜 신은 죽지 않습니다. 인간은 시간 안에 존재합니다. 그러나 진짜 신은 시간에 구애 받지 않습니다. 지구와 인간은 피조물이지만, 진짜 신은 창조자입니다.

그 진짜 신을 어떻게 만날 수 있습니까? 어떻게 알 수 있습니까? 인간은 신을 알 수 없습니다. 그래서 진짜 하나님이 우리를 찾아오신 것입니다. 그분이 바로 예수 그리스도입니다. 예수 그리스도는 참 인간이면서 참 하나님이십니다. 그가 우리에게 오셨습니다. 누구든지 예수 그리스도를 믿으면 하나님을 경험하게 됩니다. 하나님의 자녀가 되는 것입니다.

간혹 예수를 믿지 않고 교회에도 나가지 않지만 하나님을 부인하지는 않는 분들이 있습니다. 그들에게 "왜 하나님을 안 믿습니까? 왜 교회에 안 가십니까?"라고 질문하면 하나님을 믿지 않는 건 아니지만, 교회가 싫고 예수쟁이가 싫어서 교회에 가지 않는다고 대답합니다. 누구든지 하나님을 부인하는 사람은 없습니다. 만약 우리가 진짜 하나님을 발견하고 그분을 만나게 된다면 우리의 인생이 변할 것입니다. 우리의 인생이 축복을 받게 될 것입니다.

인생이 잃어버린 세 가지

인생이 잃어버린 세 가지가 있습니다. 그 중 첫 번째가 목적과 방향과 의미입니다. 우리는 존재하지만 왜 사는지, 무엇을 하는지, 죽고 나면 어디로 가는지 잘 모른 채 살고 있습니다. 그래서 방황하게 됩니다. 길을 잃어버린 사람은 방황합니다.

현대인은 길을 잃고, 길 없는 길을 가고 있습니다. 길인 줄 알고 갔는데 단절된 길입니다. 눈 앞에 절벽이 놓여 있습니다. 그래서 당황하게 됩니다. 결혼을 잘 했습니다. 좋은 직장을 가졌습니다. 인생에서도 꽤 성공했습니다. 그렇지만 외롭고, 죽고 싶고, 사는 게 두렵습니다. 그것은 길이 없기 때문입니다.

인생이 잃어버린 두 번째는 진리입니다. 진리를 다른 말로 하면 빛입니다. 인생은 캄캄한 어둠입니다. 사람들 앞에서는 웃고 있고 잘난 척하지만 우리의 내면은 어둡고 캄캄한 절망으로 가득합니다. 그것은 빛이 없기 때문입니다. 인간의 영혼은 어둡습니다. 죽음의 소리가 들립니다. 밤마다 눈물을 흘립니다. 외로우니까 사람을 붙잡습니다. 그러고는 사람한테 배신을 당합니다. 배우자에게, 친구에게 배신을 당합니다. 왜 그럴까요? 진리가 없기 때문입니다.

우리 마음속에 있는 것은 거짓입니다. 우리는 거짓말을 하고 삽니다. 우리 안에는 불의와 어둠이 있습니다. 인간의 특징은 불안하다는 것입니다. 그래서 평안과 안식을 원합니다. 쉬고 싶어합니다.

인생이 잃어버린 세 번째는 생명입니다. 살고 있지만 죽어가는 것과 다르지 않습니다. 우리의 눈을 보면 빛이 없습니다. 우리는 뿌리 없는 꽃과 같습니다. 화려하지만 뿌리가 잘려 있습니다. 꽃꽂이용 꽃이 그렇습니다. 얼마 가지 않으면 시들어 버리고 맙니다. 그 이유는 생명이 없기 때문입니다. 그래서 사람들은 시들지 않는 조화를 만들었습니다. 하지만 조화도 진짜 꽃은 아닙니다. 향기가 없습니다. 나비가 날아들지 않습니다. 물론 열매도 맺지 못합니다. 그것이 우리의 모습이 아닐까 생각해 봅니다. 화장도 하고 머리도 만지고 가장 좋은 옷을 입었지만 다만 죽어가는 인생일 뿐입니다.

어느새 우리 삶의 주제곡이 죽음이 되어 버렸습니다. 분노 가운데서 남이 죽든 내가 죽든 이를 악물고 살아갑니다. 그러다가 큰 병에 걸리면 죽음의 그늘로 들어가게 됩니다.

하나님을 만나는 유일한 길

예수님은 우리를 향해 마음에 근심하지 말고 하나님과 예수님을 믿으라고 말씀하셨습니다. 이 지구상에 존재하는 사람들 가운데 '나는 길이요 진리요 생명'이라고 말하는 사람은 예수님밖에 없습니다. 예수님은 길 중의 하나가 아니라 전부입니다. 예수님은 진리 중의 한 분이 아니십니다. 예수님이 진리이십니다. 예수님은 생명 중의 하나가 아닙니다. 바로 그분이 생명이신 것입니다. 그가 보여 주신 길은 하나님께로 가는 길입니다.

우리는 더 이상 방황하지 않아도 됩니다. 지금까지 외면했던 예수님을 만나기만 하면 새로운 인생이 펼쳐질 것입니다. 예수님은 우리 인생의 길이시기 때문입니다.

미국에 가려면 어떻게 해야 합니까? 걸어서는 못 갑니다. 헤엄쳐서도 못 갑니다. 배나 비행기를 타야 합니다. 마찬가지로 인간의 선행으로 천국에 갈 수는 없습니다. 인간의 노력으로 구원 받지도 못합니다. 인간의 의지가 자기를 구원하지 못합니다. 정말 우리가 구원을 받고, 영원한 평안을 누리고 싶으면 우리를 창조하고 구원하신 하나님을 만나야 합니다. 가짜 하나님 말고, 내가 만든 하나님 말고 진짜 하나님을 만나십시오. 어떻게 하나님을 만날 수 있습니까? 예수님이 해답을 주셨습니다. "내가 길이다. 하나님을 만날 수 있는 유일한 길이다."

이제 길을 발견했습니다. 그러면 하나님을 바로 만날 수 있을까요? 아닙니다. 그 길이 캄캄하면 한 발자국도 제대로 내딛지 못할 것입니다. 길에는 빛이 있어야 합니다. 환한 빛이 있어야 합니다. 그것이 진리입니다. 그러나 두려워하지 마십시오. 예수님이 진리라고 말씀하셨습니다. 예수님은 길이면서 동시에 진리이십니다. 길이 있고 환하게 비치는 빛이 있습니다. 이것으로 끝난 것입니까? 아닙니다. 여기에는 생명이 있어야 합니다. 그 환한 길을 달려갈 수 있는 생명이 필요합니다. 예수님은 자신이 생명이라고 말씀하셨습니다. 구원을 위한 삼박자가 딱 들어맞는 것입니다. 길이 있고 빛이 있고 생명이 있습니다. 그분이 예수님이십니다.

인간의 이성은 한계가 있습니다. 인간의 이성으로는 구원 받지 못합니다. 구원은 믿음으로 받는 것입니다. 우리는 상상으로 밥을 먹지 않습니다. 배고플 때 상상한다고 배가 부릅니까? 실제로 밥을 먹어야 합니다. 마찬가지로 상상한다고 구원 받을 수 있는 것이 아닙니다. 묵상한다고 구원 받는 것이 아닙니다. 연구한다고 구원 받는 것이 아닙니다. 예수님을 믿어야 합니다.

어떻게 하면 예수님을 믿을 수 있습니까? '성경도 전혀 모르는데, 교회도 다녀본 적 없는데, 술과 담배를 하는데, 나는 지금 죄를 많이 지은 상태인데'라고 걱정하는 이들이 있습니다. 하지만 걱정하지 마십시오. 다만 이렇게 기도하십시오.

"하나님, 저는 당신이 필요합니다. 저는 지금까지 스스로 살아 왔는데 솔직히 너무 힘듭니다. 외롭습니다. 죽고 싶을 때도 있습니다. 이제 하나님을 알고 싶습니다. 하나님을 믿고 싶습니다."

우리의 기도를 들으신 하나님이 당장 우리를 품 안에 안아 주실 것입니다. 하나님은 우리의 일생을 훤히 다 아십니다. 그러기에 하나님 앞에서 쇼를 할 필요가 없습니다. 하나님 앞에서 가식 따위는 던져 버려야 합니다. 그냥 이렇게 말하면 됩니다.

"하나님, 저는 춥고 배고픕니다. 외롭습니다. 더 이상 이렇게 살수 없습니다. 저를 도와주세요. 저는 하나님이 필요합니다. 하나님 앞에 가고 싶습니다. 저의 죄를 용서하세요. 예수님을 의지합니다. 예수님은 길이고 진리고 생명이시니 그분을 의지하고 싶습니다."

하나님을 의지하고픈 마음이 든다면, 이미 하나님께서 우리 안에 들어와 계신 것입니다. 그 마음을 하나님께서 주신 것입니다. 우리는 그 마음을 거부하지 않아야 합니다. 하나님은 우리를 기다리고 계십니다.

"러브소나타에 오기 전과 후가 달라진 것 같아요.

먼저 일본 땅을 보는 시선이 달라졌어요.

한국인이라면 일본에 대한 적대감이 없는 분이 없을 텐데

대대로 내려오는 그 적대감이 문제라는 생각이 들었어요.

일본이라는 땅은 제가 정복해야 할 곳이 아니라 하나님의 눈으로

봐야 하는구나 싶더라고요. 사명을 가지고

이 땅을 바라봐야 한다는 걸 절실하게 느꼈어요."

한혜진_탤런트 (『2007 러브소나타 소식지』에서)

내가 본

복음 전파에 온 마음을 기울여야

기쿠오 이리에_ 후쿠오카 러브소나타 실행위원장, 후쿠오카 은혜의교회 목사

"그의 경건한 자들의 죽음은 여호와께서 보시기에 귀중한 것이 로다"(시 116:15)

하용조 목사의 갑작스러운 소천에 애도의 뜻을 전함과 동시에 하나님의 놀라우신 사랑을 찬양합니다.

하 목사의 비전에 따라 2007년 3월 30일에 열린 후쿠오카 러브 소나타의 장소를 선팔레스 호텔로 결정해 주신 온누리교회에 깊은 감사를 드립니다. 또한 사도행전의 교회를 꿈꾸며 후쿠오카에서 복음 선교를 인도하신 주님의 이름을 찬양합니다.

2007년 후쿠오카 러브소나타(총 참가자 2,547명)가 출발점이 되어, 후쿠오카에서는 〈가스펠 후쿠오카〉라는 대규모 전도 집회가 2008년(참가자 약 천 명), 2009년(약 2천 명), 2010년(약 2천 명)으로 이어졌고, 2013년에는 그레이엄 대회가 예정되어 있습니다. 이 일을 통해 주 예수 그리스도와 온누리교회에 다시 한 번 감사의 말씀을 전합니다. 아울러 하 목사를 하늘나라로 떠나보낸 온누리교회와 가족에게 예수 그리스도의 위로가 넘치기를 멀리 이곳에서 간구합니다.

하 목사의 비전을 이어받아 일본과 세계 선교를 향한 활동이 한

56 목숨을 건 일본 사랑 러브소나타

국 교회와 일본 교회의 협력으로 더욱 가속화되기를 바랍니다.

하 목사의 부음 소식에 〈가스펠 후쿠오카〉 협력 교회 목사들이 적어준 추모의 글을 들고 8월 4일, 후쿠오카 공항을 출발하여 처음으로 온누리교회로 향했습니다. 감사한 마음을 구체적으로 표현하고 싶어서였습니다.

가랑비가 내리는 저녁 무렵에 도착하고 보니, 이미 수많은 성도가 검은 상복을 입고 하 목사를 추도하기 위해 예배당 가득 모여 있었습니다. 그들은 하 목사의 생전 활동 모습이 담긴 영상을 보고 있었습니다.

저는 그들과 함께 이 성스럽고 경건한 예배에 동참할 수 있음에 감사드렸습니다. 또한 세계 선교를 소망했던 한 사람의 헌신 덕분에 거둔 수많은 열매를 허락하신 하나님께 다시 한 번 감사의 기도를 올렸습니다. 위대한 하나님 품속에서 잠든 선한 일꾼의 신앙적 결단과 열매를 직접 보고 들으며 하나님에 근거한 신앙과 행함이 얼마나 중요한지 깨달았습니다.

"그들은 믿음으로 나라들을 이기기도 하며 의를 행하기도 하며 약속을 받기도 하며 사자들의 입을 막기도 하며 불의 세력을 멸하기도 하며 칼날을 피하기도 하며 연약한 가운데서 강하게 되기도 하며 전쟁에 용감하게 되어 이방 사람들의 진을 물리치기도 하며"
(히 11:33~34)

노아, 아브라함, 모세, 기드온 같은 예언자가 믿고 순종했던 위대한 하나님, 하 목사가 믿었던 살아계시는 하나님, 살아서 역사하시는 예수 그리스도는 입술이 아닌 믿음에 기초한 행함을 권면하십니다.

"믿음이 없이는 하나님을 기쁘시게 하지 못하나니 하나님께 나아가는 자는 반드시 그가 계신 것과 또한 그가 자기를 찾는 자들에게 상 주시는 이심을 믿어야 할지니라"(히 11:6)

위 말씀은 언제나 살아 계시는 하나님을 구하고 그의 말씀에 순종하며 사도행전 29장을 계속 써 나간다면 축복 받을 것임을 나타내고 있습니다. 우리는 현대 사회의 타락과 모순을 바라보며 눈물을 흘리면서도 세계 복음화를 위해 전심전력으로 달려가야 합니다.

저는 요즘 "이르시되 우리가 다른 가까운 마을들로 가자 거기서도 전도하리니 내가 이를 위하여 왔노라 하시고 이에 온 갈릴리에 다니시며 그들의 여러 회당에서 전도하시고 또 귀신들을 내쫓으시더라"(막 1:38~39)는 말씀을 묵상하고 있습니다. 예수께서는 잡히시기 전날, 늦은 밤까지 병자를 고치시고 악한 귀신을 쫓아내셨습니다.

이러한 예수님의 행적은 사람들의 필요와 간구에 대한 응답이었습니다. 그러나 다음 날 아침에 예배를 마친 후, 베드로가 "선생님, 모두가 주님을 찾고 있나이다"라고 말하자 예수님은 마가복음 1장 38절로 대답하셨습니다. 다시 말하면 예수님은 인간이 원하는 일보다 복음과 선교가 본업이었기 때문에 그 일에 목숨을 걸었던 것입니다.

세계 복음화를 향한 첫걸음으로 하 목사와 온누리교회를 축복하신 하나님은 지금도 우리에게 묻고 계십니다. 진정 복음 그 자체를 전하고 있는 교회인지 아닌지, 신앙에 따라 복음을 전도하고 있는지, 직분자들과 일반 성도 모두 합심하여 전도에 총력을 기울이고 있는지. 세계 복음화에 열심히 임하는 교회와 그 목자 하 목사를 일본에 소개해 주신 하나님을 위하여, 곧 다가올 마지막 날을 위하여 우리도 복음 전파에 온 마음을 기울일 것입니다.

사랑은 믿음과 소망의 완성이다

믿음으로 생긴 꿈은 사랑을 만듭니다.
사랑은 인간적으로 노력해서 생기는 것이 아닙니다.
인간의 의지로 버티는 사랑은 얼마 못 갑니다.
그러나 성령이 주시는 사랑은 영원합니다.

믿음의 사람에게 일어나는 세 가지 사건

예수 믿는 사람에게는 세 가지 사건이 일어납니다.

첫째, 길을 발견합니다. 길은 인생의 목적과 방향을 의미합니다. 예수님을 만나면 인생의 목적과 방향이 생깁니다. 대부분의 사람들은 속도로 삽니다. 속도가 빨라지면 사고를 일으키게 됩니다. 속도보다 중요한 것이 방향입니다. 천천히 가도 방향이 옳아야 합니다. 인생의 목적은 중요한 것입니다. 목적을 알고 살아야 합니다. 그것이 길입니다. 예수님은 내가 길이라고 말씀하셨습니다.

그렇지만 길이 있다고 다 해결되는 것이 아닙니다. 길을 비추는 빛이 필요합니다. 어두운 길은 사고가 나기 쉽습니다. 환하고 밝은 길이 필요합니다. 그 빛이 진리입니다.

둘째, 예수를 믿으면 진리를 발견하게 됩니다. 진리 가운데 사는 사람은 방황하지 않습니다. 진리 가운데 사는 사람은 어둠 속에 거하지 않습니다. 예수님은 자기 자신을 가리켜 진리라고 말씀하셨습니다.

셋째, 생명을 발견하게 됩니다. 길과 빛이 있으면 다 되는 것일까요? 아닙니다. 그 밝은 길을 달려갈 수 있는 생명이 필요합니다. 생명은 죽음의 반대입니다. 생명이 있는 사람은 꿈이 있습니다. 생명이 있는 사람에게는 미래가 있습니다. 예수님은 자기 자신을 가리켜 생명이라고 말씀하셨습니다.

예수님이 주시는 영혼의 비타민

예수 그리스도를 믿게 되면 이러한 세 가지 축복 외에 또 다른 세 가지 축복을 받게 됩니다. 그것은 인생을 성공적이고 적극적이며 창조적으로 살 수 있는 원리입니다. 첫째는 믿음이요, 둘째는 소망이요, 셋째는 사랑입니다. 사도 바울은 고린도전서 13장 13절에서 이에 대해 이렇게 말합니다.

"그런즉 믿음, 소망, 사랑, 이 세 가지는 항상 있을 것인데 그 중의 제일은 사랑이라"(고전 13:13)

저는 믿음과 소망과 사랑을 영혼의 비타민이라고 부르고 싶습니다. 그것은 눈에 보이지 않지만 우리 인생을 행복하게 만드는 데 결정적인 역할을 하는 것입니다. 믿음과 소망과 사랑에 대한 성경 말씀을 또 하나 살펴보겠습니다.

"너희의 믿음의 역사와 사랑의 수고와 우리 주 예수 그리스도

에 대한 소망의 인내를 우리 하나님 아버지 앞에서 끊임없이 기억함이니"(살전 1:3)

믿음을 위해서는 행위가 필요합니다. 사랑을 위해서는 수고가 필요합니다. 소망을 위해서는 인내가 필요합니다.

믿음은 하나님이 주시는 선물

첫째로 믿음에 대해 먼저 이야기를 나눠 볼까 합니다.

"믿음은 바라는 것들의 실상이요 보이지 않는 것들의 증거니"(히 11:1)

"믿음이 없이는 하나님을 기쁘시게 하지 못하나니 하나님께 나아가는 자는 반드시 그가 계신 것과 또한 그가 자기를 찾는 자들에게 상 주시는 이심을 믿어야 할지니라"(히 11:6)

대부분의 사람들이 이성으로 살아갑니다. 그러나 이성보다 더 중요한 것이 믿음입니다. 사람은 이성으로 구원 받지 못합니다. 믿음으로 구원 받는 것입니다. 예수님은 믿음에 관한 이야기를 여러 번 하셨습니다. 마가복음 5장에는 혈루증 걸린 여인이 나옵니다. 예수님이 그 여자를 고쳐 주시면서 아주 중요한 말을 하셨습니다.

"예수께서 이르시되 딸아 네 믿음이 너를 구원하였으니 평안히 가라 네 병에서 놓여 건강할지어다"(막 5:34)

믿음은 모든 질병에서 우리를 구원해 줍니다.

마가복음 9장에서는 귀신 들린 아이를 가진 부모가 나옵니다. 부모는 이 아이에게서 귀신이 떠나기를 원했습니다. 그러나 예수님의 제자들은 귀신을 쫓을 수 없었습니다. 아이의 부모는 예수님께 요청합니다.

"무엇을 하실 수 있거든 우리를 불쌍히 여기사 도와 주옵소서"
(막 9:22)

그러자 예수님이 이런 말씀을 하십니다.

"할 수 있거든이 무슨 말이냐 믿는 자에게는 능히 하지 못할 일
이 없느니라 하시니"(막 9:23)

믿음이 그 아이를 구원했습니다. 믿는 사람에게는 능치 못함이
없는 것입니다. 그래서 기독교에서는 최고의 가치를 믿음으로 봅
니다. 믿음으로 구원을 받습니다. 믿음으로 하나님의 자녀가 됩니
다. 믿음으로 우리는 의롭다 함을 받습니다. 믿음으로 병을 고칩니
다. 믿음으로 가난과 저주에서 해방됩니다. 믿음으로 기도의 응답
을 받습니다. 더 놀라운 사실은 믿음으로 성령을 받는다는 것입니
다. 이래서 믿음이 중요한 것입니다.

믿음이 생기면 하나님이 보입니다. 믿음이 생기면 영적 세계가
보입니다. 믿음이 있으면 성경이 보입니다. 믿음은 이성을 뛰어넘
는 것입니다.

종교개혁을 일으켰던 말씀이 있습니다.

"내가 복음을 부끄러워하지 아니하노니 이 복음은 모든 믿는
자에게 구원을 주시는 하나님의 능력이 됨이라 먼저는 유대인에게
요 그리고 헬라인에게로다"(롬 1:16)

예수님은 복음이 믿는 자들에게 주시는 하나님의 능력이라고
강조하셨습니다. 그리고 다음 절에서 이렇게 말씀하십니다.

"복음에는 하나님의 의가 나타나서 믿음으로 믿음에 이르게 하

나니 기록된 바 오직 의인은 믿음으로 말미암아 살리라 함과 같으니라"(롬 1:17)

진정한 신앙인은 믿음으로 사는 사람입니다. 우리가 이 세상에서 사는 원리는 이성입니다. 합리성을 강조하고 진화론을 주장합니다. 그러나 진짜 하나님을 믿는 사람은 창조론을 믿습니다. 이성보다도 믿음을 더 높이 평가하는 것입니다.

대부분의 사람들이 믿음을 갖기 원합니다. 그런데 믿음이 없습니다. 교회를 10년, 20년, 30년을 다녔어도 믿음이 없어 고민입니다. 몸부림을 치며 진정한 믿음을 구하지만 믿음이 쉽게 생기지 않습니다. 왜 그럴까요? 믿음은 우리가 원해서 생기는 것이 아니기 때문입니다. 아무리 열심히 기도해도 믿음이 생기지 않습니다. 착한 일을 한다고 믿음이 생기는 게 아닙니다. 금식하며 애쓴다고 믿음이 생기는 게 아닙니다. 믿음은 선물이기 때문입니다.

믿음은 내가 원해서 갖는 것이 아닙니다. 돈 주고 살 수 있는 것도 아닙니다. 돈 주고 살 수 있다면, 내 의지로 가질 수 있다면 누구나 쉽게 믿음을 가질 것입니다. 이것 때문에 오래 믿음생활을 한 그리스도인들이 갈등과 고민에 빠집니다. 교회에서 목사로, 장로로, 집사로, 성가대로 섬기며 여러 가지 봉사활동을 하지만 믿음에 대한 확신이 없습니다.

믿음은 하나님이 주시는 선물입니다.

"너희는 그 은혜에 의하여 믿음으로 말미암아 구원을 받았으니 이것은 너희에게서 난 것이 아니요 하나님의 선물이라"(엡 2:8)

우리는 믿음으로 인해 구원을 은혜로 받았습니다. 이것은 우리에게서 나온 것이 아니요 하나님에게서 온 선물입니다. 하나님이 주시지 않으면 가질 수가 없는 것입니다.

그러면 어떻게 해야 믿음을 가질 수 있을까요? 울어도 안 되고, 애써도 안 되고, 몸부림 쳐도 안 된다면 어떻게 해야 할까요? 철야 기도해서 믿음이 생기면 얼마나 좋겠습니까. 금식해서 믿음이 생기면 얼마나 좋겠습니까. 주일마다 교회 가는 것으로 믿음이 생기면 얼마나 좋겠습니까. 그러나 그렇게 해서 믿음이 생기지는 않습니다. 믿음은 하나님이 주셔야 합니다.

예수님을 제대로 영접하면

성경을 깊이 묵상해 보면 하나님께서 주시는 믿음을 받는 방법을 발견할 수 있습니다. 그것은 예수님을 영접하고 우리 마음 가운데 초청하는 것입니다. 그러면 그 즉시 두 가지 선물을 주십니다. 첫째는 성령이요, 둘째는 믿음입니다. 인간적으로 노력한다고 성령이 오시지 않습니다. 성령과 믿음은 우리가 예수님을 인격적으로 영접하고 입으로 시인할 때 우리 안에 들어오는 것입니다. 그 어떤 자격과 노력도 필요 없습니다. 다만 우리가 꼭 해야 할 일이 있다면 마음의 문을 열고 예수님을 영접하는 것입니다.

예수님을 받아들이는 순간 성령이 우리 안에 임재하고, 믿음이 생기기 시작합니다. 믿음이 생기면 어떤 일이 일어납니까? 성경이 눈에 들어옵니다. 옛날에는 성경을 펼치기만 해도 졸음이 몰려왔는데, 예수님을 받아들인 순간부터는 성경이 또렷이 보이기 시작합니다. 하나님을 알게 되는 것입니다. 예수님에 대해서 성경에 대해서 하나님에 대해서 눈을 뜨게 됩니다. 그러면서 성경의 세계로 더 깊이 들어가기를 원하게 됩니다.

또한 믿음이 생기면 마음이 평안해집니다. 안심하는 마음이 생깁니다. 불안과 근심, 걱정이 사라집니다. 기쁨이 생기기 시작합니다. 생각하지 못했던 영적 능력이 생깁니다. 내 안에 작은 기적들이 일어나는 것입니다. 불가능을 가능으로 만드는 용기가 솟구칩니다. 내 인생이 적극적으로 변하고 창조적인 삶을 살게 됩니다. 부정적인 사람이 긍정적으로 변하기도 합니다. 이것이 믿음의 비밀입니다.

예수 믿은 지 10년이 되었어도, 교회 다닌 지 20년 되었어도, 교회 봉사한 지 30년이 되었어도 여전히 믿음에 목말라 하는 사람들이 있습니다. 그 마음 가운데 불안이 떠나지 않습니다. 구원의 확신도 없습니다. 교회 다닐 때는 구원 받은 것 같고, 술 먹을 때는 구원받지 못한 것 같습니다. 집사와 장로인데도 마음속에 분노가 있습니다. 성가대와 봉사활동을 해도 마음에 우울함이 있습니다. 이런 사람은 예수를 믿고 있다고 착각하는 사람입니다. 그것은 예수를 믿는 것이 아니라 종교 생활을 하는 것입니다. 그저 교회에 익숙할 뿐입니다. 늘 성경을 들고 다니고, 기도를 하지만 예수님을 영접한 적이 없습니다.

종교 생활을 하는 사람에게는 믿음이 없습니다. 자기 의지적인 노력만 있을 뿐입니다. 도덕적이고 윤리적인 생활이 있을 뿐입니다. 그래서 목마르고 갈등이 있습니다. 마음이 괴로운데도 나 자신을 어떻게 해야 할지 몰라 고민합니다.

그러나 진정으로 예수를 믿는 사람에게는 굳건한 믿음이 있습니다. 믿음에서 믿음으로 이릅니다. 믿음의 나무가 자라기 시작합니다. 믿음의 열매가 맺힙니다. 이런 사람들에게는 감출 수 없는 기쁨이 있습니다. 세상이 아무리 악하고 험해도 마음의 평안이 있습니다. 죽음이 찾아와도, 불치병에 걸려도, 사업이 망해도 결코 흔들리지 않습니다.

나 자신이 그리스도인이라고 생각하는 사람들은 다시 한 번 가슴에 손을 얹고 내가 과연 예수님을 진정으로 영접했는지 돌이켜 보아야 할 것입니다. 그동안 예수님을 제대로 믿은 것인지, 종교 생활을 한 것은 아닌지 질문해 보아야 합니다. 교회에서의 직분과 신앙생활의 기간은 따질 것이 못 됩니다. 오직 중요한 것은 정말로 예수님을 영접했느냐 하는 것입니다.

하나님의 아들이자, 십자가에서 돌아가시고 사흘 만에 부활하신 예수님을 영접하지 않았다면 믿음은 시작되지 않은 것입니다. 기적도 시작되지 않았습니다. 아무것도 시작된 것이 없습니다.

지금 이 순간 우리는 다시 결심해야 합니다. 예수님을 제대로 영접해야 합니다. 예수님을 우리 마음 깊숙이 받아들여야 합니다. 우리가 예수님을 받아들이는 순간 믿음이 접붙여지기 시작합니다. 믿음이 접붙여질 때 드디어 믿음이 작동합니다. 믿음은 기적을 만듭니다. 믿음은 우리 안에 감당할 수 없는 기쁨을 줄 것입니다. 세상이 감당하지 못하는 평안이 흐르게 될 것입니다. 찬송이 흘러넘치게 될 것입니다. 이것이 믿음입니다.

믿음으로 생기는 꿈

믿음이 생기면 꿈이 생깁니다. 비전이 생깁니다. 이것을 희망이라고 부릅니다. 희망은 내일입니다. 희망은 천국입니다. 땅의 꿈이아니라 하늘의 꿈, 순간적인 꿈이 아니라 영원한 꿈, 내 꿈이 아니라 하나님의 꿈이 생깁니다. 지금까지 우리는 자신만의 꿈을 꾸며살아왔습니다. 그러나 그 꿈은 좌절될 때가 많았습니다. 그 꿈은 절망 속에서 헤맵니다. 왜냐하면 그 꿈은 내 꿈이기 때문입니다.

그러나 믿음이 생기기 시작하면 하나님의 꿈을 꿉니다. 성령의꿈을 꾸게 됩니다. 기적의 꿈을 꾸게 됩니다. 사도행전을 보면 놀라운 말씀이 있습니다.

"하나님이 말씀하시기를 말세에 내가 내 영을 모든 육체에 부어 주리니 너희의 자녀들은 예언할 것이요 너희의 젊은이들은 환상을 보고 너희의 늙은이들은 꿈을 꾸리라"(행 2:17)

죽음을 앞둔 노인이 꿈을 꿉니다. 어린아이들이 환상을 봅니다. 성령이 임하면 아이들이 방언을 합니다. 어린아이들이 예언을 합니다. 상상할 수 없는 일이 일어나는 것입니다. 저는 우리 아이들이하나님이 주신 꿈을 꾸고 예언을 하기를 바랍니다.

성령이 임하고 믿음이 생기면 상상할 수 없는 꿈이 이루어지기시작합니다. 꿈꾸는 사람이 됩니다. 꿈꾸는 사람에게는 미래가 있습니다. 새 하늘과 새 땅의 꿈을 꿉니다. 천국의 꿈을 꿉니다. 그러면 이 세상에 살면서도 하나님 나라에 살고 있는 것입니다. 그 사람에게는 민족 복음화의 꿈이 생깁니다. 모든 족속으로 제자를 삼으라는 말씀이 화살같이 우리 마음에 와 박히는 것입니다.

저는 가끔씩 이런 생각을 합니다.

'내가 왜 일본에 집착할까? 내가 왜 일본을 위해 러브소나타를 하고 있는가?'

하지만 저는 이 일을 손에서 놓을 수가 없습니다. 이 일을 하지 않고 한시도 가만있을 수가 없기 때문입니다. 일본을 위해 기도하지 않으면 죽을 것만 같기 때문입니다.

하나님께서 제 마음 가운데 이런 믿음을 주셨습니다. 꿈을 주셨습니다. 이렇듯 믿음은 꿈을 만들어 냅니다.

사랑을 만드는 믿음

믿음으로 생긴 꿈은 사랑을 만듭니다. 사랑은 인간적으로 노력해서 생기는 것이 아닙니다. 인간의 의지로 버티는 사랑은 얼마 못 갑니다. 그러나 성령이 주시는 사랑은 영원합니다. 그 사랑은 포기를 모릅니다. 그래서 순교하는 이들도 있습니다. 그것은 이미 우리의 사랑이 아니라 하나님이 주시는 사랑입니다. 성령이 주시는 사랑입니다. 성령이 임하면 기쁨으로 충만하게 됩니다. 이는 모두 하나님의 은혜로 인해 일어나는 일들입니다.

지금 우리의 모습이 하찮고 죄스럽고 경건하지 못할지라도 예수님을 믿기만 하면 우울증과 고통과 절망이 사라질 것입니다. 저주와 가난은 사라지고 천국이 내 안에서 시작됩니다. 이 얼마나 감사한 일입니까. 시작은 간단합니다. 예수 그리스도를 영접하는 것입니다.

"영접하는 자 곧 그 이름을 믿는 자들에게는 하나님의 자녀가

되는 권세를 주셨으니"(요 1:12)

예수님을 영접하기만 하면 하나님의 자녀가 되는 권세가 주어집니다. 예수님을 영접하는 순간, 우리의 모든 죄는 용서받습니다. 이것이 믿음입니다. 교회에 얼마나 오래 다녔느냐는 중요하지 않습니다. 예수님을 영접했느냐가 중요합니다. 예수님을 영접하는 순간 믿음은 원하든 원하지 않든 자동적으로 우리 마음 가운데 생깁니다.

여기서 꼭 기억해야 할 것이 있습니다. 우리 안에 잉태된 믿음을 유산시키면 안 된다는 것입니다. 그 믿음이 잘 자랄 수 있도록 노력해야 합니다. 말씀을 먹고 성령의 씨가 뿌려지면 믿음이 자라납니다. 눈을 뜨게 됩니다. 귀가 열리게 됩니다. 영적 감각이 생깁니다. 그리고 어느 날 해산을 하게 됩니다. 그것이 진정한 그리스도인의 삶입니다.

우리는 지금 이 순간 어린아이와 같은 마음으로 예수님을 영접해야 합니다. 예수님을 받아들이십시오. 예수님 앞에 무릎을 꿇으십시오. 그분한테 손을 들고 경배하십시오. 그 순간에 믿음은 우리 안에 접붙여질 것입니다. 믿음은 잉태하는 순간 자라나기 시작합니다. 성령이 들어오는 순간 우리 안에서 역사하기 시작합니다. 이것은 하나님께서 우리에게 허락하신 축복입니다.

"하나님 안에 우리가 하나라는 걸 잊고 살았던 것에
회개의 눈물을 흘렸습니다. 막연히 가졌던
일본에 대한 적대감과 피해 의식.
예수님 보혈의 피로 이미 모든 죄를 용서하셨는데,
나의 자만이 끝없이 일본이란
나라를 정죄하고 살았다는 것에
부끄러웠습니다. 하나님께서 그것을 깨우치게 하시려고
저를 일본 땅에 보내셔서 그곳에 세우셨나 봅니다."

박탐희_탤런트 (『2009 러브소나타 소식지』에서)

Acts 29의 비전에 빠지다

토미우라 요시유키_ 오사카 러브소나타 실행위원장, 고쿠분복음교회 담임목사

주님의 이름을 찬양합니다.

"온 땅이여 여호와께 즐거운 찬송을 부를지어다 기쁨으로 여호와를 섬기며 노래하면서 그의 앞에 나아갈지어다 여호와가 우리 하나님이신 줄 너희는 알지어다 그는 우리를 지으신 이요 우리는 그의 것이니 그의 백성이요 그의 기르시는 양이로다"(시 100:1~3)

온누리교회의 비전은 실로 대단한 것이었습니다. 'Acts 29'가 바로 그것입니다. 러브소나타 같은 문화 전도집회를 일본 각지에서 개최했을 뿐 아니라 아시아 지역 전체로 서서히 확대해 나가는 선교에 대한 열정.

일본 교회와 모든 성도의 가정에 하루 24시간 희망과 비전을 심어주는 CGNTV 방송 사역.

사도 바울의 선교 정신을 따르는 '문화 사역', '제자 훈련 사역', '협력 사역'을 일본 두란노를 통해 일본어로 제공해 주는 큰 은혜.

이렇듯 하 목사는 한없는 사랑을 마지막 순간까지 일본 국민에게 부어 주셨습니다. 저는 그의 사랑을 받은 한 사람으로서 하 목사에 대한 애도의 정을 금할 길이 없습니다. 진심으로 감사드립니다.

천국에서 편안히 안식하세요. 신약성경 사도행전은 28장으로 끝나지만, 온누리교회의 비전은 'Acts 29'로 이어질 것입니다.

사도행전은 크게 세 파트로 나눌 수 있습니다.

첫 번째는 하나님의 성령(1:4~5, 2:4). 두 번째는 하나님의 말씀(6:7, 12:24, 19:20). 세 번째는 하나님의 사람(딤전 6:11, 행 6:5, 11:22, 24, 26:16~18)입니다.

전도와 목회 사역 중에서 이 세 가지 요소는 절대로 간과할 수 없는 부분입니다. 어떤 활동이든 이 세 가지를 갖추지 않으면 안 됩니다. 존경하고 사랑하는 온누리교회는 이 세 가지를 환상적으로 조합하여 세계 선교 비전을 펼치고 있습니다. 그리고 그 사역은 마치 한 편의 파노라마처럼 일본 전역으로 퍼져나가고 있습니다.

CGNTV는 2006년 10월, 동경에서 개국한 이래 2007년 첫 방송과 더불어 '오키나와에서 홋카이도까지'라는 목표를 세우고, 5년 동안 매일 24시간 방송 체제를 이어오고 있습니다.

저는 일본 CGNTV에서 〈말씀에 묻다〉라는 10분짜리 프로그램에서 공동 진행을 맡고 있으며 2007년 9월 10일, 〈러브레터〉라는 프로그램에 아내와 함께 출연했습니다. 아내는 목사의 아내 입장에서 바라본 교회의 모습, 목사의 가정생활, 남편으로서의 목사 등을 적나라하게 이야기했습니다. 아내가 사회자의 질문에 솔직하고 당당하게 답변하던 모습을 지금도 가슴 깊이 간직하고 있습니다.

그랬던 아내가 다음 해인 2008년 10월 13일, '지주막하(蜘蛛膜下)출혈'로 갑자기 세상을 떠났습니다. 주일 예배가 끝나고 개인 기도 시간에 '아멘'을 끝으로 영원히 돌아오지 않을 사람이 된 것입니다. 그 '마지막 기도'는 4남 1녀와 손주 13명에게 둘러싸여 행복하게 지내라는, 저를 위한 기도였습니다.

당시 셋째 아들은 남미 파라과이에서 교사 생활을 하고 있었습니다. 아내가 세상을 떠났던 밤, 셋째 아들은 좀처럼 잠을 이루지 못하고 침실을 나와 인터넷 검색을 하다가 우연히 CGNTV의 〈러브레터〉 프로그램(그때까지 아들은 그런 프로그램이 있는지 조차 몰랐다고 합니다)을 보았다고 합니다. 아들은 거기에서 토미우라 가코(富浦佳子)라는 어머니의 이름과 마주치게 됩니다.

나의 아내는 다섯 자녀 가운데 목회자가 나온다면 아마도 셋째 아들일 거라고 생각했고, 그것을 위해 기도해 왔습니다.

프로그램 마지막 장면에서 우리 부부는 자녀들 이름을 한 명씩 부르며 "나는 너를 사랑한단다", "너를 위해 기도하고 있단다"라는 메시지로 마무리했습니다. 그 순간, 셋째 아들은 "이 때에 네가 만일 잠잠하여 말이 없으면 유다인은 다른 데로 말미암아 놓임과 구원을 얻으려니와 너와 네 아버지 집은 멸망하리라 네가 왕후의 자리를 얻은 것이 이 때를 위함이 아닌지 누가 알겠느냐 하니"(에 4:14) 하는, 모르드개가 에스더에게 보낸 편지의 한 문장과 맞닥뜨리게 됩니다.

아들 녀석은 그 일을 계기로 주님께 헌신하고 싶다는 강렬한 열망에 사로잡혔습니다. 그는 이미 다섯 아이의 아비였고 교사로서 15년째 근속하고 있었습니다. 안정된 생활을 뒤로 하고 미지의 세계로 향한다는 것은 엄청난 도전이요, 용기를 필요로 하는 선택이였습니다. 부모의 바람과 형제의 조언, 교회의 의향을 외면하지 못하고 마음을 굳히기까지 상당히 고민하고 번민했던 모양입니다.

결국 하나님의 소명임을 확신하고 헌신하기로 마음을 굳힌 아들은, 2010년 3월에 관서성서학원(KBI)에 입학하여 목회자의 길을 걷고 있습니다. 이 일련의 일들은 '내 인생의 전환점'이 되었습니다. 이뿐만 아니라 CGNTV는 지금 제가 목회 중인 교회에도 엄청난 '전환점'을 마련하고 있습니다.

이렇게 하 목사의 'Acts 29'를 향한 비전은 어느 작은 교회 목사의 가정과 목회 전도의 모든 부분에 큰 영향을 미쳤습니다.

온누리교회에서 전파되는 'Acts 29'의 비전은 아시아, 아메리카, 유럽 등지로 끝없이 확대되고 있으며, 장차 성지인 이스라엘까지 뻗어나가리라 믿습니다. '계획하신 일을 반드시 이루시는 하나님'을 확신합니다.

예수님께서 선교에 대한 지상명령으로서 마태복음 28장 18~20절에 말씀하신 것처럼, 복음은 온 세계를 통틀어 전파될 것이고 머지않아 일본에도 그리스도의 계절이 임하기를 비전으로 삼고 기도합니다.

"하늘에 있는 자들과 땅에 있는 자들과 땅 아래에 있는 자들로 모든 무릎을 예수의 이름에 꿇게 하시고 모든 입으로 예수 그리스도를 주라 시인하여 하나님 아버지께 영광을 돌리게 하셨느니라"
(빌 2:10~11)

"사랑이란 손해를 보더라도 기뻐하는 것.
가슴이 메어오는 듯한 느낌.
아무리 지우려 해도 지워지지 않는 이름"
- 하용조 목사의 트위터에서

2장

하나님의 사랑은 포기가 없다

하나님의 사랑은 포기하지 않는 사랑입니다.
변하지 않는 사랑입니다. 끈질기고 처절한 사랑입니다.
그분의 사랑 앞에 서 있으면 죽었던 것이 살아나고
상처가 치유되고 가난과 저주가 떠납니다.

사랑의 파도는 한계를 넘는다

사랑은 기적을 만듭니다. 기도하는 사람들 중에 5천 명의
형제 자매들이 일본을 축복하기 위해 뭉쳤습니다.
우리 마음속에 성령님이 찾아오셔서 우리를 회개로 인도하셨고,
얼룩진 마음을 어루만져 주셨습니다.

하나님의 짝사랑

이 세상을 움직이는 큰 힘에는 두 가지가 있습니다. 첫째는 미
움과 분노의 힘입니다. 분노는 세상을 파괴하는 힘이 있습니다. 분
노는 살인하는 힘이 있습니다. 둘째는 사랑과 용서의 힘입니다. 사
랑과 용서는 우리에게 화해와 평화 그리고 축복을 만들어 줍니다.

어떤 이가 이런 말을 했습니다. "사탄은 우리 마음속에 미움과
분노를 심어 이 세상을 지옥으로 만들려고 하고, 하나님은 우리 마
음속에 사랑과 용서를 심어 천국을 만들려고 한다."

하나님은 우리를 지극히 사랑하십니다. 하나님의 사랑은 인간
의 언어와 상상력을 다 동원해도 설명할 수가 없습니다. 하늘의 별
은 셀 수 있고 바다의 모래알은 헤아릴 수 있지만 하나님의 사랑은

셀 수도 헤아릴 수도 없습니다.

어느 날 하나님께서는 저에게 일본을 품으라고 말씀하셨습니다. 일본을 사랑하고 일본을 위해서 기도하라고 거듭 말씀하셨습니다. 저는 누군가를 오랫동안 사랑하고 보살필 만한 건강이 허락된 사람이 아닙니다. 30년 동안 당뇨와 고혈압으로 고생했고, 간암 수술을 받았지만 다섯 번이나 재발했으며, 계속해서 투석하며 병마와 싸우고 있습니다. 이렇게 제 몸 하나 건사하기 힘든 상황에서 그런 하나님의 말씀을 들으니 몹시 당황스럽고 두려웠습니다. 그렇지만 일본을 향한 하나님의 사랑이 너무나 컸습니다. 하나님께서는 계속 저에게 강조하셨습니다.

"갈등과 고통의 벽을 넘어서라. 건강의 한계를 넘어서라. 먼저 화해의 손을 내밀어라. 그리고 사랑의 파도를 만들어라."

그래도 저는 용기가 생기지 않았습니다. 할 수 없이 교인들에게 기도 부탁을 했습니다. 언제나 불가능해 보이는 일에 부딪힐 때면 기도에 매달립니다. 이때도 많은 이들과 함께 기도에 임했습니다.

40일 특별 새벽기도를 시작했는데, 놀랍게도 8천 명이 모였습니다. 아무도 예상하지 못한 결과였습니다. 마지막 날에는 체육관에서 모였는데, 새벽 3시부터 2만 5천 명이 모였습니다. 과연 기도의 힘은 무서운 것이었습니다. 거대한 태풍과도 같고 이 땅을 뒤흔드는 지진과도 같았습니다. 성령님이 정확하게 즉각적으로 우리의 기도에 응답해 주셨습니다. 우리와 일본과의 관계에서 문제는 우리 안에 있다고 가르쳐 주셨습니다.

하나님은 일본에 대한 우리의 잘못된 감정과 부정적인 태도를 꾸짖으셨습니다. 그리고 먼저 우리가 회개할 것을 말씀하셨습니다. 과거에 일본이 한국에 대해서 잘못한 것에 더 이상 집착하지 않기를 원하셨습니다. 더 중요한 것은 과거의 사건 때문에 우리가 분노하고 잘못된 감정을 가지는 것을 걱정하셨다는 것입니다.

기도하는 동안에 우리는 크나큰 부끄러움을 느꼈습니다. 그리고 하나님께서 진정으로 우리에게 바라시는 마음을 직시하게 되었습니다.

"내가 얼마나 일본을 사랑하고 있는지 너희는 아느냐?"

하나님의 음성이 우리의 귓가에 울렸습니다. 하나님은 일본을 너무나 사랑하셔서 가슴에 멍이 들 정도였습니다. 하나님의 사랑은 짝사랑이었습니다. 그래서 저는 이렇게 기도했습니다.

"하나님, 정말 일본을 그렇게 사랑하셨다는 말씀입니까?"

하나님의 마음을 깨닫고 나서 우리는 변명할 수가 없었습니다. 기도를 바꾸었습니다.

"하나님께서 일본을 이토록 잊지 못하며 사랑하시고 일본이 복음화 되기를 기다리시는데, 우리가 어찌 머뭇거리겠습니까?"

기도하는 동안에 우리 손에는 일본 국기가 들려졌습니다. 처음에는 서툴게 "일본을 축복해 주옵소서"라고 기도했습니다. 하나님의 사랑이 이렇게 크시다면 우리 모두가 하나님의 뜻에 순종하겠다고 기도했습니다.

사랑은 기적을 만듭니다. 기도하는 사람들 중에 5천 명의 형제자매들이 일본을 축복하기 위해 뭉쳤습니다. 우리 마음속에 성령님이 찾아오셔서 우리를 회개로 인도하셨고, 얼룩진 마음을 아루 먼저 주셨습니다.

가장 위대한 행동은 기도입니다. 기도하면 사랑하게 되고, 기도하면 사람이 변합니다. 가정이 변합니다. 민족이 변합니다. 우리 마음속에 진심으로 일본과 화해하고 협력해서 함께 전 세계의 평화의 사도가 되기를 원하는 바람들이 생겼습니다.

우리는 피해자라는 이름으로 잘못된 감정을 가진 것을 회개했습니다. 그리고 일본과 하나님의 사랑을 나누기로 결심했습니다. 한국과 일본은 서로 사랑하고 섬기고 하나가 되어야 합니다. 비판하고 경쟁하면 둘 다 죽게 되어 있습니다.

사랑의 주인공, 예수 그리스도

오늘날 가장 중요한 것은 무엇이겠습니까? 사랑과 용서입니다. 허물이 있으면 용서하고, 사랑할 수 없어도 사랑해야 합니다. 예수님의 최고의 메시지는 원수를 사랑하라는 것입니다. 순수한 사랑, 변함 없는 사랑, 영원한 사랑, 조건 없는 사랑을 행해야 합니다. 그것은 탕자를 집으로 돌아오게 합니다. 이러한 사랑 때문에 하나님은 자신의 아들인 예수 그리스도를 십자가에 못 박아 죽였습니다.

사랑은 죽음입니다. 죽기까지 사랑하는 것입니다. 사랑은 감정이 아닙니다. 사랑은 기분이 아닙니다. 사랑은 목마름이 아닙니다. 사랑은 자기희생이요, 자기 포기입니다. 하나님은 자신의 소중한 아들을 죽였습니다.

예수님은 누구십니까? 예수님은 스스로 나는 길이라고 말씀하셨습니다. 집에 가거나 학교에 갈 때, 길이 필요합니다. 천국에 가고 싶어도 길이 있어야 합니다. 길이 없으면 방황합니다. 엉뚱한 데로 갑니다.

또한 길에는 빛이 있어야 합니다. 캄캄한 길은 없는 길과 똑같습니다. 예수님께서 나는 진리라고 말씀하셨습니다. 진리는 빛입니다.

그 밝은 빛이 비추는 길을 달려갈 수 있는 에너지, 힘도 필요합니다. 죽은 것은 힘이 없습니다. 죽은 나무에서는 꽃이 피지 않습니다. 살아있는 것에 꽃이 피고 살아있어야 움직입니다. 예수께서 나는 생명이라고 말씀하셨습니다. 누구든지 나로 말미암지 않고는 아버지께로 갈 수가 없다고 말씀하셨습니다.

그리고 누구든지 예수님의 이름을 부르면 구원을 얻으리라고 말씀하셨습니다. 영접하는 자 곧 그 이름을 부르는 자에게는 하나님의 자녀가 되는 권세를 주신다고 하셨습니다.

지금 이 순간 사랑의 주인공이신 예수 그리스도를 만나고 싶지 않습니까? 죽기까지 사랑한 하나님의 사랑 이야기에 가슴이 벅차오르지 않습니까? 저는 이 사랑의 이야기가 한국을 넘어서 일본 열도에 파도 치기를 바랍니다.

우리 가운데는 인생이 고달프고 힘겨워서 모든 걸 자포자기하고 싶은 이들이 있을 것입니다. 하나님께서는 그들 가운데도 찾아오십니다. 그래서 인생의 목적과 참된 평화와 용서를 주십니다.

미워하고 분노하고 고발하던 일을 멈추십시오. 하나님의 음성을 들어보십시오. 하나님은 우리를 사랑하십니다. 죽기까지 사랑하십니다. 늘 우리의 마음을 두드리고 있습니다. 인생은 소중하고, 아름다운 것이라고 말씀하십니다. 인생을 포기하지 않고 하나님이 사랑하시는 우리 자신을 돌아보게 만드십니다. "얘야, 너는 보배로운 존재다. 너는 보석 같은 존재다. 내가 너를 사랑한다. 내 눈은 눈물로 가득 찼다. 내 가슴은 시꺼멓게 멍들었다"라고 말씀하십니다.

하나님의 사랑은 포기하지 않는 사랑입니다. 변하지 않는 사랑입니다. 끈질기고 처절한 사랑입니다. 그분의 사랑 앞에 서 있으면 죽었던 것이 살아나고 상처가 치유되고 가난과 저주가 떠납니다.

이러한 영원 지속되는 사랑에 접속하고 싶지 않습니까? 하나님께 손을 내밀고 싶지 않습니까? 더 이상 과거에 얽매이지 않고 새로운 삶을 살기를 원한다면 하나님의 손을 붙들어야 합니다. 그리고 하나님께 부르짖어야 합니다. "오, 하나님, 저를 보호해 주세요. 저를 지켜 주세요. 다시 살고 싶습니다."

2천 년 전에 인류의 모든 죄를 지고 십자가에 돌아가신 예수님을 바라보십시오. 예수님은 우리의 죄를 눈과 같이, 양털같이 희게 해주셨습니다. 그리고 그분 품으로 와서 편히 쉬라고 하셨습니다.

하나님을 만나십시오

저는 잠시 동안 일본에 보금자리를 마련해 살고 있습니다. 일본이 너무나 귀해서 그렇습니다. 지하철을 타고, 슈퍼마켓에 가고, 병원에도 들르면서 많은 사람들을 만나고 그들을 향한 사랑을 키워 나갔습니다. 무엇 하나 부족한 것이 없는 사람들인데, 예수님을 모르니 너무나 안타깝다는 생각을 자주 했습니다.

하나님과 당장 접속하십시오. 하나님을 만나 보십시오. 세상에서 가장 쉬운 것이 하나님을 만나는 일입니다. 하나님을 믿는 것이

까다롭고 어려운 것이라면 그것은 하나님이 아닙니다. 우리가 까다롭고 어렵게 구는 것이지 하나님은 절대 어렵지 않습니다. 우리가 괜히 의심하고 반항하고 머뭇거리는 것입니다.

하나님은 가슴을 활짝 열고 계십니다. 그리고 이렇게 말씀하십니다.

"사랑하는 내 아들 딸아, 내 가슴 안으로 들어와라. 지금 들어와라. 순서가 필요 없다. 성경을 몰라도 괜찮다. 먼저 내게로 오너라."

사실 많은 이들이 자신들이 짓고 있는 죄 때문에 나 같은 사람이 예수님을 믿어도 되나 갈등하고 머뭇거립니다. 그런데 죄를 끊는 것보다 더 중요한 것이 있습니다. 그냥 예수님을 믿기를 원하는 것입니다. 그러면 하나님께서 우리를 편히 쉬게 하시고, 인생을 고쳐 주시고, 회복시켜 주신다고 말씀하십니다. 방황하는 인생에 목적과 기쁨을 주시고, 새로운 길을 열어 주신다고 하십니다.

우리가 "하나님!" 하고 외마디로 외치기만 해도 하나님께서 한달음에 달려오실 것입니다. 하나님은 우리가 긴 말을 하지 않아도 우리의 마음을 전부 알아주십니다. 우리에게 하나님이 필요하고, 하나님 가까이에 머물기를 원하는 우리의 마음을 아시는 것입니다.

그동안 자신이 지은 죄가 많아서, 삶을 너무 엉망으로 살아서 하나님 앞에 서는 것이 두렵습니까? 걱정하지 마십시오. 하나님은 그런 우리를 이미 용서하시고, 우리 안에서 놀라운 일들을 나타내기를 기다리고 계십니다. 지금 당장 하나님께 이런 기도를 올려 보십시오. 우리 삶 가운데 놀라운 변화와 축복이 임할 것입니다.

"하나님, 제 기도를 들어주십시오. 저는 하나님 없이 혼자 살아

왔습니다. 외로웠고 방황했고 길을 잃었습니다. 지쳤습니다. 저에
게 찾아와 저를 일으켜 주십시오. 축복해 주십시오. 저는 하나님을
의지하고 싶습니다. 하나님을 믿고 싶습니다. 쓰레기처럼 살아왔던
제 인생을 정리하고 싶습니다. 그동안 지었던 모든 죄를 씻어버리
고 싶습니다. 새롭게 살고 싶습니다. 제 스스로 살아왔던 것을 용서
해 주십시오. 고향으로, 집으로 돌아가듯이 하나님께 돌아갑니다.
저를 받아 주시옵소서. 예수님의 이름으로 기도합니다. 아멘."

마지막 숨결을 선교 현장에 바치다

미네노 타츠히로_동경 러브소나타 실행위원장, 요도바시교회 담임목사

2011년 8월 2일. 하용조 목사가 소천했다는 갑작스러운 비보를 접하고, 말할 수 없는 충격과 슬픔에 잠겼습니다. 하 목사는 오랜 시간 무서운 질병과 사투를 벌였지만 이렇게 갑작스레 떠나리라고는 상상조차 못했습니다.

이는 마치 모세가 약속의 땅 가나안의 비스가 산꼭대기에 이르러 자신은 가나안에 들어가지 못하고 운명을 달리하는 모습(신명기 34:1~5)과 같다는 생각이 들었습니다. 또한 엘리야가 길을 가는데 홀연히 불수레와 불말이 몰아치더니 회오리바람이 엘리야를 하늘로 올리는(왕하 2:11) 장면을 연상케 했습니다. 하 목사도 많은 비전과 사명을 주님으로부터 명령 받아 진행해 나가는 중간에 하늘의 부름을 받았던 것입니다.

그러나 그가 떠났다는 충격과 당혹감은 머리와 가슴에서 머물다가 점점 사라져 갔습니다. 왜냐하면 그는 병마에 무릎을 꿇고 그 원대했던 비전과 사명을 포기한 것이 아니었기 때문입니다. 세상에 패배한 것이 아니기 때문입니다. 존경하는 하 목사는 혹독한 암세포의 고통에도 굴하지 않고, 삶의 시련과 죽음의 위협에도 끄덕하지 않고 멋지게 승리를 쟁취해 냈습니다. 순결하고 고결한 신앙을 지키기 위해 목숨을 내어놓은 순교자들처럼, 최후의 마지막 숨결까지도 선교 현장에 바치고 영광스럽게 하늘나라로 올라갔습니다.

지금 하 목사는 예수님 옆에서 "잘했다" 칭찬 받으며 축복 속에 머물고 있을 것입니다.

그렇습니다. 하 목사야말로 하나님의 칭찬과 축복을 받기에 지극히 합당한 분입니다. 그는 하루가 다르게 쇠퇴하고 문이 닫혀가는 일본 선교에 뜨거운 기도의 온기를 불어넣고 목숨도 아끼지 않으며 선교의 큰 활로를 열어 주었습니다.

하 목사는 일본 열도를 가로지르며 러브소나타를 개최하고, CGNTV라는 위성 TV 방송을 개국하여 방송 선교를 추진했습니다. 뿐만 아니라 성도의 영적 성장과 신앙 성숙을 위한 프로그램을 도입하는 등 획기적인 방법으로 일본 선교와 교회 개척 활동을 활발히 전개했습니다.

그로 인해 일본 교회는 일찍이 경험하지 못했던 어마어마한 축복과 눈부신 부흥을 맛볼 수 있었습니다. 이것은 침체되어 있던 일본 교회와 성도들에게 큰 기쁨과 희망을 주었고, 일본 선교 역사에 새로운 전기를 마련하는 일에 큰 공헌을 했습니다. 이렇게 하 목사는 위기에 처했던 일본 선교와 교회 속으로 친히 몸을 던지고 구원과 도움의 손길을 내밀어 준, 실로 우리 일본에 '이루 말할 수 없는 은혜를 베푼 은인'이었음을 새삼 느낍니다.

하 목사는 생전에 처음 만난 사람들 앞에서 간증을 자주 했습니다. "저는 원래 일본 사람이 싫었습니다. 그러던 어느 날, 십자가 위의 주님이 제게 말씀하셨습니다.

'용조야, 너는 왜 일본 사람을 미워하느냐. 죽을 수밖에 없는 죄인인 너를 내가 구원했고 사랑했던 것처럼 너 역시 일본 사람을 용서하고 사랑해야 하지 않겠느냐.'

그 순간 저의 생각은 완전히 바뀌어 일본을 사랑하게 되었습니다. 나아가 제 병을 치료하기 위해 일본에 머물면서 일본 선교에 대한 막중한 사명과 책임을 통감하며 일본과 '사랑'에 빠져버렸습니다."

하 목사의 간증을 듣는 사람들은 행복한 미소를 지었습니다.

그의 간증에서 죄 많은 일본 사람들의 영혼을 감싸주는 하 목사의 깊은 사랑이 느껴졌으며, 그것을 듣는 이마다 큰 감명을 받았습니다. 특히 하 목사는 약소한 일본 교회를 위하여 그리고 예수 그리스도를 모르는 수많은 영혼을 위하여 기꺼이 짐꾼이 되기를 마다하지 않았습니다. 그들을 위해 불철주야 큰 사랑과 뜨거운 기도로 봉사했던 것입니다.

일본 기독교 선교 150주년이라는 중요한 시기에, 하 목사는 과거 150년 일본 선교 역사 속에서 일찍이 경험한 적 없는 선교 방법을 기획하여 방황하고 피폐해 있던 일본 교회에 용기와 활기를 불어넣어 주었습니다. 뿐만 아니라 이를 통해 일본 전국 각지에 초교파적인 지역 교회 연대와 교회 일치 운동의 기운을 일깨워 주기도 했습니다.

저를 비롯하여 주님을 믿는 일본인들은 지금, 하 목사에게 한없는 감사의 마음을 전하는 것과 아울러 하 목사를 일본으로 보내 주신 하나님께 영광과 찬송을 돌립니다.

하나님이 기쁘게 사용하신 귀한 그릇 하 목사는 지금 하늘에 머물고 있습니다. 이 땅에 머물고 있는 우리는, 일본 선교를 위해 사랑과 기도와 목숨까지도 기꺼이 내놓은 하 목사의 뜻을 받들고 그분의 수고가 헛되지 않도록 최선을 다할 것입니다.

믿음의 씨앗이 자라면 인생이 바뀐다

우리는 사랑하며 살지만 늘 허전합니다.
사랑을 원하지만 항상 부족함을 느끼고 목말라 합니다.
인간의 사랑은 부서지고 깨지기 쉽습니다.
그렇지만 하나님의 사랑은 충만하고 완전합니다.
우리의 인생을 위대하게 만듭니다.

행복의 조건

사람들은 행복의 조건을 세 가지로 생각합니다. 첫째는 돈이요, 두 번째는 명예요, 세 번째는 쾌락입니다.

돈은 우리에게 부유함을 줍니다. 돈이 있으면 무엇이든지 할 수 있습니다. 그렇게 사람들은 돈을 좋아합니다. 자신이 불행한 것은 돈이 없기 때문이라고 생각합니다. 권력은 우리에게 명예를 줍니다. 영향력과 지배력을 줍니다. 그래서 명예를 손에 쥐려고 합니다. 권력을 가지려고 합니다. 사람들은 쾌락을 좋아합니다. 쾌락은 즐거움과 기쁨을 주기 때문입니다. 그러나 이 세 가지를 얻었다고 행복합니까?

지금 우리 자신에게 이런 질문을 던져 보십시오. "돈이 많으면 과연 행복한가?" 대답은 "아니오"입니다. 돈이 많아서 불행한 사람이 더 많습니다. 권력을 가지면 행복할까요? 아닙니다. 권력자들에게는 우리가 모르는 깊은 고민이 있을 것입니다. 그렇다면 쾌락은 우리에게 행복을 줄까요? 아닙니다. 절망과 좌절감을 안겨줄 것입니다. 돈과 권력과 쾌락은 우리에게 행복을 약속해 주는 것 같지만, 그래서 사람들이 미친 듯이 매달리지만 그것은 곧 사라질 안개와도 같은 것입니다.

고린도전서 13장을 보면 하나님께서 우리에게 주신 세 가지 행복의 조건이 나와 있습니다.

"그런즉 믿음, 소망, 사랑, 이 세 가지는 항상 있을 것인데 그 중의 제일은 사랑이라"(고전 13:13)

첫째가 믿음입니다. 두 번째가 희망입니다. 세 번째가 사랑입니다. 그 중에 제일은 사랑입니다. 저는 이것을 영혼의 비타민이라고 부릅니다. 비타민은 눈에 보이지 않습니다. 손으로 잡을 수도 없습니다. 그러나 비타민을 공급 받지 못하면 우리 몸은 금방 병들고 맙니다. 그러나 비타민이 잘 공급되면 우리 몸은 생기가 돌고 아주 건강해집니다.

첫 번째 행복의 조건 : 믿음

믿음과 소망과 사랑은 행복의 끈입니다. 그렇다면 왜 믿음이 행복의 첫 번째 조건이 될까요? 모든 불가능을 가능하게 하는 것이 믿음이기 때문입니다. 인생에는 가능한 것보다 불가능한 것이 더 많습니다. 최고의 불가능은 죽음입니다. 누구든지 다 죽게 되어 있습니다. 그러나 믿음을 가지면 이 죽음을 뚫고 나갈 수 있습니다.

믿음은 불가능의 벽을 깨는 것입니다. 성경은 믿음에 대해서 이렇게 말합니다.

"믿음은 바라는 것들의 실상이요 보이지 않는 것들의 증거니"
(히 11:1)

믿음은 다른 말로 신뢰라고 표현할 수 있습니다. 의심하면 지옥이 옵니다. 그러나 믿으면 천국이 옵니다. 아내는 남편을 믿어야 합니다. 남편은 아내를 믿어야 합니다. 그러면 아내와 남편 사이에 천국이 만들어집니다. 아무리 좋은 집에 살고, 돈을 많이 벌고, 지위가 높다 할지라도 남편이 아내를 믿지 않고, 아내가 남편을 믿지 않으면 의심의 싹이 트고, 지옥의 삶이 시작됩니다.

또한 부모는 자녀를 믿어 주어야 합니다. 그리고 자녀는 부모를 믿어야 합니다. 믿음이 이렇게 중요한 것입니다. 믿음은 행복의 첫번째 조건입니다. 인격적으로 신뢰할 때 아름다운 사회가 옵니다. 믿음은 눈에 보이지 않습니다. 믿음은 귀에 들리지 않습니다. 믿음은 볼 수가 없습니다. 그러나 믿음은 불가능을 가능하게 만듭니다. 믿음은 현실을 기적으로 바꾸는 것입니다. 믿음은 불행을 행복으로 바꾸어 줍니다.

우리는 믿음의 비밀을 깨달아야 합니다. 돈이 우리를 행복하게 만들지 않습니다. 우리를 행복하게 만드는 것은 신뢰, 믿음입니다. 인간관계에 있어서도 믿음이 중요한 것처럼 하나님과의 관계에 있어서도 믿음이 중요합니다. 하나님을 믿음으로 구원에 이르는 것입니다.

아직도 하나님이란 이름을 한 번도 불러 보지 못한 사람은 믿음으로 하나님을 만날 수 있기를 바랍니다. 그때 사람의 기적이 아니라 하나님의 기적이 나타나게 될 것입니다. 건강해질 것입니다. 마음에 평안과 축복이 올 것입니다.

그런데 믿음을 가졌지만 불행하다고 불평하는 사람이 있습니다. 이유는 그 믿음이 가짜이기 때문입니다. 가짜 믿음은 영향력이 없습니다. 가짜 믿음에는 기적이 일어나지 않습니다. 무엇이 가짜 믿음입니까? 우리 스스로 만든 것이 가짜 믿음입니다. 내 생각과 내 지식으로 만든 믿음, 내 경험과 내 상식으로 만든 믿음, 내 의지로 만든 믿음이 전부 가짜입니다. 이런 믿음들은 시간이 지나면 다 없어집니다. 그 가짜 믿음은 우리에게 허무감만 안겨 줄 것입니다.

그렇다면 진짜 믿음은 무엇일까요? 그것은 하나님이 주신 믿음입니다. 우리가 하나님을 믿고자 할 때 하나님은 우리 마음속에 믿음을 주십니다. 그래서 하나님을 바라볼 수 있게 합니다. 놀라운 축복을 받게 만듭니다. 불행을 느끼는 사람, 절망을 느끼는 사람, 인생의 불가능 앞에서 자살하고 싶은 사람들이 있다면 당장 자신의 가짜 믿음을 버리고 하나님 앞에 나아오십시오. 가짜 꽃은 향기가 없습니다. 가짜 나무는 열매가 없습니다. 그러나 진짜 꽃은 향기가 있습니다. 진짜 나무는 열매가 있습니다.

하나님이 주시는 믿음을 가지면 기적이 일어납니다. 천국이 이 땅에 오는 것입니다. 마음에 불안이 사라집니다. 평안이 찾아옵니다. 어둠의 세력이 떠납니다. 죽음의 세력이 떠납니다. 절망의 세력이 떠납니다. 그리고 내 마음속에 자신감이 생깁니다.

이런 놀라운 기적이 일어나는 믿음을 갖고 싶지 않습니까? 내가 만든 믿음이 아니라 하나님이 주시는 믿음을 받아 보십시오. 그 믿음을 받기로 결정하는 순간 하나님은 우리의 마음속에 믿음의 씨앗을 심어 주실 것입니다. 씨앗을 심는다고 당장 꽃이 피는 것은 아닙니다. 태양이 비치고 비가 오고 비료를 주어야 나무가 자라고 열매가 맺힙니다.

우리 인생이 하루아침에 달라지지는 않습니다. 오늘 임신했다고 내일 아기를 낳을 수는 없습니다. 열 달을 기다려야 합니다. 우리가 하나님을 믿기로 한다면 우리 안에 생명의 씨앗이 뿌려집니다. 그 씨앗은 자라서 우리 인생을 바꾸어 놓을 것입니다.

하나님께서는 우리의 부르짖음을 외면하실 분이 아닙니다. 그분은 우리가 하나님을 믿겠다고 나섰을 때 거절하실 분이 아닙니다. 하나님이 우리 앞에 나타나시면 모든 어둠과 절망과 좌절의 그늘은 걷히고 밝은 태양 빛이 우리를 비출 것입니다. 믿음은 우리에게 구원을 줍니다. 삶의 기쁨과 보람을 줍니다.

두 번째 행복의 조건 : 희망

두 번째 행복의 조건은 희망입니다. 예수님은 "내가 곧 길이요 진리요 생명이니"(요 14:6)라고 말씀하셨습니다. 우리가 인생을 살 때 세 가지를 발견해야 합니다. 길을 발견해야 합니다. 현대인은 길 없는 길을 가고 있습니다. 막다른 길을 가고 있습니다. 길인 줄 알았는데 절망이었습니다. 낭떠러지였습니다. 그래서 좌절하는 것입니다. 그런데 예수께서 말씀하셨습니다. "나는 길이다. 천국까지 가는 길이다."

그렇다면 길이 있다고 다 되는 것일까요? 그렇지 않습니다. 길에는 빛이 필요합니다. 빛이 비추어 줘야 걸어갈 수 있습니다. 캄캄한 길은 갈 수 없습니다. 그래서 예수님이 나는 진리라고 말씀하셨습니다.

길이 있고 빛이 있다고 다 되는 것일까요? 그렇지 않습니다. 그 환한 빛이 비추는 길을 나갈 수 있는 생명력이 필요합니다. 예수님께서 말씀하셨습니다. "나는 에너지다. 나는 생명이다. 나로 말미암지 않고는 아버지께로 갈 자가 아무도 없다." 우리는 이것을 희망이라고 말합니다. 길과 진리와 생명이 있으면 희망이 있는 것입니다. 희망은 내일입니다. 인생의 절망은 내일이 없을 때 찾아옵니다.

만약 오늘이 우리 인생의 끝이라고 한다면 얼마나 황당할까요? 우리는 내일의 태양이 뜬다는 생각을 갖고 있기에 오늘을 살 수 있습니다. 희망은 우리가 살 수 있는 힘을 줍니다. 희망은 아직 오지 않은 미래를 꿈꾸는 것입니다. 희망은 인생의 등대입니다. 아무리 돈이 없고 병들고 좌절할지라도 희망만 있으면 살아날 수 있습니다. 내일이 있다면 우리는 살아나는 것입니다.

희망은 우리에게 미래를 약속합니다. 희망은 내일을 향한 힘찬 출발입니다. 오늘의 희망이 우리에게 살아갈 힘을 줍니다.

그러나 희망이 없는 사람들은 매일 자살을 생각합니다. 내일이 없다고 한탄합니다. 하나님을 만난 사람은 미래의 끝에 계시는 하나님 때문에 희망을 품지만, 하나님을 모르는 사람은 미래를 볼 줄 모르고 늘 불안해하는 것입니다.

우리가 하나님을 인정하기 시작하면 미래가 보입니다. 미래가 보이면 절망이 사라집니다. 우리 모두가 진정한 희망을 가슴에 품어야 합니다.

희망을 다른 말로 하면 비전과 꿈이라고 할 수 있습니다. 그러나 대부분의 사람들이 희망이라는 이름을 알면서도 좌절에 빠져삽니다. 그 까닭은 가짜 희망을 품고 있기 때문입니다. 가짜 희망에 속아 살기 때문입니다. 사무엘 베케트의 『고도를 기다리며』라는 소설은 약속 없는 희망에 대해 이야기합니다. 인생이 허무주의로 가득합니다. 가장 불행한 희망은 약속이 없는 희망입니다.

그러나 하나님께서 우리의 미래에 약속이 있다고 말씀하십니다. "이 세상에는 끝이 있고 죽으면 천국이 있다. 믿는 자는 구원을 얻는다"는 약속을 주시는 것입니다. 약속을 믿는 사람은 행복합니다. 흔들리지 않습니다. 불안해하지 않습니다. 약속을 믿는 사람은 자신감이 있습니다. 죽어도 다시 살 수 있다는 희망이 있습니다.

우리는 세상 사람들이 만든 희망이 아니라 하나님이 주시는 희망의 약속을 붙잡아야 합니다. 희망을 가진 사람은 눈이 반짝반짝 빛납니다. 사람은 밥을 먹고 사는 존재가 아니라 희망을 먹고 사는 존재입니다. 사람같이 살려면 희망이 있어야 합니다. 희망을 가지려면 하나님을 믿어야 합니다.

세 번째 행복의 조건 : 사랑

세 번째 행복의 조건은 사랑입니다. 왜 성경은 세 가지 중에 사랑을 제일로 꼽았을까요? 믿음은 불가능을 가능하게 합니다. 희망은 미래의 비전과 꿈을 줍니다. 그렇다면 사랑은 우리에게 무엇을 줄까요? 바로 죄 사함입니다.

인생의 가장 큰 불행은 죄로부터 비롯됩니다. 사람이 사람에게 짓는 죄가 있습니다. 도적질, 살인, 간음, 거짓말, 시기, 질투, 폭력 등 사람들이 저지르는 죄는 수도 없이 많습니다. 이러한 죄를 범하면 양심이 괴롭고 잠을 이루지 못합니다. 겉으로는 뻔뻔한 척해도 속으로는 초조하고 두렵습니다. 죄는 우리를 불안하게 만듭니다.

사람이 사람에게 짓는 죄뿐만 아니라 하나님께 짓는 죄도 무시할 수 없습니다. 하나님께 지은 죄를 원죄라고 하는데, 이 죄의 문제를 해결하기 전까지 우리는 진정한 행복 가운데 거하지 못합니다. 아무리 돈이 많고 지위가 높고 권력이 막강해도 죄가 있으면 불행해집니다.

그렇다면 어떻게 죄를 없앨 수 있을까요? 오직 한 가지뿐입니다. 누군가 죄를 씻어 주어야 합니다. 내가 나의 죄를 해결할 수는 없기 때문입니다. 하나님께서는 우리의 죄를 용서해 주시기 위해 자신의 아들 예수 그리스도를 세상에 보내 주셨습니다. 그리고 누구든지 예수 그리스도를 믿으면 죄 사함을 받는다고 하셨습니다. 예수님을 우리 마음속에 영접하면 동이 서에서 먼 것처럼, 깊은 바다에 집어넣는 것처럼 우리의 죄를 기억하지 않으실 것입니다.

이처럼 사랑은 어마어마한 우리의 죄를 용서해 줍니다. 만약에 우리 마음속에 사랑이 생긴다면 죄가 사라지기 시작할 것입니다. 그래서 사랑은 행복의 가장 중요한 조건입니다.

마귀는 우리에게 가짜 사랑을 심어 주었습니다. 그것이 에로스 사랑, 즉 육체적이고 인간적인 사랑입니다. 그런 사랑은 내 죄를 사하지 못합니다. 그러나 진짜 사랑은 내 죄를 사할 능력이 있습니다. 그것은 조건 없는 사랑입니다. 희생하는 사랑입니다. 영원한 사랑입니다. 변하지 않는 사랑입니다. 그런 기적 같은 사랑이 하나님에게 있습니다.

우리가 그 사랑을 받으려면 어떻게 해야 할까요? 하나님의 이름을 부르면 됩니다. 하나님께 요청하는 것입니다. 우리 죄를 씻을 사랑은 우리 안에 없습니다. 그 사랑은 하나님께만 있습니다.

"하나님, 제 안에 들어오십시오. 내 죄를 용서해 주십시오. 나는 사람들한테 너무나 많은 죄를 지었습니다. 사람들에게 너무나 많은 상처를 주었습니다. 사랑이라는 이름으로 상처를 주었습니다. 제게 오셔서 이 상처를 치료해 주십시오"라고 기도하십시오. 그러면 기적이 일어납니다. 하나님이 주신 사랑이 우리의 죄를 덮어 줍니다. 사랑은 우리 영혼을 치료해 줍니다.

하나님의 선물을 받으십시오

행복의 첫 번째 조건인 하나님이 주시는 믿음을 받아들이십시오. 그래서 인생에 있어서 불가능의 벽을 치워 버리십시오. 또한 하나님이 주시는 약속의 희망을 가지십시오. 찬란한 미래에 대한 희망을 갖게 되기를 바랍니다. 마지막으로 우리의 죄를 다 씻어 주고 덮어 줄 하나님의 사랑을 받으십시오. 사랑은 모든 분노를 녹이는 용광로입니다. 사랑은 분열을 치유하는 신비한 공장입니다. 사랑은 전쟁을 화해로 만드는 신비한 열쇠입니다.

하나님은 지금도 우리를 찾고 계십니다. 진짜 믿음을 주기를 원하십니다. 진짜 희망을 주기를 원하십니다. 진짜 사랑을 주기를 원하십니다. 우리는 그저 손을 내밀어 받기만 하면 됩니다.

우리는 사랑하며 살지만 늘 허전합니다. 사랑을 원하지만 항상 부족함을 느끼고 목말라 합니다. 인간의 사랑은 부서지고 깨지기 쉽습니다. 인간의 사랑은 연약하기 짝이 없습니다. 그렇지만 하나님의 사랑은 충만하고 완전합니다. 우리의 인생을 위대하게 만듭니다.

하나님은 우리를 사랑하시고 우리에게 행복을 주기 원하십니다. 우리 인생에서 불행이 끝나기를 원하십니다. 이제 우리 인생에서 절망과 불가능을 내쫓아야 할 때입니다. 우리 인생은 하나님으로 인해 환하게 열려 있습니다. 우리는 행복할 자격이 있습니다. 왜냐하면 하나님께서 우리를 사랑하시기 때문입니다.

나에게 큰 영향을 미친 목회자

시타미치 사다미_ 삿포로 러브소나타 실행위원장, 레인보우교회 목사

40여 년 동안 목사로, 전도자로 살면서 제게 가장 큰 영향을 미친 목회자는 바로 하용조 목사입니다. 하 목사와 처음 만난 것은 지금으로부터 15년 전, 1996년에 삿포로를 방문한 하 목사 일행과 대화할 기회를 가졌을 때입니다. 당시 하 목사의 겸손한 모습, 사랑과 온기로 가득한 성품, 뭐라 표현하기 어려울 만큼 온화한 미소를 머금은 얼굴은 지금도 잊을 수가 없습니다.

그때 만남이 계기가 되어 'OMC(온누리 리더십 성령축제)'에 참가하게 되면서 저는 하 목사를 통해 무수한 은혜를 받았습니다. 그 중에서도 특히 개인적으로 많은 영향을 받았던 부분을 세 가지로 정리해 보았습니다.

첫째, 리더로서의 인격에 압도되었습니다. 하 목사는 존재 그 자체만으로 주님과 늘 동행하는 분임을 느끼게 했습니다. 얼굴에는 항상 따스한 사랑이 넘치고, 누구에게나 상냥하게 말을 건네십니다. 하나님과 사람 앞에 겸손하고 성실한 하 목사의 인격에 그저 감탄할 뿐이었습니다. 위대한 신앙인, 유능한 설교자와 학자, 능력과 자질을 겸비한 리더들은 이 세상에 넘쳐납니다. 그러나 하 목사의 위대한 신앙, 비전, 리더십은 그의 성품에 고스란히 묻어났으며

'리더로서의 인격'이란 어떤 것인지를 여실히 보여주었습니다.

둘째, 리더로서의 신앙 자세를 엿볼 수 있었습니다. 하 목사와 처음 만난 자리에서 그가 온누리교회를 설명했던 말씀 중에 '성경이 말씀하시는 바로 그 교회가 되는 것'이 나의 귀와 영혼에 가득 들어왔습니다. 그 말씀은 오늘에 이르러서도 나의 마음을 재촉하고 권면합니다. 그것은 그날 이후, 우리 삿포로 레인보우교회의 목표가 되었을 정도입니다. 또한 온누리교회에서는 'Acts 29'를 표어로 삼아 현대판 사도행전 29장을 아름답게 적어 내려갑니다. 이 시대를 대변하는 하나님의 사람, 하 목사의 '리더로서의 신앙 자세'는 나의 모델이요 모범입니다.

셋째, 리더로서의 비전을 제시했습니다. 하 목사는 오로지 성경에 기초하여 비전을 이끌어 내는 리더였습니다. 나는 항상 하 목사의 존재, 인격, 신앙 자세, 비전 등을 통해 하나님을 보았고 하나님의 말씀을 들었으며, 하나님의 비전을 깨닫고 느껴왔습니다. 하 목사는 글자 그대로 목숨을 걸고 하나님의 비전을 전하고 실천해 주셨습니다. 하나님은 하 목사를 모범 삼아 '리더로서의 비전'에 대하여 구체적으로 가르쳐 주셨던 것입니다. 하 목사는 하늘의 부르심을 받았습니다. 이제는 그를 통해 하나님이 가르쳐 주시고 베푸셨던 유산의 뜻을 계속 이어 나가고, 차기 리더로서의 책임을 다하려고 합니다.

"믿음으로 아벨은 가인보다 더 나은 제사를 하나님께 드림으로 의로운 자라 하시는 증거를 얻었으니 하나님이 그 예물에 대하여 증언하심이라 그가 죽었으나 그 믿음으로써 지금도 말하느니라"(히 11:4)

하나님은 우리를 짝사랑하신다

하나님은 우리를 사랑하십니다. 그런데 그 사랑은
짝사랑일 때가 많습니다. 사랑은 그 이유를 증명하기가 힘듭니다.
그냥 무조건적으로 사랑하는 것입니다.
하나님께서 일본을 사랑하시는 데에도 이유가 없습니다.

일본을 향한 손 내밀기

내가 모르는 상태에서 누군가 나를 사랑하고 있다는 것을 알게
되면 얼마나 좋을까요? 내가 사랑 받는 존재라는 것은 모른 채 삶
을 무의미하다고 생각하고 절망 가운데서 산다면 이보다 안타까운
삶은 아마 없을 것입니다.

하나님은 우리를 사랑하십니다. 그런데 그 사랑은 짝사랑일 때
가 많습니다. 사랑은 그 이유를 증명하기가 힘듭니다. 그냥 무조건
적으로 사랑하는 것입니다. 하나님께서 일본을 사랑하시는 데에도
이유가 없습니다. 하나님은 우리를 짝사랑하십니다. 하나님은 우리
를 무조건적으로 사랑하십니다.

어느 날 하나님은 저에게 일본을 위해 새벽기도를 하라고 말씀

하셨습니다. 기도하면서 일본에 대한 거부감이 사랑으로 바뀌기 시작했고, 일본에 대한 냉정한 마음이 눈물로 바뀌었습니다. 그리고 일본을 직접 찾아가자고 결심했습니다.

하나님께서는 일본이 우리한테 잘못했다고 말하기 전에 우리가 먼저 일본에게 잘못했다고 말해야 한다는 것을 깨닫게 하셨습니다. 역사적으로 우리는 일본에 의해 큰 상처를 입었습니다. 그런데 우리는 피해자라는 생각에만 몰두해 그것이 교만이 되어 버렸습니다. 우리는 무조건 사과를 받아 내야 한다는 오만으로 똘똘 뭉쳐 있었습니다. 일본에 대한 적대적인 감정을 당연하게 여기게 된 것입니다.

그것이 얼마나 잘못됐는지를 깨달은 우리는 일본에 와서 먼저 미안하다고 말하기 시작했습니다. "우리에게 피해자의 교만이 있었습니다. 미안합니다"라고 먼저 손을 내민 것입니다. 그렇게 러브 소나타가 시작되었습니다.

저는 일본과 일본 교회를 생각하면 눈물이 흐릅니다. 그렇게 마음이 아플 수가 없습니다. 일본에 더 많은 건강한 교회가 세워지기를 바랄 뿐입니다. 일본에도 가가와 도요히코나 우치무라 간조 같은 위대한 인물들이 있었습니다. 믿음의 거인들이 있었던 것입니다. 일본에도 다시 부흥의 바람이 불 것입니다. 영혼이 깨어나는 역사가 일어날 것입니다. 우리가 변하면 아시아가 변합니다. 세상에 평화가 옵니다.

하나님을 떠나 불행해진 우리

하나님께서는 우리를 행복하게 만들기 위해 세상을 창조하셨습니다. 하나님이 우주와 지구와 사람을 만들 때 아무 의미 없이 만드신 것이 아닙니다. 하나님이 인간을 만들 때는 하나님만큼 행복하고, 기쁨이 충만하고, 희망적이고, 생명이 충만하고, 건강하게 살기를 바라며 만드신 것입니다.

최초의 인간에게는 죽음이 없었습니다. 저는 가끔씩 하나님이 만드신 최초의 인간인 아담과 하와의 얼굴이 어떻게 생겼을지 궁금해집니다. 모르긴 몰라도 하나님만큼 얼굴이 빛났을 것입니다. 남자와 여자가 결혼해서 아기를 낳으면 그 아기를 보는 부모의 마음이 얼마나 좋습니까? 세상에 태어난 그 어린아이는 얼마나 예쁘고 아름답고 귀엽습니까? 인간의 본래의 모습은 아름다운 것이었습니다.

인간은 원래 웃음과 기쁨과 평화로 가득 차 있었습니다. 생기가 돌고 눈이 반짝거리고 볼에는 발그레한 미소가 있었습니다. 그러나 현재 인간의 모습은 어떠한가요?

우리 자신의 얼굴을 들여다보십시오. 어딘가 불행해 보입니다. 어딘가 우울해 보입니다. 안간힘을 쓰며 살기에 바쁩니다. 겉으로는 웃고 있어도 툭 하고 건들면 금방 눈물이 터져 나올 것만 같습니다. 우리의 몸과 마음은 삶에 지쳐 병들어 있습니다. 해결하지 못하는 문제들로 가득 차 있습니다. 겉으로는 멋지게 옷을 입고 화장을 했지만 행복하지 않습니다. 그래서 현대인들의 얼굴에는 표정이 없습니다. 그냥 생명 없는 돌멩이 같습니다. 이처럼 인간은 죽음에 이르는 병을 앓고 있습니다.

인간은 죽음을 피해 갈 수 없습니다. 그래서 절망하는 수많은 사람들이 길거리를 헤매고 다닙니다. 불행에서 빠져나오고 싶어서 안간힘을 씁니다. 돈을 법니다. 권력을 가져 봅니다. 쾌락을 추구합니다. 그러나 진정한 행복이 손 안에 잡히지 않습니다. 인간의 행복은 소유에 있지 않기 때문입니다.

그렇다면 우리 인간은 왜 불행에 빠져 살까요?

첫째 이유는 우리를 지으신 창조주를 모르기 때문입니다. 빛을 거부하면 어둠이 찾아옵니다. 어둠이 찾아오면 길을 잃고 방황하게 됩니다. 어둠 속에는 악한 영이 있습니다. 어둠 속에는 죽음의 영이 있습니다.

둘째 이유는 우리가 죄 가운데 살기 때문입니다. 겉으로는 멀쩡한데 그 안을 들여다보면 죄의 구덩이가 있습니다. 그 구덩이에 알고 지은 죄, 모르고 지은 죄가 가득합니다. 이러한 많은 죄들이 우리 자신을 불안하게 만듭니다. 그 죄가 하나님과 우리 사이를 막고 있습니다. 몸도 마음도 영혼도 병들었기 때문에 파멸과 죽음 앞으로 가는 것입니다. 그래서 우리의 얼굴에는 기쁜 표정이 없습니다. 불안하고 외롭고 소외감을 느끼고 절망하기 때문입니다.

셋째 이유는 자리를 이탈했기 때문입니다. 자리를 이탈한 사람을 가리켜 탕자라고 합니다. 탕자는 아버지 집에서 떠나 자기 자리를 이탈했습니다. 우리는 집을 나가고, 부모를 떠나고, 남편을 떠나고, 아내를 떠납니다. 그러고는 행복하기를 원합니다. 행복을 위해서 탈출했다고 말합니다. 하지만 그 탈출은 방황일 뿐입니다.

방황이란 무엇입니까? 출발은 있는데 종착점이 없는 것입니다. 자유를 위해서 떠났는데 어디로 갈지를 모릅니다. 길거리에서 방황하는 것입니다. 해가 지면 더 불행하고 비참해집니다. 무엇을 먹을까, 무엇을 마실까, 무엇을 입을까 걱정합니다. 자리를 떠나면 더러운 것들이 막 끼어들기 시작합니다. 우리 얼굴에서 기쁨과 행복이 사라지고 불행한 표정이 가득하게 됩니다.

가장 중요한 것은 인간 안에는 행복이 없다는 것입니다. 행복은 행복의 주인공이 가지고 있습니다. 그 행복의 주인공은 우리를 행복하게 만들기를 원하시는 하나님이십니다.

하나님은 인간을 창조할 때 행복하게 만드셨습니다. 행복은 내가 노력해서 얻어지는 것이 아닙니다. 노력할수록 불행해집니다. 그러면 어떻게 행복할 수 있을까요?

하나님이 주시는 것을 받으면 됩니다. 행복은 하나님의 선물입니다. 하나님은 우리가 바라는 것보다 훨씬 더 우리가 행복하기를 원하십니다. 하나님은 인간을 행복하게 하기 위해서 자기 아들인 예수님을 세상에 보내셨습니다. 하나님은 천지를 창조하신 분입니다. 하나님은 사랑이십니다. 그래서 인간의 죄를 용서하십니다. 하나님은 거룩하신 분입니다. 그분에게는 죄가 없으십니다.

하나님은 의로우신 분입니다. 그래서 실수가 없으십니다. 하나님은 절대 진리이십니다. 그래서 그분은 모든 것의 기준이 됩니다. 하나님은 영원하십니다. 그래서 변하지 않습니다. 하나님의 능력은 끝이 없습니다. 그래서 불가능이 없습니다. 하나님은 모든 것을 아십니다. 그래서 완전하십니다. 하나님은 지금 여기 계십니다. 그래서 우리는 하나님을 만날 수 있습니다.

하나님이 준비하신 행복

그렇다면 어떻게 해야 하나님을 만날 수 있을까요?

우리는 유한한 인간이기에 시공간을 초월하시는 영의 하나님을 만날 방법이 없습니다. 그래서 하나님은 하나님의 입장이 아닌 인간의 입장에서 사랑을 표현하시고 우리를 만나기로 마음먹으셨습니다. 하나님의 언어를 인간이 알아듣지 못하니까 하나님의 사랑을 보이시기 위해 직접 인간이 되기로 결정하신 것입니다. 그가 바로 예수 그리스도이십니다.

일본은 예수님을 믿지 않지만 크리스마스는 참 좋아합니다. 하지만 언젠가 모든 일본인들이 진정한 크리스마스의 주인이신 예수님을 믿기를 기도합니다. 크리스마스는 예수 그리스도입니다. 예수님을 만나는 것이 크리스마스입니다.

한 가지 질문을 던져 보겠습니다. 우리 눈으로 보이는 게 클까요? 아니면 안 보이는 게 클까요? 보이는 것은 그만큼밖에 없는 것입니다. 하지만 안 보이는 것은 우리가 볼 수 있는 부분 외에 더 많은 것이 있는 것입니다. 마찬가지로 들리는 소리가 클까요? 아니면 안 들리는 소리가 클까요? 귀에 들리는 내 목소리와 들리지 않는 지구의 움직임을 비교해 보십시오. 당연히 나보다 지구가 크다는 것을 알 것입니다.

우리는 이처럼 안 보이는 것, 안 들리는 것의 존재를 무시하고 지나칠 때가 많습니다. 하지만 우리가 다 알고 있는 넓디넓은 우주를 보면 하나님을 믿을 수 있습니다. 거대한 은하계와 우주를 누가 만들었는지, 고민하고 좌절하고 절망하는 인간을 누가 만들었는지 어떤 이도 명쾌하게 설명하지 못할 것입니다. 이것들은 하나님이 없다면 설명이 안 됩니다.

이렇게 위대한 하나님이 우리를 만나기 원하십니다. 우리는 그분을 만질 수 있고, 그분의 음성을 들을 수 있고, 그분을 볼 수 있습니다. 어떻게 그것이 가능합니까? 바로 예수님이 계시기 때문입니다.

예수님을 믿고 받아들이면 내 가슴속에서 하나님이 느껴지기 시작합니다. 추운 겨울날 내 등 뒤에서 타닥타닥 타오르는 모닥불이 있기에 따뜻하듯이 하나님의 이름을 부르기만 하면 하나님의 따스함이 느껴지고, 가슴이 뜨겁게 타오르기 시작할 것입니다.

빛이 오면 어둠이 떠나듯 우리가 하나님의 이름을 부르면 우리 안에 있는 어둠이 떠납니다. 실망과 절망도 떠나가고 굳었던 표정이 풀어지고 마음에 평안이 깃듭니다. 그리고 일어나고 싶습니다. 움직이고 싶습니다. 찬양하고 싶습니다. 그분의 이름을 부르고 싶습니다. 긍정적인 마음이 생겨납니다.

진리란 빛입니다. 길이 있어도 어두운 길이라면 갈 수 없습니다. 그 길에 빛이 비추면 환하고 찬란한 길이 됩니다. 예수님은 "내가 네 인생의 진리이고 빛이다. 네 안의 어둠은 사라질 것이다. 사탄의 세력은 사라질 것이다. 죄는 빠져나갈 것이다"라고 말씀하셨습니다.

그렇다고 해서 혼자서 그 길을 갈 수 있는 것이 아닙니다. 환한 길을 갈 수 있는 에너지가 필요합니다. 인생의 목적과 의미, 방향을 깨닫고 천국으로 가는 길을 걸어갈 수 있는 힘이 필요합니다. 그것이 바로 생명입니다. 생명이 꺼지면 죽음이 옵니다. 이미 죽었을지라도 하나님이 생명을 불어넣으면 부활합니다. 죽은 나무에 꽃이 피는 것입니다. 나는 여러분의 인생에 꽃이 피기를 바랍니다.

문둥병이 걸렸는데 좋은 옷으로 감추고 있는 사람이 있습니다. 그렇다고 문둥병이 없어지겠습니까? 문둥병을 감출 수는 있어도 없어지지는 않습니다.

우리 인생 안에 있는 죄의 병은 감춘다고 해결되는 것이 아닙니다. 지금 당장 우리 안에 있는 죄를 해결해야 합니다. 절망을 포기하십시오. 어둠을 빼내십시오. 그러면 우리에게 행복이 임할 것입니다.

하나님의 이름을 부르기만 하면 죄와 어둠, 불행이 떠난 기분을 느끼게 될 것입니다. 그런 축복이 우리에게 내려질 것입니다. "저는 너무 방황하고 살았어요. 저는 숨기고 살았어요. 내 문제를 꽁꽁 묶어 두었어요. 그래서 더 불행했어요. 이제 내 손으로 내 마음을 열겠습니다"라고 고백해 보십시오. 그리고 "나에게 와서 죄를 용서해 주시고 어둠에서 빛으로, 절망에서 희망으로, 좌절에서 축복으로 나아갈 수 있도록 인도해 주세요"라고 기도하십시오. 그러면 하나님께서 "걱정하지 말아라. 내가 너와 함께 있을 것이다. 내가 너를 도와줄 것이다. 내가 너를 일으켜 세워 줄 것이다. 나를 의지하라. 나를 신뢰하라. 나를 믿어라"라고 말씀하실 것입니다.

우리가 예수님을 믿는다고 세상이 갑자기 변하지는 않습니다. 아직도 해결해야 할 인생의 문제들이 산재해 있습니다. 하지만 걱정하지 마십시오. 이미 우리 안에 들어오신 예수님이 해결해 주실 것입니다. 우리에게 용기와 지혜, 능력과 기쁨을 주시고 인생의 의미와 목적도 깨닫게 해 주실 것입니다.

"볼지어다 내가 문 밖에 서서 두드리노니 누구든지 내 음성을 듣고 문을 열면 내가 그에게로 들어가 그와 더불어 먹고 그는 나와 더불어 먹으리라"(계 3:20)

지금 예수님이 우리의 마음을 두드리고 있습니다. 우리는 행복하기 위해 태어난 사람들입니다. 행복할 자격이 있습니다. 아니, 행복해야 합니다. 하나님께서 우리를 위해 행복의 인생을 준비하셨습니다.

두려워하지 말고 방황하지 말고 한번 하나님의 손을 붙잡아 보십시오. 그러면 우리의 가정과 인생이 달라질 것입니다. 하나님은 거짓말하지 않으십니다. 하나님은 약속을 지키십니다. 하나님은 우리와 늘 함께 계십니다.

"러브소나타에 참석하면서
저는 두려움이 사라지는 큰 변화를 경험하고 있습니다.
제게는 기적이라고 생각합니다.
일본 사람들의 메마른 가슴이 녹는 것을 보면서
그 어떤 것도 못할 것이 없다는,
가나안 땅에 들어간 여호수아와
갈렙 같은 마음이 들었습니다."

이은경_법무법인 산지 대표

내가 본

일본 선교의 가능성을 발견하다

고이치 오토모_ 센다이 러브소나타 실행위원장, 시오가마 성서침례교회 목사

하용조 목사를 생각하면 성경 한 구절이 마음속에 울려옵니다.

"또 이르시되 너희는 온 천하에 다니며 만민에게 복음을 전파하라"(막 16:15)

2007년 11월, 센다이 러브소나타가 열렸습니다. 센다이에서 이렇게 큰 집회가 열린 적은 처음이었기 때문에 과연 사람들이 얼마나 모일지 걱정이 되었습니다. 더구나 예전과 다르게 눈까지 내려서 당연히 참석률이 저조하리라 생각했지만, 사람들은 예상을 뒤엎고 자리를 가득 채워 주었습니다. 하 목사의 메시지는 바깥의 차가운 날씨와는 반대로 마음을 훈훈하게 해 주었고 위로와 권면으로 가득 차 있었습니다. 그 당시, 큰 병을 앓는 중에도 행사를 의연하게 치른 하 목사의 모습에서 성령의 힘으로 말씀하고 있다는 것을 느낄 수 있었습니다.

하 목사는 세미나나 집회에서 이런 이야기를 자주 했습니다.

"우리 교회에 7년 정도 출석하면 더 이상 가르칠 것이 없습니다. 7년 동안 배운 것으로 충분합니다."

너무 대담한 발언이라고 생각했습니다.

'한국 교회들이야 워낙 교인들이 많으니까 저런 이야기를 할 수 있겠지. 일본의 시골 교회에서는 말도 안 되는 소리야. 교인을 모으고 늘리는 것이 최우선이지.'

이런 생각을 하면서 예수님이 제자들에게 말씀하신 복음 선교의 명령을 반복해서 읽었습니다.

예수님이 제자들과 3년 동안 함께 생활하면서 수없이 가르치고 훈련시켰던 것은 그들을 자기 옆에 묶어두기 위해서가 아니라 떠나보내기 위해서였습니다. 복음 선교 명령은 '전 세계로 나가는 것'입니다. 다시 말해서 예수님 곁에서 배우고 익힌 것을 아직 복음을 알지 못하는 사람들이 있는 곳으로 가서 전하고, 교회를 세우는 것이 제자들의 할 일이었던 것입니다. 그런 의미에서 본다면, 하 목사야말로 주님의 말씀을 온전히 실천하는 사람이었습니다.

교인이 많든 적든 관계없이 이 명령에 충실한 교회, 사람을 모으는 교회가 아닌 파송하는 교회야말로 주님이 바라시는 교회의 모습임을 깨달았습니다. 장래에 일본 교회가 사람을 모으는 교회에서 파송하는 교회로 바뀔 수만 있다면 좀 더 원대한 일본 선교의 가능성을 찾아낼 수 있지 않을까 희망을 가져봅니다. 사도시대에는 가장을 중심으로 한 '가정 교회'가 주류였는데, 그것이야말로 사회 속에 존재하는 교회의 본래 모습이 아니었을까 생각합니다.

최근에 발생한 동일본 대지진으로 인해, 미야기현에서는 교회 건물 네 채가 파도에 휩쓸려 버렸습니다. 그 중 두 채는 기존 교회였고, 다른 두 채는 센다이와 와타리에 있는 가정 교회였습니다. 가정 교회는 개척 교회 형식으로 운영되었는데, 파도에 휩쓸리는 바람에 집의 형태는 남아 있어도 생활은 불가능했습니다. 그러나 그들은 집을 잃은 슬픔보다 더 큰 축복에 감사하며 더욱 더 주님을 성실히 따르고 선교 중심의 생활을 하리라 마음을 다잡았습니다.

와타리 가정 교회는 지진 발생 3개월 후, 산등성이의 신흥 주택가에 모델 하우스였던 건물과 70평 정도의 주차장 용지를 구입하여 활동을 재개했습니다. 센다이 가정 교회는 시에서 임대해 준 아파트에 입주하여 그동안 관계를 맺었던 분들의 도움과 지원 물자로 재기를 노리고 있습니다. 이 두 교회는 무시무시한 대지진에도 무너지지 않고, 집채만 한 파도에도 끄덕하지 않았습니다. 왜냐하면 '가정 교회'란 그곳에 모인 사람들을 가리키는 것일 뿐 건물이 아니었기 때문입니다.

사도시대의 예루살렘 교회는 박해를 받아 마을에서 쫓겨나 흩어졌습니다. 그러나 믿는 자들은 핍박과 감시 속에서도 말씀을 전파하며 다녔습니다.

"그 흩어진 사람들이 두루 다니며 복음의 말씀을 전할새"(행 8:4)

이 지역의 교회 개척자들도 지진과 파도로 전부를 잃었지만 낙심하거나 주저앉지 않았습니다. 오히려 더욱 말씀 전파에 사명감을 가지고 선교 활동을 이어나가고 있습니다.

'가정 교회'는 성경에 기록되어 있는 선교 모델 중 하나입니다. 주의 종을 세상에 파송하겠다는 꿈을 가지고 교육하는 것이야말로 제자 훈련의 최종 목적이 아닐까요. 그것을 미처 깨닫지 못했던 나에게 하 목사의 설교는 실로 엄청난 도움이 되었습니다. 직장이나 지역에서 전도를 하고 교회를 세울 일꾼을 교육하는 것이 복음 선

교의 대명령을 실천하는 것이요 교회의 가장 중요한 역할이라는
사실에 눈을 뜬 것입니다.

　나의 목회와 교회 개척에 확신을 심어 주신 하 목사를 영원히
존경합니다.

3장

우리는 사랑받기 위해
태어났다

우리는 사랑 받기 위해 태어났습니다. 우리는 사랑하기 위해 태어났습니다.

사랑의 힘을 발견하는 사람에게는 기적이 일어납니다.

사랑에도 가짜와 진짜가 있습니다. 내가 하는 사랑은 가짜입니다.

하나님이 주시는 사랑이 진짜입니다.

하나님의 사랑은 최고의 치료제이다

예수님을 만나는 사람은 인생이 달라집니다.
생애 한 번도 경험해 보지 못한 꿈과 비전이 생깁니다.
삶은 의욕으로 넘치고 기쁨이 충만해질 것입니다.
감동스러운 삶을 살게 될 것입니다.

회복의 하나님

저는 큰 수술을 여러 번 하면서 과연 목회를 계속 이어나갈 수 있을까 의구심이 들 때도 많았습니다. 회복이 어려운 상황에 놓여 있었지만 많은 성도들이 기도해 준 덕분에 계속 강단에 설 수 있었습니다.

테너 가수인 배재철 성도님을 알 것입니다. 그분은 갑상선암으로 성대가 망가져 수술을 받았고 아무도 회복되리라 기대하지 않았지만 신앙의 힘으로 회복을 했습니다. 이처럼 우리 인생은 고비들을 겪으며 고통 받기도 하고 회복되기도 합니다. 절망의 순간에 처해 있습니까? 모든 것을 다 놓고 싶습니까? 인생을 포기하지 마십시오. 회복의 하나님을 떠올리십시오. 희망은 살아 있습니다.

제가 결혼 주례를 할 때마다 언급하는 성경구절이 하나 있습니다.

"그런즉 믿음, 소망, 사랑, 이 세 가지는 항상 있을 것인데 그 중의 제일은 사랑이라"(고전 13:13)

믿음과 소망과 사랑보다 더 큰 위대한 정신은 없기 때문에 그렇습니다.

세상 사람들은 어떤 힘을 좋아합니까? 돈의 힘을 좋아합니다. 돈을 숭배합니다. 돈을 벌기 위해서는 무슨 짓도 합니다. 두 번째 세상 사람들이 좋아하는 것은 권력입니다. 권력을 찾아서 헤매는 것입니다. 세 번째로 세상 사람들이 숭배하는 힘은 쾌락입니다. 현대인들은 전부 성적 중독자가 되었습니다. 그러나 돈과 권력과 쾌락의 힘은 결과가 어떻습니까? 그것은 영원하지 않습니다. 이것들을 추구하는 사람은 허무감에 빠질 것입니다. 그러나 믿음의 힘과 희망의 힘과 사랑의 힘은 영원합니다. 변하지 않으며, 기적을 만듭니다.

믿음의 힘

첫째, 믿음은 불가능을 가능하게 합니다. 없는 것을 있게 하며, 보이지 않는 것을 보게 합니다. 믿음의 힘은 이성이나 합리성보다 한 단계 위에 있는 힘입니다. 우리가 사는 세상을 보십시오. 이성과 합리성으로 살지만 그것이 모든 문제를 해결하지 못합니다. 너무나 많은 문제가 우리를 괴롭히고 있습니다. 불치병에 걸리거나 재난을 당하거나 가난해지거나 죽음 앞에 섰을 때 이성과 합리성은 아무 능력이 없습니다. 그래서 우리 눈에는 슬픔의 눈물이 가득합니다. 고독을 느끼고 외로워합니다.

그러나 믿음의 세계는 다릅니다. 믿음의 세계에서는 이성과 합리성의 세계와 달리 초자연적인 기적이 날마다 일어납니다. 믿음의 세계는 눈에 보이지 않고 귀에 들리지 않고 이성에 잡히지는 않지만 일단 믿으면 신비스러운 세계가 존재한다는 사실을 알게 됩니다. 우리가 한 번도 생각해 보지 못했던 그런 놀라운 세계가 믿음을 가진 사람들에게는 보인다는 것입니다.

뿐만 아닙니다. 믿음은 하나님이 존재한다는 사실을 가르쳐 줍니다. 우리는 하나님이 없다고 생각합니다. 하나님은 존재하지 않는다고 생각합니다. 신이라는 것은 여러 종류로 존재한다고 생각합니다. 그러나 믿음은 천지를 창조하신 하나님을 알게 해 줍니다. 믿음은 예수 그리스도가 우리를 위하여 십자가에 못 박혀 죽으셨다는 사실을 가르쳐 줍니다. 이성과 합리성은 내가 병들었을 때나 풍랑에 빠졌을 때나 죽음 앞에 섰을 때 아무 일도 해 주지 않지만, 믿음은 그렇지 않습니다.

믿음으로 살면 병이 낫고 내 인생의 풍랑이 잠잠해집니다. 나를 구원해 줍니다. 절망이 희망으로 바뀌고 죽음이 생명으로 바뀌고 불가능이 가능으로 바뀌는 것입니다. 이것이 믿음입니다.

그러나 우리는 이성과 합리성의 세계에 빠져 있어서 믿음으로 가려고 하지 않습니다. 여기서 우리가 잊지 말아야 할 사실이 있습니다. 믿음이라고 다 같은 것이 아니라는 것입니다. 세상에는 가짜가 참 많습니다. 믿음에도 가짜 믿음이 있습니다. 무엇이 가짜 믿음일까요? 내가 만든 믿음이 가짜 믿음입니다. 그것은 영원하지도 않고 기적을 만들지도 않습니다. 내가 만든 신념이 어떻게 기적을 만들겠습니까. 그 믿음은 내 수준 정도밖에 안 됩니다.

그러나 하나님이 주시는 믿음은 진짜 믿음입니다. 그것은 영원합니다. 그것은 기적을 일으킵니다. 이러한 진짜 믿음을 몸소 보여 주신 분이 바로 예수님입니다.

예수님은 우리에게 하나님을 가르쳐 주셨습니다. 그는 이 땅에서 기적을 많이 행하셨습니다. 소경의 눈을 뜨게 하고, 귀머거리의 귀를 열리게 하고, 앉은뱅이를 일으켜 주고, 문둥병자를 고쳐 주고, 귀신 들린 자를 온전하게 만들고, 죽은 자를 살리셨습니다. 이런 일들을 어떻게 다 하셨습니까? 믿음으로 하신 것입니다.

이 놀랍고 새로운 세계에 들어가고 싶지 않습니까? 중요한 것이 있습니다. 믿음은 내가 만드는 것이 아니라는 것입니다. 그것은 신념이 아닙니다. 신념은 인간에게서 나온 겁니다. 인간이 만든 것은 영원하지 않습니다. 우리가 신념으로 가지고 있는 것은 다 무너지게 되어 있습니다.

이제 생각을 바꾸십시오. 내가 만든 믿음이 아니라 하나님이 주신 믿음을 받아들이십시오. 하나님이 주신 믿음은 영원합니다. 그 위대한 믿음을 하나님께서는 거저 주시겠다고 하셨습니다. 지금 우리가 원하면 하나님께서 주실 것입니다.

희망의 축복

희망은 미래를 여는 문입니다. 미래는 아무도 가 본 적이 없습니다. 미개척의 땅이요, 새로운 세계입니다. 그런데 많은 사람들이

가 보지도 못한 미래에 대해 절망합니다. 우리는 미래의 문을 열지 못하는 좌절감에 빠져 있습니다.

그러나 희망을 가진 사람, 꿈과 비전을 가진 사람은 미래의 문을 열 수 있습니다. 미래의 주인공은 희망을 가진 사람입니다. 여기에 희망의 능력과 힘이 있습니다. 구하면 얻게 될 것이고 찾으면 찾게 될 것이고 문을 두드리면 열리게 될 것입니다.

인생의 미래의 문을 닫지 마십시오. 희망은 우리 인생의 등대와 같습니다. 희망이 있으면 절망하거나 포기하거나 좌절하지 않습니다. 그러나 희망의 문을 닫으면 쉽게 절망하고 좌절하고 방황합니다.

성경은 희망을 약속이라는 단어로 표현하고 있습니다. 약속이란 미래에 생길 일입니다. 약속이 없는 미래도 없고 약속이 없는 희망도 없고 약속이 없는 축복도 없습니다. 약속이 있어야 희망이 있는 것입니다. 성경 속에는 우리를 향한 수많은 약속들이 담겨 있습니다.

하나님은 우리를 사랑하신다고 말씀하셨습니다.

"너희는 마음에 근심하지 말라 하나님을 믿으니 또 나를 믿으라"(요 14:1)

"내가 너희를 위하여 천국을 예비한다"고 말씀하셨습니다. 구원을 약속해 주셨습니다. 우리의 죄 문제를 해결해 주시겠다고 약속해 주셨습니다. 그 약속은 반드시 이루어질 것입니다.

희망에도 가짜 희망과 진짜 희망이 있습니다. 내가 만든 희망은 가짜입니다. 그것은 하나의 소원일 뿐입니다. 잘됐으면 좋겠다는 막연한 바람입니다. 그것이 미래를 만들지는 않습니다. 진짜 희망이 필요합니다. 그것은 내가 만든 희망이 아니라 하나님이 주신 약속입니다.

이 약속은 영원합니다. 땅의 것이 아니라 하늘의 것입니다. 순간적인 것이 아니라 영원한 것입니다. 역사를 돌이켜 보면 약속을 믿고 미래를 향해 열정을 가지고 나아간 사람들이 있었습니다. 마르틴 루터와 칼빈은 종교 개혁을 일으켰고, 리빙스턴은 아프리카로 떠났으며, 아브라함 링컨은 흑인해방전쟁을 했습니다. 또한 마틴 루터 킹은 인권운동을 했고, 마더 테레사는 인도의 가난한 자들을 위해서 자신의 삶을 헌신했습니다.

지금 이 순간 미래의 문을 뚫고 나가는 희망을 갖고 싶지 않습니까? 내가 만든 막연한 희망이 아니라 하나님이 약속하신 분명한 희망을 갖고 싶지 않습니까? 그 희망을 우리가 받아들이는 순간 믿음의 문이 열리기 시작할 것입니다. 우리 안에 새로운 열정이 솟구칠 것입니다. 신비스러운 세계가 전개될 것입니다.

예수님을 만나는 사람은 인생이 달라집니다. 생애 한 번도 경험해 보지 못한 꿈과 비전이 생깁니다. 삶은 의욕으로 넘치고 기쁨이 충만해질 것입니다. 감동스러운 삶을 살게 될 것입니다.

사랑의 치유

마지막으로 사랑의 힘에 대해서 이야기해 보겠습니다. 믿음의 힘과 희망의 힘도 위대하지만 이것들과 비교할 수 없는 것이 사랑의 힘입니다. 사랑이 필요하지 않는 사람은 없습니다. 인간이 왜 외롭습니까? 왜 인생을 포기하려 합니까? 단순히 병들어서가 아닙니다. 돈이 없어서가 아닙니다. 사랑을 못 받았기 때문입니다.

우리는 사랑 받기 위해 태어났습니다. 우리는 사랑하기 위해 태어났습니다. 사랑의 힘을 발견하는 사람에게는 기적이 일어납니다. 사랑에도 가짜와 진짜가 있습니다. 내가 하는 사랑은 가짜입니다. 하나님이 주시는 사랑이 진짜입니다. 인간의 사랑은 흉내낼 수 있지만 하나님의 사랑은 흉내낼 수가 없습니다.

인간의 사랑은 한계가 있고 조건적입니다. 그래서 인간의 사랑에는 배신과 복수, 죽음이 있습니다. 그것이 비록 자식이나 남편, 아내를 사랑하는 것이라 할지라도 마지막에는 상처를 받습니다.

그러나 하나님의 사랑은 그렇지 않습니다. 충만하고 무한하고 조건이 없습니다. 진짜 사랑은 모든 것을 용납합니다. 실수와 허물과 심각한 죄까지 받아들입니다. 반대로 가짜 사랑은 모든 것을 거부합니다. 선한 것도 아름다운 것도 의로운 것도 밀어냅니다. 그래서 인간의 사랑에는 상처가 있습니다.

처음에는 모르고 사랑하지만 나중에 보면 상처가 남습니다. 그러나 하나님의 사랑은 모든 것을 치유합니다. 회복시킵니다. 이해합니다. 살려 줍니다. 인간의 사랑에는 배신의 상처, 이기적인 상처, 폭력의 상처가 있습니다. 사랑하면서 도피합니다. 사랑하면 사랑할수록 상처를 받습니다. 누가 인간의 이 깊은 상처를 치유해 줄 수 있을까요? 바로 하나님의 사랑뿐입니다.

우리가 하는 노력과 사랑도 소중한 것이지만 그것이 정답은 아닙니다. 하나님의 사랑만이 정답입니다. 우리가 만든 사랑 안에서 상처 받고 괴로워하고 또 그 상처 난 마음을 감추느라 애쓰지 마십시오. 상처가 덧나고 더 깊어지기 전에 하나님의 사랑을 받아들이십시오. 그 사랑이 우리의 상처를 위로하고 치유하고 회복시켜 줄 것입니다.

상처는 또 다른 상처를 낳습니다. 그러기에 궁극적인 치료제인 하나님의 사랑을 받아들여야 합니다. 저는 일본과 한국 사회를 생각해 봅니다. 일본과 한국의 상처를 누가 치료해 줄 수 있을까요? 누가 피해자고 누가 가해자일까요? 우리 모두가 피해자이고 가해자입니다. 한국과 일본 사회의 상처를 치료해 주실 분은 하나님 한 분뿐이십니다.

하나님의 사랑은 조건 없는 사랑, 무한한 사랑, 원수까지도 용서하는 사랑입니다.

하나님을 찾으십시오

우리가 참된 믿음을 얻기 위해서는 예수님을 만나야 합니다. 지금 당장 하나님을 부르짖으며 찾고 도움을 요청하십시오. 그것은 전혀 자존심 상하는 일이 아닙니다. 부모님한테 도와달라고 요청하는 것이 자존심 상하는 일입니까? 자식이 부모한테 요청하는 것은 당연한 일입니다.

마찬가지로 인간이 하나님 앞에 구원을 요청하는 것은 너무나도 당연한 일입니다. 만약 그것이 자존심이 상하는 일이라고 생각한다면, 나 자신과 하나님을 동격으로 여기고 있기 때문입니다. 우리가 어찌 하나님과 동격의 자리에 설 수 있겠습니까?

하나님께 믿음을 요청하십시오. 하나님께 희망을 요청하십시오. 하나님께 사랑을 요청하십시오. 우리를 너무나 잘 아시는 하나님은 하늘에서 단비를 내려 주시듯이 믿음과 희망의 축복을 부어 주실 것입니다. 돈과 권력, 쾌락의 힘에 매달리기보다는 믿음과 희망, 사랑의 힘에 의지하십시오.

어쩌면 하나님을 아는 것이 생소하고 어색하게 느껴지는 이들이 있을지도 모릅니다. 우리가 하나님을 낯설게 느낄지라도 하나님께서는 우리를 매우 친숙하게 여기십니다. 창세 전부터 우리를 사랑해 오셨기 때문입니다.

하나님께서는 우리에게 이렇게 말씀하고 계십니다.

"사랑하는 아들아, 사랑하는 딸들아 내가 너를 사랑하노라. 돈과 권력과 쾌락에 미쳐 살지 말고 영원한 힘, 진실된 힘, 너에게 행복을 줄 수 있는 힘인 믿음과 소망과 사랑을 구하라."

"너무 놀랍습니다.

평소에 기독교는 뭔가 벽이 있다고 생각했습니다.

오늘 그 벽을 깨는 시간이었습니다.

그리고 예수님은 위대한 분인 것 같습니다.

나라와 민족을 초월해 모두가 하나 되게 하는 힘을 느꼈습니다.

이제 남편과 함께 교회에 다니겠습니다.

좋은 시간을 마련해 준 친구에게 고맙다는 인사를 전하고 싶네요."

나츠코_요코하마 러브소나타 참가자

내가 본 Love Sonata

영광과 찬송이 가득했던 집회

이케다 히로시_ 요코하마 러브소나타 실행위원장, 크리스트교회 담임목사

2008년 7월에 파시피코 국립대홀에서 러브소나타가 열렸습니다. 하나님의 큰 축복 속에 참석자 모두가 주님을 찬양하고 경배할 수 있었던 집회였습니다. 파시피코 국립대홀은 5천 명을 수용할 수 있는 대회장입니다. 저는 5천 명이나 되는 사람이 참가하는 대회를 주관하는 일이 처음이었기 때문에 불안하기도 하고 막중한 책임을 느꼈습니다.

2007년 가을, 하용조 목사가 먼저 저를 찾아와 "시민들이 해마다 크리스마스 축제를 벌여오지 않았습니까. 다 잘 될 겁니다. 부탁드릴게요." 하고 부탁을 했습니다. 물론 해마다 크리스마스가 되면 시민들이 축제를 열기는 했지만, 그것은 천 명도 안 되는 작은 규모의 집회였습니다. 그에 반해 러브소나타는 규모가 워낙 큰데다가 준비 기간도 너무 짧았기 때문에 상식적으로 생각할 때 무리였습니다.

그러나 막상 시작하고 보니 신기하게도 많은 목사님들과 교회에서 도움의 손길을 주셨고 점점 진행자들의 참여도 늘어나면서 행사는 일사천리로 진행되었습니다.

행사를 며칠 앞두고 예상 참가 인원을 정산해 보았더니 5천 명을 수용할 수 있는 그곳에 8천 명이 넘는 인원이 참가하겠다는 의사를 보내왔습니다. 상황은 역전되었고 당황한 사무국은 각 교회에 연락해서 참석 인원을 줄여 달라고 부탁을 하는 해프닝까지 벌어졌습니다. 즐거운 비명이란 이런 것을 두고 하는 말인가 봅니다.

행사 당일, 일찍부터 사람들이 몰려들어서 예정 시간보다 빨리 행사장을 열었고 파시피코 국립대홀은 인산인해로 발 디딜 틈조차 없었습니다. 그야말로 영광과 찬송이 가득한 집회였습니다.

저는 그 행사를 통해 너무나도 소중한 것을 배웠습니다. 첫 번째는 하 목사를 비롯한 온누리교회 성도들의 기도하는 모습입니다. 그들은 끊임없이 언제 어디서나 기도했습니다.

두 번째는 실천력입니다. 일단 결정이 나면 모두 합심하여 행동으로 옮기는 모습을 보았습니다.

세 번째는 헌신입니다. 물론 요코하마의 여러 교회도 조금씩 도움을 보탰지만, 대회장 대여 비용, 운영비, 교통비, 선물 비용 등의 대부분을 온누리교회에서 부담해 주었습니다. 모두가 직접 도시락을 싸가지고 다니며 러브소나타의 필요경비에 대해 의논하는 모습에서 어쩌면 저렇게 한마음이 되어 헌신하고 봉사할 수 있을까 깊은 감동을 받았습니다.

하 목사에게서도 많은 것을 배웠습니다. 저는 1980년부터 약 스무 번 정도 한국에 다녀왔습니다. 한국에 처음 갈 때부터 주변 사람들이 제게 항상 하는 말이 있었습니다. "우리 일본이 과거에 한국을 얼마나 괴롭히고 고통을 주었습니까. 그러므로 강단에 설 때나 간증을 할 때, 인사말을 할 때도 반드시 '용서해 주십시오' 하고 사죄부터 먼저 하세요."

그 후로 항상 그렇게 해 오고 있습니다. 그런데 하 목사는 달랐습니다. 그는 오히려 한국을 용서해 달라고 했습니다. 그 이야기를 듣고 깜짝 놀랐습니다. 그는 항상 주님과 동행했기 때문에 이미 주님이 일본을 용서했다는 사실을 깨달았던 것입니다. 그러므로 한국과 일본 두 나라는 더 이상 서로를 용서하고 용서 받는 관계가 아니라고 믿고 있었습니다. 이 얼마나 특별한 주님의 축복입니까.

그는 또한 전도의 사람, 사랑의 사람이었습니다. 러브소나타가 열리는 동안 제 장남 부부가 호텔에 머물면서 집회에 참가했는데, 어느 날 로비에서 하 목사를 만나 영어로 대화를 나누게 되었다고 합니다. 처음에는 미국, 일 등에 관한 이야기로 시작하여 신앙으로 주제를 넓혀가며 좋은 교제와 기도의 시간을 가졌다며 한껏 신이 나서 자랑을 늘어놓았습니다. 물론 그때까지도 하 목사는 그들이 나의 장남 부부인지 몰랐습니다.

하 목사의 건강 상태를 생각하면 처음 보는 사람과 그렇게 오랜 시간 따스한 만남을 가질 수 없었을 텐데, 그의 사랑과 진실한 모습에 감탄할 뿐입니다.

앞으로도 하 목사의 비전과 신앙이 이어지고 온누리교회, CGNTV, 두란노서원 사역에 축복이 가득하기를 기원합니다.

사랑은 참행복을 주는 힘이다

우리가 불행한 것은 감동이 없기 때문입니다.
아무리 힘들고 어려워도 목적이 있고 방향이 맞고
의미가 있으면 감동이 생깁니다.
가난해도 감동이 있습니다. 병들어도 감동이 있습니다.
우리에게 필요한 것은 감동입니다.

행복의 열차

사람들이 일평생 꿈꾸고 추구하는 이상이 있다면 무엇일까요? 그것은 행복이라고 불리는 열차를 한번 타 보는 것입니다. 그러나 대부분의 사람들이 실제로 타는 열차는 행복의 열차가 아니라 행복이라고 불리는 불행의 열차입니다. 모든 사람들이 행복을 원하지만 행복은 손에 잡히지 않습니다.

그렇다면 인생의 종착역은 불행일지 모릅니다. 왜 행복은 손에 안 잡힐까요? 왜 행복의 열차에 우리는 타지 못하는 것일까요?

무엇인가를 잘못 보게 되는 현상을 착시 현상이라고 합니다. 착시 현상에는 여러 가지가 있습니다. 그 중에서 불행을 행복이라 생각하고 사는 것도 여기에 속합니다. 우리는 착시 현상으로 살 때가 참 많습니다.

첫째, 우리는 인생을 방향이 아니라 속도로 삽니다. 공부도 빨리, 졸업도 빨리, 결혼도 빨리, 사업도 빨리, 성공도 빨리 하려고 합니다. 속도가 행복이라고 착각하는 것입니다.

그러나 속도는 아주 위험합니다. 자동차가 속도를 내면 어떻게 됩니까? 쾌감도 있고 빨리 가지만 교통사고가 나기 쉽습니다. 또한 속도를 내면 낼수록 가족과 이웃을 보지 못하고 스쳐 지나가게 됩니다. 앞으로 계속 전진만 하게 되면 사랑하는 사람들을 돌아 볼 여유가 없는 것입니다.

속도에는 브레이크가 필요합니다. 브레이크 없는 속도는 어떻게 될까요? 파멸하게 됩니다. 속도보다 더 중요한 것은 방향입니다. 방향은 인생의 목적입니다. 천천히 가도 방향만 맞으면 인생의 목적지까지 도달할 수 있습니다. 속도는 우리에게 행복을 주지 않고 불행을 줍니다. 그러나 맞는 방향은 평안을 줍니다.

둘째, 인생을 의미가 아니라 성취로 사는 것입니다. 대부분의 사람들이 빨리 성취하려고 애를 씁니다. 더 많고 큰 일을 해야 한다고 생각합니다. 그래서 성취를 위해 건강을 잃고 친구관계가 깨어지고 자녀들은 타락하고 심지어 이혼하게 되고 나중에는 폐인이 되고 맙니다.

그렇다면 성취를 위해 이런 일들을 하는 것이 과연 나에게 어떤 의미가 있을까요? 돈을 많이 모으고 재벌이 되고 유명해지고 성공해서 매스컴에 나오는 것이 나에게 의미 있는 일이긴 한 걸까요? 의미가 없으면 아무것도 아닙니다.

지는 사사키 목사님의 이야기를 듣고 눈물을 흘린 적이 있습니다.

그는 24년 동안 목회를 했습니다. 아들과 딸을 자녀로 두었는데, 2000년 여름에 아들이 신학교에 가기로 하나님 앞에 헌신했습니다. 그리고 전도 여행을 갔다가 돌아오는 길에 지바 해역에서 여섯 명이 함께 수영을 했습니다. 그런데 갑자기 돌풍이 일어나 모두가 파도에 휩쓸리고 말았습니다. 때마침 어부의 도움을 받아 다섯명은 가까스로 살아났습니다. 그러나 사사키 목사님의 아들은 결국 물 속에서 건져내지를 못했습니다. 그 소식을 들은 사사키 목사님은 형용할 수 없는 슬픔과 충격에 빠졌습니다. 아내와 함께 바다로 나가서 아들의 주검을 찾았지만 5일 동안 아들의 모습은 보이지 않았습니다.

이 슬픔의 시간 동안 사사키 목사님은 기도에 매달렸습니다. 그기도는 눈물과 원망으로 범벅이 되었습니다. "하나님 어찌하여 제아들을 데려가셨습니까?" 그는 눈물을 흘리면서도 아들 찾기를 포기하지 않았습니다. 마침내 사건이 일어난 지 9일 만에 아들의 주검이 바다 깊은 곳에서 떠올랐습니다. 그런데 놀라운 것은 아들의 모습이 십자가의 모습이었다는 것입니다.

목사님은 퍼뜩 6개월 전의 기도가 생각났습니다. 그날도 하나님께 기도 드리는데, "내가 네 아들을 데려가겠다"고 하시는 하나님의 음성이 들렸습니다. 며칠 뒤에도 똑같은 하나님의 음성이 들렸습니다. 그리고 아들이 목숨을 잃은 것입니다. 사사키 목사님은 계속해서 기도를 했습니다. 그러자 하나님께서 "네 아들을 잃은 대신 아오모리에 부흥이 올 것이다"라고 하셨습니다. 하나님께서 부흥이라는 큰 선물을 주신 것입니다.

성취보다 중요한 것은 의미입니다. 사사키 목사님의 아들이 신학교에 가고 목사가 되고 하나님의 큰일을 하는 것도 중요하지만 하나님의 방식대로 부흥이 일어나는 것이 더 의미 있는 일일 수 있다는 것을 목사님은 처음으로 깨달았습니다. 그때 비로소 하나님의 심정을 알게 된 것입니다. 이삭을 바친 아브라함의 마음, 예수 그리스도를 십자가에 못 박으신 하나님의 마음을 조금이나마 헤아릴 수 있었습니다. 그것은 비극이 아니었습니다. 희망이고 축복이었습니다.

하나님을 떠난 죄

사람들은 왜 불행합니까? 인생은 쾌락이 아니라 감동이라는 사실을 모르기 때문입니다. 대부분의 사람들이 성공하고 돈을 벌면 쾌락을 추구하게 됩니다. 술, 도박, 마약 같은 데 손을 대기 시작합니다. 쾌락이 행복이라고 생각하기 때문에 그렇습니다.

속도는 우리에게 쾌락을 줍니다. 성취도 우리에게 쾌락을 줍니다. 사람들은 쾌락을 향해 질주의 곡예를 합니다. 그러나 쾌락은 순간적이요 허무하며 무의미합니다. 쾌락보다 중요한 것은 감동입니다. 쾌락을 좇아 메마른 삶을 살던 사람들은 눈물이 있는 감동, 가슴이 찡한 감동, 코끝이 시큰한 감동에 갈급해 합니다.

우리가 불행한 것은 쾌락이 없어서가 아니라 감동이 없기 때문입니다. 적어도 내 삶에 내가 감동해야 합니다. 과연 우리는 삶에 감동이 있습니까? 아니면 지루하고 허무하고 고통스럽습니까? 아무리 힘들고 어려워도 목적이 있고 방향이 맞고 의미가 있으면 감동이 생깁니다. 가난해도 감동이 있습니다. 병들어도 감동이 있습니다. 우리에게 필요한 것은 감동입니다.

또 한 가지 우리가 불행한 이유가 있습니다. 행복은 소유가 아니라 나눔에 있다는 사실을 모르기 때문입니다. 일반적으로 대부분의 사람들은 행복은 소유에 있다고 생각합니다. 내가 불행한 까닭은 집이 없고, 차가 없고, 옷이 없고, 명예가 없고, 돈이 없기 때문이라고 생각합니다.

나는 다른 사람보다 더 많이 소유해야 하고, 같은 옷이라도 명품을 입어야 하고, 같은 자동차라도 고급차를 타야 한다고 생각합니다. 이것이 우리가 불행하게 된 이유입니다.

진정한 행복은 소유가 아니라 나눔입니다. 어려울수록 나눠야 하고, 힘들수록 짐을 서로 져야 합니다. 나눌수록 행복이 커지고 감동이 커지고 의미가 커집니다. 소유는 지옥의 비밀입니다. 그러나 나눔은 천국의 비밀입니다. 하나가 둘이 되고 둘이 넷이 됩니다. 물질도 나누고 시간도 나누고 건강도 나누고 하나님이 주신 은사도 나눌 때 행복이 이슬처럼 우리 옷을 적시게 됩니다.

행복은 인간이 만들지 못합니다. 진정한 행복, 변하지 않는 행복은 우리 손에 잡히지 않습니다. 그것은 우리를 지으신 하나님께 있습니다. 우리가 만약 하나님을 만나고 믿는다면, 하늘에서 축복이 쏟아질 것입니다. 더 이상 목말라하지 않고, 더 이상 괴로워하지 않고, 더 이상 갈등하지 않는 영원한 행복을 하나님이 주실 것입니다.

이러한 행복을 얻으려면 하나님이 어떤 분인지를 알아야 합니다. 이 세상 사람들은 자연이나 물질들을 우상으로 삼고 신으로 여기며 섬깁니다. 태양을 보고 절하고, 달에게도, 별에게도, 돌을 보고도 절합니다. 그러나 이런 신들은 우리에게 아무것도 주지 않습니다.

우리에게 있어서 진짜 신은 하나님 한 분뿐이십니다. 인간이 만든 신은 모두 가짜입니다. 진리가 하나이고 태양이 하나이듯 하나님은 한 분이십니다. 진짜 하나님은 눈에 안 보입니다. 우리가 눈으로 볼 수 있고 귀로 들을 수 있고 손으로 만질 수 있는 것은 가짜입니다. 그것은 우리 인간이 만든 것들입니다. 진짜 하나님은 영이기 때문에 보이지 않으십니다.

또한 진짜 하나님은 사랑이십니다. 영원한 사랑이십니다. 우리가 무슨 죄를 저지를지라도 용서하시고, 우리가 위기에 빠졌을 때 보호하시고, 우리를 축복해 주시는 분이 하나님이십니다.

이러한 하나님은 우리가 부르면 응답하십니다. 하나님은 바로 우리 곁에 계십니다. 우상은 대답하지 않습니다. 돌멩이와 나무가 무슨 대답을 하겠습니까? 인격체가 아니면 대답할 수 없습니다. 대답한다는 것은 인격이 있다는 것입니다. 그런 하나님을 만나면 우리는 더 이상 외롭지 않습니다. 더 이상 허무하지 않습니다. 죽음을 맞이해도 두려울 것이 없습니다. 오히려 우리에게는 죽음이 영원을 여는 문이 됩니다.

저는 간암수술을 일곱 번 했습니다. 대수술을 받고 3개월 만에 다시 살아나기도 했습니다. 그러고는 일어나 설교를 했습니다. 저는 일주일에 세 번씩 투석을 합니다. 하지만 병마는 저를 불행하게 못합니다. 저는 죽음을 여러 번 겪었습니다. 죽음은 저를 불행하게 하지 못합니다. 저에게는 든든하신 하나님이 계시기 때문입니다.

저는 누군가를 끊임없이 사랑하기 때문에 행복합니다. 하나님의 사랑의 파도에 실려 일본까지 와서 살고 있습니다. 한 번도 본 적이 없는, 알지도 못하는 사람들을 사랑하기에, 그 사랑이 점점 커지고, 그 사랑에 감동이 되어서 여기 일본에 온 것입니다.

하나님만이 우리에게 행복을 주십니다. 그런데 우리는 아직도 하나님을 잘 모릅니다. 우리의 이성으로 이해할 수 있는 분이 아닙니다. 인간의 지식과 합리성으로 헤아릴 수 없습니다. 눈에도 안 보이고 귀에 안 들리고 손으로 만질 수 없는 그분을 어떻게 믿을 수 있을까요? 그것은 하나님이 주시는 믿음을 순종하여 받는 것입니다.

하나님과 우리 사이에 가로막힌 담을 헐어야 합니다. 하나님과 우리 사이에 전파를 막고 관계를 막는 담이 있습니다. 그것이 죄입니다. 우리가 거짓말하고 살인하고 간음하는 것은 죄의 작은 부분에 지나지 않습니다. 성경은 도덕적 실수와 허물을 죄라고 말하지 않습니다.

진짜 죄는 우리가 하나님을 떠난 것입니다. 언제 떠났는지 모를 정도로 까맣게 잊어버렸습니다. 하나님 없이 잘도 살고 있습니다. 하나님의 이름을 기억하지도 못합니다. 하나님 건망증에 걸렸습니다. 우리를 만드신 하나님을 불러 보려 하지만 두려움이 앞섭니다. 그것이 죄입니다.

아담과 하와가 에덴동산을 떠났습니다. 그 후로 우리 인간은 하나님을 잊어버렸습니다. 하나님의 품을 떠났습니다. 그리고 우상을 섬기며 살아오고 있습니다. 하나님은 기억조차 못합니다. 가장 큰 죄는 탕자가 아버지의 품을 떠난 것입니다. 세월이 한참 지난 후에는 하나님을 거부하고 하나님을 무시하고 내 중심대로 살게 됩니다.

하나님의 자리에 나 자신이 들어옵니다. 하나님 대신 나를 믿습니다. 그것이 불안하면 다른 사람을 믿습니다. 그것도 불안하면 돈을 믿습니다. 이러한 죄가 우리 모두에게 있습니다.

"나는 하나님을 거부했습니다. 하나님을 거부하고 하나님을 잊어버렸습니다. 내 뜻대로 살았습니다. 내 마음대로 살았습니다. 그래서 불행해졌습니다"라고 고백해 보십시오. 우리가 지은 죄를 인정하십시오.

우리는 하나님을 잊어버리고 경배하지도 않고 내 마음대로 살았습니다. 그 자체가 죄가 됩니다. 이렇게 하나님을 떠난 것이 죄라면, 하나님께로 돌아가는 것은 회개입니다. 회개는 이제 하나님의 뜻대로 살겠다고 선언하는 것입니다. 그때 하나님이 우리 마음속에 다시 들어오십니다. "사랑하는 아들아, 사랑하는 딸아, 내가 너를 사랑하노라. 내가 너를 기다리노라"고 말씀하십니다.

하나님이 주시는 참된 평화

하나님을 믿는 방법은 예수 그리스도를 영접하는 것뿐입니다. 예수 그리스도는 어떤 분이십니까? 그분은 하나님의 아들이십니다. 그분은 하나님이십니다. 우리를 구원하기 위해 인간이 되셨습니다. 원래 인간은 하나님이 될 수 없습니다. 그러나 하나님은 인간이 되실 수 있습니다. 그러기에 하나님의 아들이신 예수 그리스도도 인간이 되실 수 있습니다. 예수님은 우리를 위해 친히 인간이 되셨고, 세상에 오셔서 십자가에 못 박혀 돌아가셨습니다. 예수님 자신의 죄 때문이 아니라 우리의 죄 때문에 십자가의 고통을 겪으신 것입니다.

더 중요한 것은 돌아가신 예수 그리스도가 다시 살아나셨다는 것입니다. 지구상의 어떤 성자도 죽었다가 살아난 이는 없습니다. 오직 예수 그리스도 한 분뿐이십니다. 그는 살아 계셔서 지금 우리와 함께하십니다. 누구든지 예수 그리스도를 나의 주님, 나의 하나님으로 믿는 자는 하나님의 자녀가 된다고 하셨습니다.

예수 그리스도를 영접하면 하나님이 주시는 참된 평화가 우리 영혼에 스며들기 시작할 것입니다. 죄를 인정하십시오. 나 자신이 아직 하나님을 믿지 못하고 있음을 시인하십시오. 하나님의 이름을 불러 본 지가 너무 오래되었습니까? 성경은 그것도 죄라고 말합니다. 그것을 인정하는 것이 회개입니다.

이제 하나님 뜻대로, 하나님의 방법대로 살겠다고 결심했다면, 하나님께 나아가기 위한 기도를 드려 보십시오.

"하나님 그동안 저는 제 마음대로, 제 뜻대로 살아왔습니다. 그것이 죄인 것을 알았습니다. 이제 주님의 뜻대로 살기를 원합니다. 저는 하나님을 잘 모릅니다. 그러나 이제 하나님의 이름을 겸허히 부르겠습니다. 지금까지는 제 인생을 혼자 뜻대로 걸어왔지만 이제부터는 주님과 함께 제 인생을 걷겠습니다."

하나님은 회개하는 우리를 기다리십니다. 오래 전에 하나님을 떠났던 우리가 다시 돌아오기를 기다리십니다. 자신을 포기하고 하나님을 믿는 것을 두려워하지 말아야 합니다. 인생의 진정한 목적을 찾기 위해 하나님께로 나아와야 합니다.

예수 그리스도의 마음을 느끼다

사사키 아키마사_ 아오모리 러브소나타 실행위원장, 아오모리침례교회 목사

2007년, 아오모리 시내 목사들의 도움으로 CGNTV의 〈말씀에 묻다〉라는 프로그램이 시작되었습니다. 그 과정 속에서 뜨거운 성령의 인도대로 김경훈 본부장을 통해 러브소나타를 개최하게 되었습니다.

혼슈 최북단에 위치한 자그마한 도시에서 러브소나타라는 큰 대회가 치러졌다는 것은 하나님의 놀라운 계획이요, 은혜라는 말밖에 할 수 없습니다. 그리고 그 뒤에는 온누리교회 성도님들의 기도와 하나님의 인도를 최우선으로 따르는 신앙이 있었다는 것을 깨닫습니다.

아오모리 러브소나타는 2008년 9월 24일~25일에 걸쳐 아오모리 문화회관에서 열렸습니다. 그때 처음으로 하용조 목사를 만났습니다. 대회를 시작하기 직전에 잠시 대화를 나눌 시간이 있었는데, 그 분을 처음 보는 순간 나도 모르게 눈물이 울컥 쏟아졌습니다. 하 목사는 나에게 장남에 대해 이야기해 달라고 했습니다. 그 아이는 대학교 4학년 여름 방학 때 대학생으로 구성된 팀 전도 여행을 하던 중, 해난 사고로 갑자기 세상을 떠났습니다. 목회자가 되겠다고 한창 열의에 차 있던 시기에 벌어진 사고였습니다.

이 이야기를 러브소나타 준비 기간 중에 담당목사들에게 들려준 적이 있는데, 아마 하 목사도 그 이야기를 들었던 모양입니다. 짧은 시간이었지만 아들의 죽음을 통해 체험한 하나님의 사랑과 진실을 들려 주었고, 하 목사도 사랑스러운 눈길로 나의 이야기를 들어 주었습니다. 시골의 작은 교회 목사에게 마음을 열고 사랑을 부어 주신 것입니다. 나에게는 주님의 사랑과 위로가 충만한 감동적인 시간이었습니다.

하 목사야말로 예수 그리스도의 사랑이 충만한 하나님의 귀한 그릇이라는 확신이 들었습니다.

그 후, 하 목사가 강단에서 사랑의 메시지를 전하기 시작하자 아들의 죽음에 대한 고통도 서서히 사라지기 시작했습니다. 대회장 가득 하나님의 사랑이 흘러넘쳤습니다. 그리고 메시지 마지막에 신앙의 결단 시간을 가졌는데, 하 목사는 결단을 내린 사람을 강단 아래로 불러서 한 사람씩 안수하며 축복해 주었습니다. 하 목사가 직접 강단에서 내려와 안수 기도를 해 준 것은 극히 이례적인 일이었다는 후문에 더욱 감격했습니다. 성령의 특별한 인도하심이 있었겠지요. 우리는 러브소나타를 통해 회복과 치유를 체험했습니다.

하 목사는 여러 차례에 걸친 대수술과 매주 세 번씩 하는 투석을 견디며 일본 각지에서 십자가의 사랑을 전파해 주었습니다. 그때마다 목숨을 담보로 한 처절한 메시지가 흘러나왔습니다. 이토록 값비싼 희생을 치르며 주님을 따르는 그에게서, 십자가를 지고 골고다 언덕을 오르던 예수님을 보았습니다.

나는 하 목사를 만난 덕분에, 겸손하게 죽음을 받아들이고 십자가의 고통에 기꺼이 순종한 예수 그리스도의 마음을 느낄 수 있었습니다. 그의 입에서 흘러나오는 말 한 마디 한 마디에서 사랑과 겸손으로 예수를 신뢰하고 따랐던 진심이 느껴졌습니다. 그리스도의 언약의 말씀을 굳게 잡고 성령의 인도하심을 따라야 한다는 것도 깨달았습니다. 주님을 경외하고 복음을 의연하게 전했던 하나님의 귀한 그릇을 보면서 남은 인생을 예수 그리스도와 교회를 위해 살리라 다짐해 봅니다.

아오모리는 러브소나타 후에도 교파를 초월하여 매년 지속적인 복음 프로그램을 진행하고 있습니다. 지금껏 상상조차 할 수 없었던 초교파적 협력전도대회를 진행할 수 있는 것은 러브소나타를 통해 교파들 간의 벽이 낮아지고 새로운 영적 세계로 나아갈 수 있었던 덕분입니다.

존경하는 하 목사는 자신의 소명을 다한 후, 아버지 하나님 곁으로 돌아갔습니다. 그러나 하 목사가 보여 준 하나님의 사랑과 신앙은 지금도 일본 각지에서 그리스도의 몸 된 공동체를 격려하고 복음 선교를 이끌고 있습니다. 앞으로도 치유와 부활의 불길이 더 멀리 더 높게 타오르기를 기도합니다.

하 목사에게 진심으로 감사와 경의를 전합니다. 또한 그의 뒤에서 지지해 주신 사모님과 가족들, 온누리교회 공동체 성도들께도 감사의 마음을 전합니다.

행복은 조건이 아니라 사람에 있다

불치병 걸린 사람, 어려움에 몸부림치는 사람, 가난한 사람과
사귈 수 있는 사람이 가난한 사람입니다.
이런 사람에게는 하나님께서 천국을 주신다고 하셨습니다.
마음이 가난한 자는 복이 있습니다.

고난을 희망으로 바꾸다

나가사키는 참 아름다운 도시입니다. 그러나 이 아름다운 도시
가 커다란 아픔을 갖고 있음을 압니다. 상상할 수 없는 아픔을 위
세대부터 겪었습니다.

원자폭탄 투하 당시 기상 상태가 좋지 못해 연합군이 의도한 곳
과는 전혀 다른 이곳에서 터졌다는 이야기를 들었습니다. 그 전에
는 1500년대에 순교자들이 많이 생긴 곳이기도 합니다.

우연히 이틀 전 아사히신문에서 나가사키에 있었던 순교의 역
사가 소설로 쓰여진 것을 읽었습니다. 처음으로 예수를 굳게 믿었
던 26명이 그 믿음으로 순교를 하게 된 이야기였습니다. 순교는 지
금 시대에도 일어나고 있습니다. 온누리교회에서도 7명이 순교를

했고, 이라크나 아프가니스탄에서 선교를 하다가 순교한 이들도 있습니다.

우리는 이러한 순교 사건을 대하면서 고민에 휩싸입니다. '이것이 과연 슬프고 비극적이고 절망적인 일일까? 아니면 희망의 사인인가?' 우리는 하나님의 말씀을 읽으며 궁극에는 이것이 절망이 아니라 희망이고, 비극이 아니라 축복임을 결론 내렸습니다.

이런 의미에서 나가사키는 축복의 도시가 될 수 있습니다. 고난과 절망을 희망으로 바꾸기로 마음먹으면 희망이 됩니다. 고통을 축복이라고 생각하면 축복이 됩니다.

예수님이 말씀하시는 8가지 행복

"행복이란 무엇일까요?"라고 질문을 던지면 사람마다 대답하는 것이 다릅니다. 어떤 사람은 건강이 있어야 행복하다고 말합니다. 어떤 사람은 가정이 있어야 행복하다고 말합니다. 어떤 사람은 권력이 있어야 행복하다고 말합니다. 그러나 그것이 행복의 전부일까요?

예수님은 성경에서 행복은 돈이나 건강, 가정에 있지 않다고 말씀하셨습니다. 이것은 우리하고 전혀 다른 가치관입니다. 만약 우리의 행복에 대한 가치관이 달라지기만 한다면 우리는 한순간에 행복한 자, 축복된 자로 변할 것입니다.

우리는 참으로 행복에 대한 잘못된 생각을 갖고 있습니다. 돈과 권력, 결혼을 행복의 조건이라고 여깁니다. 그러나 돈 있는 사람을 보십시오. 진정으로 행복해 보입니까? 그렇지 않습니다. 제 주변에는 돈이 꽤 많은 사람들이 있습니다. 그들 얼굴에는 항상 우울함과 공포와 불안, 걱정, 근심이 있습니다. 소유한 것이 많을수록 불행해지기도 합니다. 돈이 곧 행복은 아닙니다.

건강도 마찬가지입니다. 건강하다고 반드시 행복한 것은 아닙니다. 저는 간암수술을 일곱 번 받았습니다. 지금은 투석 중에 있습니다. 그렇다고 불행하다고 느끼지 않습니다. 오히려 몸은 건강하지만 마음이 건강하지 못해 괴로워하는 사람들에 비하면 행복합니다.

예수님은 행복한 사람에 대해서 8가지로 이야기하십니다.

그 중에 중요한 것이 '행복의 정의는 환경과 조건이 아니라 그 사람에게 있다'는 것입니다. 스스로 행복하다고 느끼면 행복합니다. 환경과 조건이 아무리 좋아도 자기가 불행하면 불행한 것입니다.

예수님은 첫 번째로 마음이 가난한 사람이 복이 있다고 하셨습니다. 마음이 가난하다는 말은 마음이 비어 있다는 뜻입니다. 나 자신이 무엇인가 가지고 있다고 생각할 때 인간은 오만해지기 쉽습니다. 반대로 아무것도 없다고 생각할 때 인간은 겸손해집니다. 소유는 불행을 낳습니다. 가난한 마음이란 비움입니다.

또한 가난한 마음은 부도난 마음입니다. 경제적으로 부유할 때 우리는 으스대며 활개치고 삽니다. 하지만 사업이 부도라도 나면 채권자들한테 쫓겨 다니는 신세가 됩니다. 부도란 그런 것입니다.

그렇다면 마음이 부도나면 어떻겠습니까? 마음이 상처와 절망으로 가득 차게 됩니다. 이런 마음에는 눈물과 아픔이 많습니다. 희망과 미래도 없습니다. 상처란 본래의 모습을 잃어버린 것입니다.

자살을 결심할 만큼 엉망이 되어 버린 상태입니다. 이쯤 되면 누구든 불행에 빠져 버티기가 힘듭니다. 하지만 이렇게 부도가 나고 상처가 생기는 사건으로 말미암아 불행이 끝나고 축복과 행복이 찾아올 수 있다는 것을 아십니까?

어떤 책에서 보니 가난한 마음은 가난한 사람과 사귈 수 있는 마음이라고 했습니다. 우리가 돈이 있고 건강하고 잘 나가면 절대 가난한 사람하고 사귀지 못합니다. 그러나 진짜 가난해지면 가난한 사람들을 진심으로 대하고 그들과 사귈 수 있습니다. 그런 사람이 받는 축복은 무엇입니까? 마음이 비었고 부도가 났고 상처가 있고 절망이 있는 사람은 가난한 사람과 같이 밥을 먹을 수 있는 사람입니다. 그것 자체가 축복이 됩니다.

잘 나가는 사람하고만 사는 사람은 마음이 가난한 사람이 아닙니다. 불치병 걸린 사람, 어려움에 몸부림치는 사람, 가난한 사람과 사귈 수 있는 사람이 가난한 사람입니다. 이런 사람에게는 하나님께서 천국을 주신다고 하셨습니다. 천국에서는 무소유가 진정한 소유이며, 부도가 진정한 자기 발견이며, 절망이 희망의 시작입니다. 이 모든 것은 가난에서 배우게 됩니다. 가난은 저주가 아니라 축복입니다. 마음이 가난한 자는 복이 있습니다.

두 번째로 마음이 애통하는 자는 복이 있다고 하셨습니다. 여기서 말하는 애통은 단순한 고통이나 슬픔이 아닙니다. 자신의 허물을 깨닫고 아파하고 괴로워하는 것도 고통일 수 있습니다. 그러나 그것은 지극히 작은 것입니다. 진정한 애통은 나의 고통이 아니라 내 형제의 고통을 보고 애통하는 것입니다.

모든 남편들은 아내의 잘못을 지적합니다. 모든 아내들은 남편의 잘못을 지적합니다. 그래서 끊임없이 부부싸움을 합니다. 그러나 우리는 상대방의 잘못을 지적하기보다 그들을 위해 애통해야 합니다. 남편은 아내의 잘못을 내 잘못으로 알고 애통해 합니다. 아내는 남편의 고통을 내 고통으로 알고 애통해 합니다. 부모는 자식의 허물을 보고 자신의 죄요 허물이라고 애통해 합니다. 우리 사회에서 일어나는 수많은 사건들을 보고 내 잘못이구나 생각하며 애통해 합니다. 우리나라가 잘못된 길로 가는 것을 보고 눈물을 흘리며 내 잘못이 크다고 애통해 합니다. 이렇게 애통하는 사람이 많은 나라가 복을 받을 것입니다.

세 번째로 마음이 온유한 사람이 복이 있다고 하셨습니다. 세상은 마음이 사나운 사람이 복이 있다고 말합니다. 악하고 거칠고 폭력을 행하는 사람이 항상 이긴다고 생각합니다. 그러나 성경은 정반대로 "마음이 온유한 사람이 복이 있다"고 말합니다.

온유한 사람은 감정대로 사는 사람이 아닙니다. 화를 내거나 소리 지르지 않습니다.

온유한 사람은 성질을 부리지 않습니다. 자기 주장만 하거나 자기 개성을 강조하지 않습니다. 온유한 사람은 자신의 힘과 능력을 의지하는 사람이 아닙니다. 힘은 있지만 감추며 살고, 능력은 있지만 없는 것처럼 사는 사람입니다.

온유한 사람은 자신의 연약함을 아는 사람입니다. 그래서 오만

하지 않습니다. 온유한 사람은 자신의 부족함을 아는 사람입니다. 그래서 자랑하지 않습니다. 온유한 사람은 자신의 한계를 아는 사람입니다. 그래서 겸손하게 하나님을 의지하며 삽니다.

이런 자에게 주는 축복은 무엇입니까? 땅의 유업입니다. 우리 가운데 자신의 힘을 믿고 사는 사람이 없기를 바랍니다. 얼마나 오만하면 자기를 의지하며 살겠습니까? 우리는 하나님을 의지하고 살아야 합니다. 그것이 겸손이고 온유입니다.

네 번째로 의에 주리고 목마른 사람이 복이 있다고 하셨습니다. 오늘날 우리 사회는 불의와 부정과 부패로 가득 차 있습니다. 깨끗해야 할 법정에서도, 분명해야 할 비즈니스의 세계에서도 사람들은 서로 속이고 속습니다. 그러면서도 그러지 않는 척하며 삽니다. 그래서 가시가 나를 찌르듯이 고통을 느끼며 사는 것입니다. 웃으면서 속이고 거짓말을 합니다. 이것이 우리가 살고 있는 사회입니다.

그래서 사람들은 점점 의에 주리고 목말라 합니다. 마치 사막에서 물을 구하듯이 "오, 하나님, 이 땅에 정의를 주십시오. 거짓을 몰아내고 진실을 주십시오" 하고 외칩니다. 이런 사람이 진짜 행복한 사람입니다.

다섯 번째로 긍휼을 베푸는 사람이 복이 있다고 하셨습니다. 긍휼은 하나님의 마음입니다. 긍휼은 불쌍히 여기는 마음입니다. 사랑이라는 단어에 넓이가 있다면, 긍휼이라는 단어에는 깊이가 있습니다. 사랑과 긍휼이 우리 모두가 가져야 할 영적 태도입니다. 이 것을 가진 사람은 행복합니다. 마음이 거칠고 사납고 폭력을 행하 는 사람은 행복하지 않습니다.

여섯 번째로 마음이 깨끗한 사람이 복이 있다고 하셨습니다. 마 음이 깨끗하다는 말은 언어가 정직하다는 말입니다. 생각이 정직 하다는 의미이기도 합니다. 생각과 언어가 정직한 사람은 행복합 니다. 그러나 이 세상은 그렇지 못합니다. 분노를 담은 욕이 여기저 기서 튀어나옵니다. 그런 욕을 입에 달고 산다면 우리의 마음이 어 떻게 될까요? 늘 불편하고 행복하지 못할 것입니다.

일곱 번째로 평화를 만드는 사람이 복이 있다고 하셨습니다. 우 리는 피스메이커가 되어야 합니다. 어디를 가든 화해를 가져 오고, 평화를 만들어야 합니다. 문제를 만드는 트러블메이커가 되어서는 안 됩니다.

여덟 번째로 평화 때문에 고난을 겪는 사람이 복이 있다고 하셨 습니다. 우리 중에 평화 때문에 고생해 본 사람이 얼마나 될까요? 예수님은 이런 자가 복이 있다고 하셨고, 하나님의 아들이라고 이 름이 불릴 거라고 말씀하셨습니다.

언젠가 아프가니스탄을 방문하고 그곳에서 발견한 평화의 기운 에 저는 충격을 받은 적이 있습니다. 아프가니스탄의 전쟁이 끝나 고 도시가 폐허가 되었을 즈음 저는 몇 명의 교인들과 함께 그 곳을 방문하게 됐습니다. 그때 저는 탈레반이 아프가니스탄 사람이 아니라는 것을 처음 알았습니다. 그들은 파키스탄에서 건너온 사람들입니다. 그들이 아프가니스탄 사람들을 볼모로 잡고 전쟁을 일으킨 것이었습니다.

우리가 방문한 곳은 미국 대사관 옆에 있던 국제교회였습니다. 200명이 모여서 예배를 드리고 있었는데 탈레반이 폭탄을 안고 뛰어 들어와 폭탄을 터뜨렸다고 합니다. 교회는 순식간에 아수라장이 되었고, 사방이 온통 피바다였습니다. 저희는 그 사건이 일어나고 한 달이 흐른 뒤에 그 교회에 방문한 것이었습니다.

우리는 그때의 생생한 이야기를 들으며 완전히 부서지고 깨진 교회의 처참한 현장을 말없이 둘러보았습니다. 그리고 부상을 입은 환자들이 입원해 있는 병원으로 향했습니다. 다리가 부러지고, 팔이 찢어져서 고통 속에 있는 환자들을 보려니 마음이 아팠습니다.

그런데 병실을 들어선 순간 저는 너무나 놀라고 말았습니다. 그들의 얼굴에서 평화의 빛이 보였던 것입니다. 그들은 탈레반을 원망하지 않았습니다. 그들의 마음이 우리에게도 전해져서 우리 역시 평화를 이루는 마음으로 탈레반을 저주하지 않고, 그들이 예수님을 믿기를 기도했습니다.

폭탄 테러로 부상을 입었지만 그들은 자신들을 그렇게 만든 이들을 이미 용서하고 있었습니다. 원수를 위해 기도하는 사람들이었습니다. 그들 가운데 이미 희망과 축복이 있었습니다.

우리는 참 많은 욕심 때문에 힘겹게 삽니다. 하나님이 주시는 복을 발로 차 버리고 세상이 주는 것에 목말라 하며 소유욕에 빠져 살 때가 많습니다. 심지어 남의 것까지 탐을 냅니다.

하지만 이 세상에 오신 예수 그리스도의 삶을 기억해 보십시오. 하나님과 같은 분이신 그는 인간을 구원하기 위해 이 땅에 오셨고, 죄인들을 위해 가슴을 찢으며 애통해 하셨습니다. 그리고 십자가의 고통을 고스란히 감내하시면서 온유한 모습을 보이셨습니다. 그는 의에 주리고 목말라 하셨습니다. 그의 영혼은 맑고 깨끗했습니다. 그에게는 긍휼한 마음이 있었습니다. 그는 평화를 위해 자신의 목숨을 내놓으셨습니다. 그가 지금 우리와 함께하십니다.

우리는 스스로 살아가기보다는 하나님을 의지해야 합니다. 그래야 우리 마음에 진정한 평화가 찾아올 것입니다. 축복이 시작될 것입니다. 원수까지 사랑하는 마음이 생길 것입니다.

일본 선교의 바톤을 넘겨받다

토모노 세이지_ 나가사키 러브소나타 실행위원장, 나가사키침례교회 목사

하용조 목사에게 허락하신 일본 선교를 향한 비전과 동역자인 온누리교회 성도님들의 기도와 사랑에 진심으로 감사드립니다. 일본에 대한 하 목사의 열정과 사랑 넘치는 큰 희생 덕분에 러브소나타를 시작으로 일본은 엄청난 축복을 누리고 있습니다. 그 가운데서도 가장 큰 축복은 나가사키와 사가, 두 지역이 함께 러브소나타를 개최하면서 '일본 선교는 이제 일본 성도가 담당해야 할 때가 왔다'는 강한 의욕과 사명감을 주님께서 불어넣어 주셨다는 점입니다.

2004년, 당시 온누리교회 전도사였던 이민섭 목사가 나가사키를 처음 방문했습니다. 마침 〈당신은 사랑 받기 위해 태어난 사람〉이라는 찬송 CD를 공립학교에 배포하는 운동이 시작되던 해였습니다. 콘서트 다음 날, 나가사키 항구가 한 눈에 내려다보이는 레스토랑에서 식사를 마친 후, 이 목사는 자신이 체험한 이야기를 들려주었습니다. 그것은 이 목사가 일본에 건너가기로 결심했던 1994년 무렵, 하나님께서 기이한 환상을 보여 주셨다는 이야기였습니다.

"처음에는 마치 영화의 한 장면처럼 우주에서 지구를 바라보는 것 같은 광경이 보이더니, 지구가 점점 클로즈업 되면서 일본이 나타났습니다. 그리고 다시 항구가 있는 마을이 보이고 그 항구에 커다란 배가 한 척 보였어요. 그 배 위에 한 사람이 있었는데, 해치(잠수함에 달려있는 문)를 열자 거기에서 물이 뿜어져 나오면서 배에 물이 가득 차고 이어서 마을이, 그리고 일본 전역이 물바다가 되어 버렸지 뭐예요."

나는 그 불가사의한 이야기를 그저 마음에 담아 두고 있었는데, 그로부터 몇 년 후 러브소나타를 일본 각지에서 그리고 마침내 나가사키에서 개최하겠다는 소식을 듣고 불현듯 이 목사의 꿈 이야기가 떠올랐습니다. 배의 해치를 열자 물이 뿜어져 나왔다는 이야기. 그 해치를 연 사람은 다름 아닌 하 목사가 아니었을까요. 예수 그리스도의 생명수가 일본 전역에 가득 차기를 누구보다 주님 자신이 원하셨기에, 하 목사를 통하여 일본에 복음과 구원의 기쁨이 넘쳐나도록 인도하신 하나님께 영광과 찬송을 돌립니다.

하 목사를 비롯하여 그의 비전을 지지하고 러브소나타 개최 몇 달 전부터 일본으로 건너와 헌신적으로 활동해 준 온누리교회 성도님들에게도 감사드립니다. 그분들의 신앙과 열정을 만났다는 것은 러브소나타 프로그램 이상의 축복이요, 은혜입니다. 그리고 그 축복의 샘물은 지금도 내 속에 그리고 일본의 수많은 성도와 교회 속에서 마르지 않는 생명수가 되어 넘쳐나고 있습니다. 하 목사의 선교 정신을 이어받아 한국과 세계 곳곳의 성도와 함께, 일본의 복음 선교와 일본 교회가 굳건한 반석 위에 서도록 헌신할 것입니다.

"러브 소나타는
1회적인 집회로 끝나지 않습니다.
파도처럼 몇 번이고
반복하는 것입니다."

사랑은 세상을 바꾸는 마지막 힘이다

하나님의 최고의 사랑, 우리를 위해서 십자가에서 피 흘려 죽으신
예수 그리스도 안에 나타난 하나님의 사랑을 보여 주어야 합니다.
우리의 원수를 껴안고 용서하고 사랑하고
그의 발을 닦아주는 사랑을 보여 줄 때 세상은 변합니다.

진짜 사랑은 영적 지진을 일으킨다

최고의 사랑은 무엇입니까? 하나님의 사랑입니다.
하나님이 자신의 아들이신 예수 그리스도를 세상에 보내어
우리 죄를 대신하여 십자가에 죽게 하신 사건을 대할 때
드디어 진정한 사랑을 깨닫게 됩니다.

죄와 허물을 덮는 사랑

"그런즉 믿음, 소망, 사랑, 이 세 가지는 항상 있을 것인데 그 중의 제일은 사랑이라"(고전 13:13)

우리 인생의 행복을 보장해 주는 세 단어가 있습니다.

첫째, '믿음'입니다. 세상이 왜 이렇게 험악합니까? 믿음이 없기 때문입니다. 아내는 남편을 믿지 않습니다. 남편은 아내를 믿지 않습니다. 자식들은 부모를 믿지 않습니다. 국민은 정부를 믿지 않습니다. 인간은 하나님을 믿지 않습니다. 믿음이 없으면 지옥입니다.

둘째, '소망'입니다. 소망이 끝나는 것을 절망이라고 말합니다. 소망은 우리의 미래를 말해 줍니다. 소망은 죽은 자를 살립니다. 소망이 있으면 내일이 있는 것입니다. 소망이 있는 가정, 소망이 있는

자녀가 있을 때 사회에도 희망이 있습니다.

셋째, '사랑'입니다. 이것은 말로 설명할 수 없을 정도로 소중한 것입니다. 사랑은 얼어붙었던 마음을 녹여 줍니다. 불가능을 가능하게 합니다. 사랑은 기적을 만듭니다.

이처럼 믿음, 소망, 사랑은 인간이 행복을 추구하는 데 가장 중요한 단어입니다. 그러나 굳이 셋 가운데 하나를 고르라고 한다면 그것은 사랑입니다.

우리는 왜 외로울까요? 인생이 왜 허무할까요? 모든 것을 다 얻고는 다 잃어버립니다. 왜 자살할까요? 왜 이혼할까요? 왜 절망할까요? 사랑이 느껴지지 않아서입니다. 이 세상을 변화시킬 수 있는 마지막 힘은 무엇입니까? 사랑입니다. 극악무도한 죄인이 변할 수 있는 힘은 무엇일까요? 사랑입니다. 이 세상을 평화와 정의와 행복과 기쁨의 나라로 만들 수 있는 것은 무엇입니까? 그것도 사랑입니다. 사랑은 율법의 완성입니다. 사랑은 죄와 허물을 덮어 주는 하나님의 은총의 손입니다. 사랑은 구원의 종착역입니다.

저는 최근에 일본을 사랑하는 한국 분이 쓰신 책을 읽었습니다. 그는 이제 80세가 넘으신 분이었는데, 한때 일본에 와서 봉사를 하셨던 분이라고 합니다. 그는 일본을 너무나 사랑했기에 한국말이 아닌 일본말로 책을 출판했습니다. 그 책에는 일본의 영혼을 사랑하는 절절한 사연들이 가득 차 있었습니다. 그 중에 인상 깊은 부분을 이야기해 보려 합니다.

일본이 하와이의 진주만을 공격할 때였습니다. 비행기 함대의 총대장인 후치다 마츠오라는 사람이 있었습니다. 그는 평생 정직하고 충성스럽게 살아온 모범적인 사무라이였습니다. 그는 나라를 위해 싸우는 것이 애국이고 혼신의 힘을 다해서 적을 공격하는 것이 충성이라고 생각했습니다.

1941년 12월 8일, 하와이 진주만을 공격하라는 명령을 받고 그는 360기의 비행기를 몰고 진주만을 향하여 새벽에 떠났습니다. 그때 죽은 미국 사람이 3천 명이 넘었다고 합니다. 그러나 결국 일본은 미국에 패해 1945년 9월 2일, 후치다 마츠오는 맥아더 원수 앞에서 항복 조인식을 하게 됩니다. 군인으로서 너무나 수치스럽고 부끄러운 일이었습니다.

그는 그 후에 심한 방황을 했습니다. 그러나 6년 후인 1951년 3월에 한 번도 생각하지 못했던 일이 일어납니다. 그가 예수 그리스도를 믿게 된 것입니다. 어떻게 이런 일이 일어날 수가 있었을까요?

패전 이후 연합군의 일방적인 전범재판을 저주해 오던 그는 분노를 금할 길이 없었습니다. 그래서 미국으로부터 돌아온 일단의 포로들로부터 포로 생활에 어떤 비인간적인 일이 있었는지 알아보려고 사람들을 쫓아다녔습니다. 복수하는 심정으로 그것을 전 세계에 알리고자 했던 것입니다.

그 무렵 20여 명의 사람들이 미국에서 돌아왔는데 모두 의수와 의족을 한 포로들이었습니다. 그들을 인터뷰하면서 그는 충격적인 이야기를 듣게 되었습니다. 전쟁이 끝나기 6개월 전 한 미국 아가씨가 일본군 포로가 있던 캠프에 왔다고 합니다. 그녀는 전심을 다해서 일본 부상병들을 치료하고 간호해 주고 의수와 의족까지 만들어 주었습니다. 일본 포로들은 처음에 이 여자의 봉사를 믿지 않았습니다. 무슨 다른 목적이 있겠지 하고 의심을 했다는 것입니다.

그러나 한 주, 두 주, 시간이 흐를수록 이 여자의 봉사가 진심이라는 것을 알게 되었습니다. 사람들이 질문했습니다. "왜 당신은 우리들에게 이렇게 친절을 베푸는 것입니까?" 대답을 하지 않던 그녀는 계속되는 질문에 이렇게 대답했습니다. "우리 부모님이 당신들 일본군에게 참수를 당했습니다."

그 아가씨의 이름은 마가렛이었습니다. 그녀의 부모는 일본에 침례교 선교사로 파송되었습니다. 고베에 와서 많은 일을 했고 요코하마에서 학원 선교를 했습니다. 그들은 평화주의자였고 반전운동가들이었습니다. 그런데 일본 정부로부터 미움을 받고 쫓겨나게 되었습니다.

그러나 그들은 미국으로 돌아가지 않고 마닐라로 갑니다. 마침 그때 일본군에 의해 마닐라가 점령 당하자 그들은 또 쫓기는 신세가 되어서 루론이라는 산 속에서 3년을 숨어 살았습니다. 결국 마가렛의 부모는 일본군에 의해 발각되고 스파이라는 이름으로 참수를 당했습니다. 부모의 사망 소식을 듣게 된 딸 마가렛은 창자가 끊어지는 고통과 분노를 느꼈지만 미군 부대에서 보고한 내용을 보고 생각을 바꾸게 됩니다.

참수형을 행하던 자리에 있었던 증인에 의하면 그녀의 부모는 양손이 묶이고 눈이 가려져 일본인의 칼 아래 꿇어 엎드린 채 일본을 위해 눈물을 흘리며 뜨겁게 기도를 했다는 것입니다. 이 사실을 전해 들은 마가렛은 마음속의 분노를 바꾸어 일본을 위해 기도

하고 일본에 선교사로 가고자 헌신했습니다. 부모님이 못 이룬 일을 딸이 이루고자 했던 것입니다. 그러다가 당장 일본으로 갈 수 없어서 일본 포로군이 잡혀 있다는 소식을 듣고 자원하여 6개월 동안 봉사를 하게 된 것입니다.

이러한 이야기를 들은 후치다 마츠오는 마음에 큰 충격을 받았습니다.

'어떻게 이런 일이 있을 수 있을까? 자신의 부모를 죽인 일본 국민을 용서하며 그들을 위해 봉사하고 헌신할 수 있다는 게 정말 사실인가?'

후치다 마츠오는 패전의 분노를 이기지 못해 복수할 기회를 찾고 있던 자신의 모습과 정반대의 태도를 보이는 그녀가 참 궁금했습니다. 분노 대신 용서를, 미움 대신 사랑을 전할 수 있는 이유가 무엇일지 궁금해진 것입니다. 또한 참수를 당하기 전 일본을 위해 기도했던 선교사 부부의 최후의 기도는 무슨 내용이었을지도 궁금했습니다.

후치다는 갑자기 자신이 작아지는 느낌을 받았습니다. 그리고 그 해답이 성경에 있다는 것을 알게 되었습니다. 그때부터 그는 자신의 궁금증을 풀기 위해 성경을 구해 읽기 시작했습니다. 모르면 모르는 대로 이해되면 이해되는 대로 성경을 정신 없이 읽었습니다. 성경을 읽는 동안 예수님이 십자가에 처형 당하기 전에 기도하시던 모습을 접하게 되었습니다.

"아버지여, 저들의 죄를 용서하여 주옵소서. 저들은 저들이 하는 것을 알지 못합니다."

후치다는 이 대목에서 '바로 이것이구나!' 하고 무릎을 쳤습니다. 그녀의 부모가, 그리고 그녀가 한 기도의 내용이 이것이라는 생각이 들었습니다. 47년 동안 하나님을 모르고 자신만이 정의롭다고 생각하며 살아왔던 자신의 어리석은 모습을 돌아보게 되었습니다. 그리고 그는 예수님을 영접하게 됩니다.

지상 최고의 사랑

사람들에게 "하나님을 믿고 싶습니까?"라고 물어보면 그 말의 뜻을 잘 이해하지 못합니다. 하나님과 같은 신이 너무 많아서 누구를 믿어야 좋을지 모르겠다고 하는 사람도 있습니다. 그런데 질문을 바꿔 보겠습니다. "당신은 사랑 받고 싶습니까?" 그러면 금세 "사랑 받고 싶다"고 말합니다. 이처럼 수많은 사람들이 사랑에 목말라 있습니다. 어릴 때 사랑을 받지 못하고 거절 당한 사람들, 자신의 죄와 허물을 용서 받지 못하고 죄의식 속에 갇혀 살아가는 사람들은 모두 사랑의 희생자들입니다.

그러나 사실 이 두 질문은 같은 것입니다. 하나님은 사랑이시기 때문입니다. 사람들은 하나님을 신적 존재로 여기면서 우리와 동떨어진 분, 만나기 힘든 분, 가까이 하기에 너무 무서운 분으로 오해하고 있습니다. 그래서 하나님을 믿고 싶냐고 질문하면 거부 반응부터 보이는 것입니다.

사랑에는 여러 가지 차원이 있습니다. 가족 간의 사랑, 친구 간의 사랑, 연인 간의 사랑 등 그 종류가 다양합니다. 그러나 대부분 정작 진짜 최고봉의 사랑은 경험해 본 적이 없습니다. 사랑에 목말라 있고 사랑을 많이 받았다고 하지만 제대로 사랑 받은 것 같지 않습니다. 내가 하는 사랑은 모두 가짜처럼 여겨지고 연기를 하고 있다는 생각이 듭니다.

최고의 사랑은 무엇입니까? 사랑 중의 사랑은 무엇입니까? 하나님의 사랑입니다. 동물적인 사랑도, 인간적인 사랑도 아닌 하나님의 사랑입니다. 그런데 하나님의 사랑이라고 하면 사람들이 또 못 알아듣습니다. 하나님이 자신의 아들이신 예수 그리스도를 세상에 보내어 우리 죄를 대신하여 십자가에 죽게 하신 사건을 대할 때 비로소 진정한 사랑을 깨닫게 되는 것입니다.

하나님의 사랑은 이론도 이데올로기도 아닙니다. 하나님은 우리에게서 멀리 떨어져 계시는 심판자가 아닙니다. 우주 만물에 가득 찬 기운도 아닙니다. 그림자도 아니요 뜬 구름도 아니요 허무도 아닙니다. 하나님의 실체는 사랑입니다. 희생하는 사랑, 헌신하는 사랑, 포기하는 사랑, 자기의 것을 다 내주는 사랑, 자기 부모를 죽인 사람을 사랑하는 사랑. 이것은 인간의 사랑이 아니라 하나님의 사랑입니다.

이 사랑을 만나기 전까지 우리는 사랑을 받아 본 적이 없는 것과 마찬가지입니다. 언제나 대가를 요구하는 사랑만 해 온 우리는 진짜 사랑을 경험해 본 적이 없습니다. 그것은 결국 하나님을 만나 본 적이 없다는 것이기도 합니다. 나의 무거운 죄를 다 씻어 주시는 사랑, 아무리 내가 죄인이어도 용서하는 사랑, 자격이 없는 나를 구원해 주신 사랑은 정말 놀랍습니다. 하나님은 예수 그리스도를 세상에 보내셔서 우리를 구원해 주셨습니다.

하나님의 사랑은 이론으로 이해할 수 있는 것이 아닙니다. 우리는 예수님을 만나야 그 사랑을 느낄 수 있습니다. 우리를 위해 대신 십자가에서 피 흘려 죽으신 예수님을 만나면 하나님의 사랑을 느끼고 눈물을 흘리고 우리 영혼이 녹아지는 것입니다. 예수님의 십자가의 고난 속에 하나님의 사랑이 담겨 있습니다.

후치다 마츠오는 성실한 애국자요 사무라이 군인이었습니다. 그는 도덕적 결함도 별로 없었습니다. 그런데 47년 만에 선교사와 선교사의 딸을 통해서 진정한 하나님의 사랑을 보게 되었고, 그로 인해 큰 충격을 받았습니다. 지금까지 살아온 자신의 생애가 얼마나 초라한지 깨닫게 되고 하나님을 믿는 역사가 일어났습니다. 이처럼 하나님의 사랑을 만나면 우리 자신이 변하게 됩니다. 우리 마음속에 하나님의 사랑이 들어옵니다.

세상을 향해 하나님을 믿으라고 아무리 외쳐 봐야 소용 없습니다. 하나님의 최고의 사랑, 우리를 위해서 십자가에서 피 흘려 죽으신 예수 그리스도 안에 나타난 하나님의 사랑을 보여 주어야 합니다. 우리의 원수를 껴안고 용서하고 사랑하고 그의 발을 닦아 주는 사랑을 보여 줄 때 세상은 변합니다.

하나님의 사랑 안에는 용서가 있습니다. 하나님의 사랑 안에는 두려움이 없습니다. 하나님의 사랑 안에는 믿음과 희망이 있습니다. 회복과 치유가 있습니다. 평화와 기쁨이 있습니다.

사랑의 지각 변동으로 변화되는 삶

하나님의 사랑을 제대로 알기 위해서 우리는 먼저 성경을 읽어야 합니다. 알아도 읽고 몰라도 읽어야 합니다. 하나님의 천지 창조 이야기와 처녀 마리아를 통해 예수님이 태어나신 이야기 등 신기하고 믿어지지 않는 이야기로 가득한 성경을 손에서 놓아서는 안 됩니다.

둘째로, 예수님을 만나야 합니다. 성경의 주제는 예수 그리스도입니다. 계속 성경을 읽다 보면 예수를 만나게 됩니다. 예수님을 만나면 사랑을 깨닫게 됩니다. 눈에 비늘이 벗어지듯이 하나님이 보이기 시작합니다. 하나님이 느껴지기 시작합니다. 마음에 평화가 옵니다. 인생에 의미와 목적이 생깁니다.

『오체불만족』이라는 책을 쓴 일본의 오토다케 히로타다라는 사람이 있습니다. 또 두 팔이 없는 스웨덴 사람 레나 마리아가 있습니다. 호주에는 두 팔과 두 다리가 없는 닉 부이치치라는 사람이 있습니다. 이들 모두 신체적으로 부족한 부분이 많습니다. 하지만 그 장애를 극복하고 누구보다 밝고 아름답게 인생을 살고 있습니다. 자신의 모습을 전혀 부끄러워하지 않습니다. 움츠리지 않고 당당히 세상 앞에 나섭니다.

닉 부이치치는 전 세계를 돌아다니면서 용기를 주고 젊은이들을 격려하고 있습니다. 캄보디아, 아프리카, 인도 등 세계 구석구석을 돌아다니면서 불구된 몸으로 전도하는 것입니다. 그가 그럴 수 있는 이유는 하나님의 사랑을 만났기 때문입니다.

우리 안에서 영적 지진이 일어나기를 바랍니다. 사랑의 지진이 일어나기를 바랍니다. 그 힘으로 세상을 변화시켜야 합니다. 사랑을 알면 꿈이 생깁니다. 그래서 집 밖으로 나가 움직이기 시작합니다. 돈이 없어도 건강이 없어도 직업이 없어도, 내 마음에 형용할 수 없는 하늘의 평화가 가득 차게 될 것입니다. 부끄러움도 두려움도 없습니다. 움츠리고 살던 내 인생이 가슴을 활짝 펴게 됩니다.

우리 안의 목마른 사랑을 흡족히 채우고 싶습니까? 가슴이 허전하고 인생길이 보이지 않습니까? 그렇다면 하나님의 사랑을 만나 보십시오. 그 사랑을 알고 싶다고 기도해 보십시오. 그 사랑으로 나의 고독한 영혼을 채워 달라고 하나님께 외쳐 보십시오. 그러면 하나님께서 만나 주실 것입니다. 우리의 멍든 가슴에 손을 얹어 주실 것입니다.

당신의 사랑이 일본을 변화시켰습니다

고무라사키 요시히로_ 고베 러브소나타 실행위원장, 시라가와다이 침례교회 목사

매주 월요일마다 YMCA 강당에서 고베 아침 기도회가 열리는데, 부족한 본인도 그 모임에 초대를 받아 참석하게 되었습니다. 메시지가 끝난 후 기도회를 인도했던 두 분 목사의 기도는 일본의 구원과 치유를 갈구하는 열정으로 가득했습니다. 기도회가 끝나자 성령께서 내 마음에 그들의 기도처럼 열정과 사명감을 심어 주셨다는 확신이 섰습니다. 그 두 분 중 한 분은 김덕화 목사였습니다.

일본의 재건과 치유를 위해 간구하고 있던 어느 날 오후, 김 목사에게서 '지금 곧 오라'는 전화가 걸려왔습니다. 고베동부교회에서 하용조 목사를 비롯한 여러 분과 만나기로 했다는 것이었습니다. 그것이 하 목사와의 첫 만남이었습니다.

그들은 누구보다 일본에 복음을 통한 하나님의 사랑을 전하고 싶어 했습니다. 앞으로 무슨 일이 벌어질지 아무것도 모르는 우둔한 저를 온화한 미소로 반갑게 맞이해 주셨던 기억이 납니다.

러브소나타 준비위원회가 결성되고 교파를 초월한 목사들이 행사 진행에 참가하게 되었습니다. 그러던 중, 실행위원 몇 명과 아리마에 있는 아파트에서 기도회를 했습니다.

그 다음 날 아침, 하나님께서는 사과의 꿈을 보여주셨습니다. 곤히 잠들어 있었는데 아침 무렵 새빨갛고 먹음직스러운 사과가 눈앞에 나타났습니다. 그런데 나도 모르게 손을 뻗어 잡으려고 하자 순식간에 3분의 1이 사라져 버리는 것이었습니다. 자세히 들여다보니 사과 속에 벌레 한 마리가 달라붙어 있는 것이 아닙니까. 그 순간, 잠에서 깨어나 옆에 잠들어 있던 목사를 깨워 함께 기도를 드렸습니다.

초교파적으로 준비 기도회를 계획하고 대회 당일까지 기도 당번을 짜서 끊임없이 기도로 준비한 러브소나타. 다행히도 대회는 축복 속에 막을 내렸습니다. 대회 후에도 목사들과 지속적으로 교류를 가지며 교파를 떠나 계속 기도를 할 수 있다는 것은 나에게 큰 힘이요 위로가 됩니다. 또한 일대일 제자 양육 훈련과 QT 세미나 등의 프로그램도 지속적으로 진행해 나가고 있습니다.

2011년 8월 2일, 메일로 하 목사의 소천 사실을 알게 되었습니다. 그날은 오카야마의 모 교단에서 주최하는 하계 부흥회가 시작되는 날이었습니다. 강사로 초빙되어 첫날 밤 집회를 마친 후 방으로 돌아가 일찍 자리에 누웠습니다. 피곤한 탓에 금방 잠이 들어버렸던 것 같습니다.

그런데 갑자기 하 목사 생각이 강하게 몰려오면서 내 곁에 하 목사가 있는 것처럼 느껴지더니 이내 주체할 수 없을 정도로 눈물이 쏟아져 내리는 것이었습니다. 그 한없는 사랑과 배려가 마음에 밀려와 울고 또 울고, 베개는 이미 눈물로 젖어버렸습니다.

2005년 1월 30일 주일 아침, 노방전도를 다시 기획하면서 "주여, 당신의 마음을 보여주소서. 주여 당신의 마음을 보여주소서." 하고 두 번 외치는 순간, 성령이 나를 덮치며 숨을 쉴 수가 없어 의자에서 굴러 떨어졌던 그때와 똑같은 상황이었습니다.

무조건적으로 퍼부어 주시는 주님의 사랑에 압도되어 침대 위에서 몸부림을 치며 울부짖었습니다. 주님의 사랑이 너무 감격스러워서 눈물을 멈출 수가 없었습니다. 아아, 이렇게 눈물이 흐를 수가……

하 목사가 신장투석을 받으면서도 자멸해 가는 일본을 구원하기 위해 자신의 목숨과 맞바꾸어 가며 간구하는 모습은 완전히 예수 그리스도의 마음, 그것이었습니다. 과거에 일본이 일방적으로 한국 국민을 얼마나 괴롭혔습니까. 전쟁이 끝난 지 60년, 하 목사는 그리스도의 사랑이 가득한 복음을 들고 들어와 수많은 희생을 감수하면서 말씀 전파에 힘쓰셨습니다.

그 작은 체구 어디에 이토록 일본에 대한 무한한 사랑을 간직하고 있었을까. 침대 위에서 한참을 울고 있는데, 갑자기 "하 목사를 보낸 것은 나이니라" 하는 음성이 들려왔습니다. 아아, 예수님, 감사합니다! 감사합니다! 다시 눈물이 쏟아집니다. 주여, 감사합니다. 주여 감사합니다.

그리스도의 사랑, 예수님의 사랑, 십자가의 사랑, 원수도 사랑하고 용서하고 구원하는 사랑. 그 사랑이 마구 나를 덮쳐왔습니다. 하 목사를 선택하시고 자신의 목숨까지 기꺼이 내놓게 한 그리스도의 사랑. 이 사랑이 일본과 한국, 아울러 전 세계에 가득하기를 기원합니다.

천국에서 다시 하 목사를 만나면 "당신의 사랑이, 당신 속에 있
는 예수의 사랑이 일본을 변화시켰습니다!"라고 얘기할 수 있기를
기원합니다. 이제 나의 일생을 오로지 선교에 바치겠습니다.

예수는 우리 인생을 뒤 흔드신다

인생을 바꾸고 싶지 않으십니까?
이대로 살기를 원하십니까? 아닐 것입니다.
우리 인생에 변화가 일어나야 합니다. 뒤집어져야 합니다.
방향을 바꾸어야 합니다.
우리의 마음속에 예수님이 살아 계셔야 합니다.

러브소나타의 시작

우리는 어떤 위기나 문제에 부딪히게 되면 하나님께 기도를 합니다. 삶이 고통스럽고 어떤 해답도 보이지 않아 답답할 때 하나님을 찾게 되는 것입니다. 그러면 하나님께서 우리 기도에 응답하시며 축복을 준비해 주십니다. 일본을 위한 러브소나타 역시 작은 기도로 시작되었습니다. 처음에는 뜻이 있는 사람들 몇몇이 모여 기도하려 한 것이 어느 새 8천 명의 인원이 40일 동안 모여 특별새벽기도회를 가진 것입니다.

이 기도회를 통해 우리는 일본을 사랑하게 되었습니다. 보통 한국 사람이라면 일본에 대해 적대적인 감정을 갖고 있습니다. 그 옛날의 역사적인 아픔 때문입니다. 그런데 하나님께서는 새벽기도를 통해 우리를 변화시키셨습니다. 마지막 새벽기도 날 체육관에 2만 5천 명의 성도들이 모였습니다. 그들 손에는 만국기 또는 일장기가 들려 있었습니다. 그들 모두 일본을 사랑하라는 하나님의 음성을 들었던 것입니다.

여태껏 우리는 일본은 가해국, 한국은 피해국이라는 생각에 젖어 있었습니다. 하지만 하나님께서는 우리가 먼저 회개하기를 원하셨습니다. 새벽기도에서 하나님이 가르쳐 주신 것은 우리에게 피해자의 오만이 있었다는 사실이었습니다. 그것을 깨닫는 순간 우리는 일제히 큰 충격을 받았습니다. 눈물을 흘리며 회개하기 시작했습니다. 그리고 일본에 가서 일본 사람들을 위해 기도하고 우리의 회개를 보이고 하나님의 사랑을 전파하자는 결심을 했습니다. 이리하여 러브소나타가 시작된 것입니다.

드라마 속 주인공들의 사랑은 참 아름답습니다. 하지만 그 사랑은 영원하지 않습니다. 영원한 사랑은 하나님의 사랑입니다. 러브소나타는 이런 하나님의 사랑을 일본 전역에 전하는 것이 목표입니다. 우리가 전하고 싶은 것은 우리의 생각과 우리의 사상과 우리의 사랑이 아닙니다. 살아 계신 하나님의 사랑을 전하고 싶은 것입니다.

인간의 몸으로 이 땅에 오신 예수님

불교의 중심에는 석가가 있습니다. 유교의 중심에는 공자가 있습니다. 이슬람교의 중심에는 마호메트가 있습니다. 서구 철학의 중심에는 소크라테스가 있습니다. 일본 신도의 중심에는 자연숭배가 있습니다. 여기서 공통점이 하나 있습니다. 인류의 정신을 이끌어 왔던 종교와 사상과 철학의 배후에는 창시자들이 있었다는 것입니다. 그러나 그들은 예외 없이 모두 인간이라는 한계를 지니고 있습니다.

인간의 특징은 무엇입니까? 불완전하고 원죄가 있다는 것입니다. 이 세상에 태어나서 그 시대를 살았다가 죽는 존재들입니다. 어떤 종교나 사상이나 철학도 그것을 만든 사람은 유한한 인생을 살았습니다.

우리 역시 누구나 죽음을 맞이합니다. 죽지 않는 사람은 없습니다. 인간으로 태어났으면 그가 어떤 성자라 할지라도 죽게 되어 있습니다. 그것이 인간의 특징입니다.

이러한 인간은 종교를 창시하고 죽습니다. 종교와 사상과 철학은 계속 남아 있을지라도 그것을 만든 인간은 죽습니다. 결국 우리는 본질은 잃어버리고 껍데기만 붙들고 있는 셈입니다. 그것이 하나님을 대신할 수 있다고 착각하며 살고 있습니다.

그러면 이러한 종교, 사상, 철학과 기독교의 차이점은 무엇입니까? 기독교 중심에는 예수 그리스도가 있습니다. 예수 그리스도를 모르면 기독교를 모르는 것입니다. 착하게 남을 도와주며 사는 것이 종교의 본질이 아닙니다. 누구를 믿느냐가 종교의 본질입니다.

석가나 마호메트나 소크라테스는 다 죽었습니다. 그들의 종교와 철학이 지금까지 있다 할지라도 그 사람들은 다 죽었습니다. 그러나 기독교는 다릅니다. 2천 년 전에 태어나셔서 한 인간으로 33년의 생애를 사신 예수 그리스도는 십자가에서 돌아가셨다가 부활하셨습니다. 그리고 지금까지 우리와 함께 계십니다. 이것이 큰 차이점입니다.

기독교의 핵심은 예수 그리스도가 지금 여기에 살아 계시다는 것입니다. 예수 그리스도는 철저하게 인간의 모습으로 이 땅에 오셨습니다. 그런데 우리 같은 인간과는 다른 인간이었습니다. 원래 인간은 태어날 때부터 죄인입니다. 죄를 가르치지 않았는데도 인간은 자라면서 욕심과 질투와 미움이 생깁니다. 그 죄가 성장하면서 하나씩 하나씩 밖으로 튀어나오는 것입니다. 이런 죄인 된 인간을 용서해 줄 수 있는 존재는 죄 없는 인간뿐입니다.

물에 빠진 사람이 물에 빠진 사람을 구해 줄 수 없습니다. 물에 빠진 사람을 구해 줄 수 있는 사람은 물 밖에 있는 사람입니다. 역시 인간을 구원해 줄 수 있는 사람은 인간 밖에 있는 존재입니다. 인간이 인간을 구원할 수 없습니다. 아무리 도를 닦고 수행을 해도 인간은 인간일 뿐입니다. 인간을 구원할 수 있는 분은 누구입니까? 인간을 만드신 하나님입니다. 그래서 인간을 구원할 사람은 인간이어야 하고 동시에 하나님이어야 하는 것입니다. 인류 역사상 인간이면서 동시에 하나님인 사람은 예수님 한 분뿐이십니다.

그리스 신화를 보면 반인반수의 모습을 한 신들이 많이 등장합니다. 그러나 예수 그리스도는 모든 종교 창시자들처럼 똑같은 인간이었습니다. 2천 년 전 동정녀 마리아에게서 태어났습니다. 그리고 33년을 살다가 십자가에 못 박혀 돌아가셨습니다. 그는 우리의 약점을 알고 계셨습니다. 또한 우리의 절망도 알고 계십니다. 그가 인간이었기 때문에 가능한 일이었습니다. 만약에 예수님이 인간으로 끝났다면 우리를 구원할 수는 없었을 것입니다. 예수는 인간이었지만 본질은 하나님이었습니다. 예수 그리스도는 본래 하나님이었으나 인간을 구원하기 위해 사람의 몸을 입고 이 세상에 오신 것입니다.

이 세상에 오신 예수님은 화려한 삶을 살지 않으셨습니다. 가난하고 불쌍한 자들과 함께 살다가 십자가에서 피 흘려 돌아가셨습니다. 인간의 죄를 대신해서 그가 죽으신 것입니다. 예수님은 인간에 의해서 태어나지 않았습니다. 하나님에 의해서 태어나신 분입니다. 성령으로 태어나신 것입니다. 그래서 그가 우리의 구원자가 될 수 있었습니다. 그는 완전한 인간이자 하나님이셨습니다.

예수의 본질은 하나님

예수 그리스도가 인간이기만 했다면 그는 우리의 구원자가 될 수 없을 것입니다. 하지만 예수님의 본질은 하나님입니다. 그가 하나님이시기 때문에 인간의 몸을 입고 왔지만 창세기로부터 요한계시록까지 성경에 나오는 모든 기적을 행하실 수 있었습니다.

예수님에게 기적은 특별한 것이 아니었습니다. 물 위를 걸어간다든지, 물고기 두 마리와 보리떡 다섯 개로 5천 명을 먹인다든지, 죽은 자를 살린다든지, 문둥병자나 모든 불치병을 고칠 수 있는 이유는 그가 수행을 많이 했기 때문이 아닙니다. 그가 하나님이셨기 때문에 가능한 일이었습니다.

예수 그리스도가 하나님이라는 사실을 믿을 때 기적이 일어납니다. 내 마음에, 내 육체에, 내 영에 새로운 변화가 오기 시작합니다. 교회에 다니고 성경을 읽는다고 구원이 뚝 떨어지는 것이 아닙니다. 예수님이 우리를 위해서 이 땅에 오신 하나님이라는 사실을 믿을 때 새로운 세계가 열리는 것입니다. 하나님의 평안과 기쁨과 능력과 기적들이 나타나는 것입니다.

예수님은 우리의 구원자이십니다. 인간이기도 하면서 하나님이시기 때문에 우리를 구원할 수 있습니다. 세상에는 예수가 선하고, 사랑과 봉사를 많이 한 성자였다고 생각하는 이들이 많습니다. 그러나 정작 중요한 것은 예수님이 하나님이시라는 사실입니다. 세상 사람들은 이 점에서 갈등하고 고민합니다. 그 사실이 잘 믿어지지 않습니다. 하지만 예수님이 하나님이라는 사실을 인정하기만 하면 우리 안에 놀라운 영적 변화가 일어나기 시작할 것입니다.

성경을 보면 예수 그리스도를 영접하는 자에게는 하나님의 자녀가 되는 특권을 주신다는 말이 나옵니다. 만약 예수 그리스도가 하나님이라는 사실을 믿는다면 그 순간 우리는 하나님의 자녀가 됩니다. 우리가 지은 모든 죄가 보혈의 피로 용서 받습니다. 인간을 억누르고 있는 죽음과 가난과 저주가 사라집니다. 인간이 의롭게 됩니다. 치유가 일어나기 시작합니다.

우리 마음 가운데 얼마나 많은 상처가 있습니까? 말을 안 하고 숨기고 있어서 드러나지 않는 것이지 저마다 상처들이 다 있습니다. 그 상처들로 인해 밤잠을 이루지 못할 때도 있습니다. 그러나 예수님을 영접하면 우리의 고통이 되는 상처가 치유됩니다. 몸과 마음의 치유가 일어납니다.

예수님이 하나님의 아들이라는 사실을 믿기 시작하면 죽음 이

후의 삶도 책임져 주십니다. 구원을 받고 영생을 얻게 됩니다. 그리고 천국을 소유하게 됩니다. 천국은 죽어서 가는 곳이지만, 예수 그리스도를 영접하는 순간 내 마음에 천국이 만들어지기 시작합니다.

예수님은 우리와 똑같은 인간이지만 동시에 하나님이란 사실을 꼭 기억하십시오. 인간이기 때문에 우리를 위하시고, 하나님이기 때문에 모든 기적을 일으키십니다. 우리를 천국으로 인도할 수 있는 능력을 일으키시는 것입니다.

Purpose, Pardon, Peace and Power

어떤 사람들이 예수 그리스도를 영어 알파벳 4P로 설명했습니다.

첫 번째 P는 'Purpose', 즉 목적과 방향입니다. 예수 그리스도는 우리에게 인생의 목적과 방향을 가르쳐 주십니다. 예수를 믿기 전에는 부자가 되고 성공하는 것, 혹은 건강하게 오래 사는 것이 목적이었습니다. 하지만 마음속에는 알 수 없는 불안과 근심, 걱정이 늘 자리 잡고 있습니다. 그러나 예수님이 이 모든 죄를 다 제쳐 버리십니다. 우리가 비록 용서 받지 못할 죄를 졌다 할지라도 예수님은 우리를 위해 십자가에 못 박혀 죽으심으로 우리의 죄를 다 지워 버리셨습니다.

예수님은 길이요 진리요 생명이십니다. 예수님은 천국으로 가는 길이고, 그 길을 비춰 주는 진리의 빛이고, 천국으로 갈 수 있는 생명과 능력을 부어 주시는 분이십니다. 이런 엄청난 일이 어떻게 가능할까요? 예수님이 하나님이시기 때문입니다. 하나님은 못하시는 것이 없기 때문에 우리를 구원하고도 남는 것입니다.

두 번째 P는 'Pardon', 즉 용서하는 것입니다. 예수님은 우리를 용서해 주십니다. 용서 받지 못할 죄인은 없습니다. 예수님은 우리의 죄를 보자기에 싸듯이 덮어 버리셨습니다. 죄가 밖으로 드러나지 않습니다. 예수님은 우리의 죄를 다 녹여 버리셨습니다. 쓰레기를 치우듯이 다 치워 버리셨습니다. 그래서 우리가 하나님의 자녀가 될 수 있고, 천국을 소유하게 되는 것입니다.

세 번째 P는 'Peace', 즉 평화입니다. 이 세상은 불안과 공포로 가득합니다. 그러나 예수님이 하나님이라는 사실을 믿으면 땅의 평화가 아니라 하늘의 평화를 주시고, 인간이 주는 평화가 아니라 하나님이 주시는 평화를 경험할 수 있습니다.

네 번째 P는 'Power', 즉 하늘과 땅의 권세와 능력입니다. 하나님께서는 우리에게 이것들을 주셨습니다. 크게 화상을 입어 아름다운 얼굴을 잃어버린 이지선 자매가 있습니다. 그 자매가 기도한다고 해서 새 피부가 금세 만들어지는 것은 아닙니다. 하지만 화상을 입은 자신의 모습을 사랑하게 되는 마음이 생깁니다. 이러한 긍정적인 사랑의 마음이 더 중요합니다. 그래야 절망하거나 포기하지 않고 새로운 힘으로 살아갈 수 있는 것입니다. 마음속에서 솟아나는 힘은 우리가 노력하거나 돈으로 주고 살 수 있는 것이 아닙니다. 하나님께서 상상할 수 없는 평화와 능력을 허락해 주셔야 가능한 것입니다.

예수 그리스도는 인간을 구원하기 위해 인간으로 오신 분입니다. 그러나 그는 사실 인간이 아니라 하나님이십니다. 인간을 구원하기 위하여 인간의 몸을 입고 이 세상에 오신 것입니다. 그는 길이요 진리요 생명이십니다. 그가 하나님이기 때문에 우리 인생의 목적이 되고 인생의 방향이 됩니다. 그가 하나님이기 때문에 우리가 과거에 어떠한 죄를 졌더라도 용서함을 받습니다. 예수님은 하나님이시기 때문에 우리 마음속에 하늘의 평화를 심어 주십니다. 죽음이 가까이 다가와도 불안하지 않습니다. 예수님은 하나님이시기 때문에 사탄과 싸워 이길 힘을 주십니다.

중요한 것은 예수님이 착한 일을 하시고, 기적을 행하시고, 인류를 위해서 헌신하신 것에 있지 않습니다. 가장 중요한 진리는 예수가 하나님이셨다는 사실입니다. 그는 십자가에 못 박혀 돌아가셨습니다. 그리고 사흘 만에 부활하셨습니다. 부활한 인간은 창조 이래 한 사람도 없습니다. 예수 그리스도 한 분뿐이십니다. 그는 하늘로 승천하셨습니다. 본래 계시던 곳으로 돌아가셨습니다. 그리고 지금 우리를 돌보고 계십니다. 우리를 축복하고 계십니다.

이것이 바로 크리스마스입니다. 산타클로스가 크리스마스가 아닙니다. 징글벨 노래가 울려 퍼지고 사슴이 썰매를 모는 것이 크리스마스가 아닙니다. 착한 아이에게 선물 주는 것이 크리스마스가 아닙니다. 크리스마스의 진정한 의미는 예수가 하나님이었다는 것입니다. 저는 이 놀라운 진리가 우리 모두에게 이해되기를 바랍니다.

예수님을 영접해 보십시오. 예수님을 하나님이라고 불러 보십시오. 우리의 영혼에 변화가 일어날 것입니다. 분노가 사랑으로, 절망이 희망으로, 모든 저주가 축복으로 바뀔 것입니다. 예수 그리스도를 만나 보고 싶지 않습니까? 예수님을 만나는 비결은 "당신은 하나님의 아들이십니다. 예수님은 하나님이십니다. 당신은 나를 구원할 수 있습니다. 당신은 내 인생을 바꿀 수 있습니다"라고 고백하는 것입니다.

인생을 바꾸고 싶지 않으십니까? 이대로 살기를 원하십니까? 아닐 것입니다. 우리 인생에 변화가 일어나야 합니다. 뒤집어져야 합니다. 방향을 바꾸어야 합니다. 과거에 지옥을 향해 가고 있었다면 이제는 천국으로 인생의 방향을 바꾸어야 합니다. 축복과 사랑으로 내 인생을 바꾸어야 합니다. 우리의 마음속에 예수님이 살아 계셔야 합니다.

예수님은 우리를 초청하고 만나기를 원하십니다. 왜냐하면 그는 살아 계시기 때문입니다. 예수님과 대화할 수 있습니다. 그가 살아 계시기 때문입니다. 기독교인의 기도는 주문이 아닙니다. 주술이 아닙니다. 그것은 하나님과의 대화입니다. 하나님은 우리 아버지이십니다. 비록 그분을 만질 수는 없지만, 하나님께서 우리 마음을 어루만져 주시는 것은 느낄 수 있습니다. 그분이 어서 우리 마음속에 들어오시기를 기도합니다.

내가 본

한국과 일본의 장벽이 깨지다

스에마츠 다카타로_ 나고야 러브소나타 실행위원장, 영성서교회 목사

저는 2년 전, 나고야에서 열린 러브소나타의 실행위원을 맡아 짧은 기간이었지만 하용조 목사를 가까이에서 만날 기회를 가졌습니다. 그때 하 목사는 몇 년 전부터 일본에서 러브소나타를 개최할 계획을 갖고 있었다고 했습니다. 하 목사 세대에게 '일본'은 '일제 지배'를 떠올리게 하는 불쾌한 나라였겠지요. 한국과 가장 가까운 나라이면서도 고약한 악연을 이어갈 수밖에 없는 나라, 일본.

그러나 하 목사는 아무리 한국이 세계에서 두 번째로 선교사를 많이 파견하고, 세계 선교의 한 획을 긋고 있더라도 '일본'에 대한 생각이 바뀌지 않으면 하나님의 축복을 받을 수 없다고 했습니다. 기도를 거듭하는 중에, 한국 기독교 100주년을 기념하는 다양한 행사에 주력하는 것보다 일본 선교에 대한 단절감을 타파하는 사역, 한일 기독교인들 사이에 예수 그리스도의 평화를 심어 주는 사역, 온누리교회의 인적 자원을 활용하는 사역이 더 중요하다는 기도 응답을 받았다는 간증도 들려주었습니다.

때마침 한국 드라마인 〈겨울연가(겨울소나타)〉가 일본에서 선풍적인 인기를 구가하고 있었고, '한류 스타'라는 신조어가 유행하던 타이밍이었습니다. 이런 시대적 분위기 덕분에 러브소나타 개최가 더욱 탄력을 받았다고 할 수 있습니다.

한 교회의 비전이 수많은 일본의 각 도시에서 전도 집회로 이어졌다는 것은 전무후무한 일입니다. 나고야에서는 애초에 저렇게 큰 홀에 사람이 가득찰 수 있다는 것을 의아해 했습니다. 그러나 막상 뚜껑을 열고 보니 성도들 뿐 아니라 한류 스타의 얼굴을 보기 위해 수많은 사람이 모여드는 바람에, 아이치현 예술극장 대공연장은 2천 5백 여 명의 관객으로 터져 나갈 듯 했습니다. 100명도 넘는 사람이 그리스도를 주(主)라 시인하며 구원의 대열에 참여하기로 했습니다.

그곳에 모인 사람들 사이에 더 이상 한국과 일본이라는 장벽은 없었습니다. 신비로운 일체감으로 들떠 있었습니다. 이지선 자매의 간증과 배재철 테너의 찬양 등 모든 프로그램들이 천국을 그대로 옮겨놓은 것처럼 아름답고 환상적이었습니다. 한국에 뿌려진 천국 사역은 이곳 일본을 복음화하는 '신호탄'이었나 봅니다.

하 목사는 한일 문제에 대하여, 일본은 가해자로서의 책임을 회피하려는 방만한 움직임이 있다고 비판하는 한편, 한국에 대해서는 '피해자의 오만함'을 지적했습니다. 하 목사는 이 오만은 정치로 뛰어넘을 수 없으며 오직 예수 그리스도의 십자가의 구속만이 답이라는 것을 간파하고 있었습니다. 이토록 심오하게 복음을 이해하고 있는 하 목사에게 그저 감복할 수밖에 없었습니다.

하 목사 한 사람이 시작한 기도가 교회의 기도 제목이 되고 사람을 움직여, 일본에도 축복의 생명수가 넘쳐나기에 이르렀습니다. 너무나 감사할 따름입니다. 하 목사를 만나면서 원대한 꿈과 비전을 품고 이 땅을 살아가는 것이 얼마나 큰 행복인지 알게 되었습니다. 비록 작고 여리지만 그 꿈과 비전의 100분의 1이라도 나누고 헌신할 수 있기를 기원합니다.

예수를 믿으면 새사람이 된다

예수님을 믿으면 새사람이 됩니다. 기적 같은 일입니다.
어떻게 내가 새사람이 될 수 있습니까. 걱정 마십시오.
나 자신이 스스로 변하는 것이 아니라 내 안에 계신 이가
그렇게 변하게 해 주시는 것이기 때문입니다.

우리 안의 원죄

요즘 현대인은 자살 충동에 휩싸여 삽니다. 왜 그렇게 자살의 유혹에 빠지는 것일까요? 인생에 입구는 있는데 출구가 없기 때문입니다. 인터넷 상에는 자살사이트가 있습니다. 자살하는 방법을 자세히 기록하고 또 사람들을 모아서 동반자살을 합니다.

한국은 치욕스럽게도 OECD 국가 중에서 자살률 1위입니다. 이것은 개인의 문제가 아니라 사회 문제입니다. 자살의 이유는 대부분 심한 우울증, 죄책감, 경제적인 절망, 수치감, 숨긴 것이 발각되는 것 등입니다.

동전의 앞면과 뒷면처럼 자살 뒤에는 살인이 있습니다. 사람들은 자기 자신을 죽이든지 아니면 다른 사람을 죽입니다. 그것은 내

면 속에 감당할 수 없는 분노와 절망이 있기 때문입니다. 몸이 아프고 병이 들면 병원에 가거나 의사를 만나면 됩니다. 약을 먹으면 됩니다. 그러나 마음이 아프고 상처를 받으면 어디로 가야 합니까?

여기서 아주 중요한 성경구절 하나를 살펴보겠습니다.

"그런즉 누구든지 그리스도 안에 있으면 새로운 피조물이라 이전 것은 지나갔으니 보라 새 것이 되었도다"(고후 5:17)

이전 것은 지나갔습니다. 상처는 지나갔습니다. 하나님이 우리를 창조하셨을 때처럼 두려움의 옷을 벗고 새사람이 된 것입니다. 이전 것이란 옛 사람, 타락한 사람, 저주 받은 사람을 의미합니다.

미우라 아야코의 소설은 대부분 원죄를 다루고 있습니다. '악순환 되는 인간의 원죄의 고리를 어떻게 끊어 버릴까?' 하고 그는 고민합니다. '어떻게 용서 받을 수 있을까, 어떻게 용서할 수 있을까'가 일평생 드는 질문입니다. 그것을 해결하지 못하기에 갈등과 고민에 휩싸이고 자살과 살인을 하는 것입니다. 저는 젊은 시절 미우라 아야코의 소설을 읽으면서 눈물을 많이 흘렸습니다.

도스토예프스키의 『죄와 벌』 『카라마조프 가의 형제들』이 감동을 주는 이유도 원죄를 다루고 있기 때문입니다. 우리는 늘 죄를 짓습니다. 그러나 내 마음 깊은 곳에 있는 원죄는 건드리지 않으려고 합니다. 가장 큰 문제는 지금 겉으로 드러나는 죄가 아니라 우리 안에 깊숙이 숨어 있는 원죄입니다.

나다니엘 호손이 쓴 『주홍글씨』라는 소설이 있습니다. 그것은 한 목사의 이야기를 담고 있습니다. 목사는 한 여인과 간음하고 그 여인에게 모든 죄를 뒤집어씌우고는 괴로워합니다. 우리에게 감동과 눈물과 전율을 느끼게 하는 것은 바로 이 원죄입니다.

최초의 인간의 자녀는 살인을 했습니다. 가인이 아벨을 살해한 이유는 자신이 하나님께 버림 받았다는 생각과 동생 아벨과 비교 당했다는 것 때문이었습니다. 가인과 아벨 이후에 인류의 몸 속에서는 죄가 계속해서 자라고 있습니다. 그리고 확대 재생산됩니다. 결국 노아의 홍수 때 하나님의 심판에 이르게 됩니다.

성경에서는 원죄를 수치스러운 정욕이라고 말합니다.

"이 때문에 하나님께서 그들을 부끄러운 욕심에 내버려 두셨으니 곧 그들의 여자들도 순리대로 쓸 것을 바꾸어 역리로 쓰며 그와 같이 남자들도 순리대로 여자 쓰기를 버리고 서로 향하여 음욕이 불 일듯 하매 남자가 남자와 더불어 부끄러운 일을 행하여 그들의 그릇됨에 상당한 보응을 그들 자신이 받았느니라"(롬 1:26-27)

우리 인간의 마음속에는 부끄럽고 수치스러운 정욕이 있습니다. 이 정욕 때문에 술집이 생기고 사창가가 생기고 남의 아내를 빼앗고 남의 남편을 빼앗아 배다른 자녀를 낳습니다. 그 결과 이혼하고 싸우는 것입니다. 정욕은 눈이 없습니다. 그래서 수많은 죄를 짓게 됩니다.

겉으로 짓는 죄보다 더 중요한 죄는 마음으로 짓는 죄입니다. 타락한 자아와 수치스러운 정욕을 죽여야 합니다. 하나님께서 주신 나 자신을 죽이면 안 됩니다. 나를 죽이는 것이 아니라 내 안에 숨어 있는 원죄를, 내 안에 숨어 있는 정욕을 죽여야 하는 것입니다. 그러면 내가 살아납니다. 우리를 죽음으로 몰고 가는 것은 우리 안에 남아 있는 수치스러운 정욕입니다. 그것은 오늘날 남의 문제가 아닙니다.

예수님께서 말씀하셨습니다.

"누구든지 나를 따라오려거든 자기를 부인하고 자기 십자가를 지고 나를 따를 것이니라"(마 16:24)

죄에 대한 하나님의 심판

"또한 그들이 마음에 하나님 두기를 싫어하매 하나님께서 그들을 그 상실한 마음대로 내버려 두사 합당하지 못한 일을 하게 하셨으니"(롬 1:28)

하나님께서 우리를 창조하셨는데 우리는 하나님을 아는 지식이 없습니다. 하나님을 무시하고, 주먹질을 하며 원망합니다. 이때 하나님께서는 그 마음들을 그대로 내버려 두신다는 것입니다. 사실 내버려 두는 무관심이 가장 무서운 벌입니다. 하나님께서 무관심하면 우리 인간은 죽습니다. 과연 인간의 죄를 막아 주고 통제할 수 있는 존재가 어디에 있겠습니까.

사람은 어린아이든 어른이든 죄라는 무거운 돌덩이를 지고 있습니다. 숨이 콱콱 막힐 만큼 무거운 돌덩이가 우리 마음에 있습니다. 이 무거운 돌을 지고 인생을 사는 것입니다. 우리 마음속에 똬리를 틀고 있는 통제되지 않는 죄악에는 어떤 것이 있습니까? 로마서 1장을 보면 죄가 어떻게 발전하고 변하는지 나타나 있습니다.

"곧 모든 불의, 추악, 탐욕, 악의가 가득한 자요 시기, 살인, 분쟁, 사기, 악독이 가득한 자요 수군수군하는 자요 비방하는 자요 하나님께서 미워하시는 자요 능욕하는 자요 교만한 자요 자랑하는 자요 악을 도모하는 자요 부모를 거역하는 자요 우매한 자요 배약하는 자요 무정한 자요 무자비한 자라"(롬 1:29-31)

이 모든 것이 무거운 돌덩이입니다. 그렇다면 우리는 이대로 죽어야 할까요? 우리 인생을 포기해야 합니까? 옛 사람의 모습을 그대로 가진 채 살아야 합니까? 수많은 죄악들이 내 몸 안에서 자라고 있습니다. 우리는 이것을 해결할 방법이 없습니다. 불안합니다. 죄책감이 생깁니다.

"그들이 이같은 일을 행하는 자는 사형에 해당한다고 하나님께서 정하심을 알고도 자기들만 행할 뿐 아니라 또한 그런 일을 행하는 자들을 옳다 하느니라"(롬 1:32)

인간은 누가 지적해 주지 않아도 자기가 죄 짓는 것을 다 압니다. 그런데 그 죄가 죄 가운데 있으면 티가 안 납니다. 까만 옷에 까만 잉크를 떨어뜨리면 보이지 않는 것처럼 말입니다. 하지만 하얀 옷에 까만 잉크를 떨어뜨리면 금방 표가 납니다. 양심이 밝고 깨끗한 사람들은 작은 죄라 할지라도 몸부림을 치며 회개합니다.

죄를 짓는 우리에게 내려지는 심판은 하나님께서 우리를 내버려 두시는 것입니다. 하지만 그 버려두심도 우리가 죽기를 바라서 그런 것이 아닙니다.

하나님께서는 독생자 아들 예수 그리스도를 보내셔서 십자가에 달리게 하셨습니다. 예수님이 십자가에서 흘리신 피로 인해 우리 안에 있는 무거운 돌덩이들을 던질 수 있게 된 것입니다. 예수님은 우리를 쉬게 해 주겠다고 하십니다. 우리 마음속에 있는 큰 돌덩이를 버려야 합니다. 땀을 뻘뻘 흘리면서 지고 있는 돌덩이를 벗어야 합니다.

세상에는 착한 사람과 악한 사람이 있습니다. 그러나 인간을 더 자세히 살펴 보면 착하고 선한 사람의 내면에도 죄와 상처가 있습니다. 본래 착하고 선한 사람은 없습니다. 착하고 선한 척할 뿐입니다.

우리 인간은 창조 때에는 죄를 모르는 존재였습니다. 그러나 아담과 하와가 죄를 짓고 나서부터는 달라졌습니다. 죄에 오염된 인간은 죄의 본성인 정욕으로 가득 차고 죽음에 이르게 된 것입니다.

이 세상이 혼돈스러운 이유는 전 세계에서 벌어지고 있는 인간의 죄악이 하늘을 찌르기 때문입니다. 상상할 수 없는 일들이 요즘 벌어지고 있습니다. 화산 폭발, 지진, 해일, 기후 변화, 가뭄과 홍수가 전 세계를 휩쓸고 있습니다. 남극과 북극을 보십시오. 그렇게 아름다운 빙산이 지금은 다 녹아 없어지고 있습니다. 지구는 홍수로 잠길 것입니다. 앞으로 지구에 큰 위기가 닥칠 것입니다.

새사람이 되는 기쁨

"그런즉 누구든지 그리스도 안에 있으면 새로운 피조물이라" (고후 5:17)

이 성경 말씀에서 우리는 세 가지 해답을 얻을 수 있습니다.

첫째는 '누구든지'입니다. 착한 사람이나 악한 사람이나 빈부귀천이 따로 없습니다. 동양인이나 서양인이나 누구든지 예수를 믿기만 하면 원죄가 사라지고 하나님의 자녀가 되는 것입니다.

둘째는 '그리스도 안에 있으면'이라는 조건입니다. 예수님은 누구십니까? 하나님의 아들이십니다. 예수님은 죄를 지은 적이 없습니다. 그래서 죄 지은 우리를 용서할 수 있습니다. 죄인이 죄인을 용서할 수는 없습니다. 죄가 없는 이가 죄인을 용서하는 것입니다. 예수님은 인간이 지은 모든 죄를 용서하기 위해 오셨습니다. 그것은 공짜로 이루어진 것이 아닙니다. 십자가의 죽음이라는 대가를 치른 것입니다.

셋째는 '새로운 피조물'이 되는 것입니다. 예수님이 우리를 대신해서 십자가에서 죽으셨고 사흘 만에 살아나셨습니다. 여기에도 예수님이 계십니다. 그는 육적인 존재가 아니므로 우리 눈에 보이지 않습니다. 하지만 영으로 존재하기 때문에 지금 이곳에 계십니다.

우리가 눈으로 예수님을 볼 수만 있다면 얼마나 좋을까요? 예수님은 우리 안으로 들어오기를 원하십니다. 2천 년 동안 기다려왔습니다. 예수님은 지금도 우리를 위해 눈물을 흘리고 계십니다.

예수님을 믿으면 새사람이 됩니다. 기적 같은 일입니다. 어떻게 내가 새사람이 될 수 있습니까. 걱정 마십시오. 나 자신이 스스로 변하는 것이 아니라 내 안에 계신 이가 그렇게 변하게 해 주시는 것이기 때문입니다. 예수님을 믿고 새사람이 되면 어둠이 가고 새 빛이 옵니다. 컴컴한 밤인 마음속에 빛이 비춥니다. 누군가 이런 말을 했습니다. "밝아오는 새벽을 누가 막을 수 있으랴."

새사람이 되면 저주와 미움은 사라지고 우리 안에 사랑과 용서가 생깁니다. 무거운 짐을 다 버리게 됩니다. 예수님을 만나고 싶습니까? 그러나 예수님은 강제로 오시지 않습니다. 우리의 인격과 의지를 존중하십니다. 우리의 의지로 마음 문을 열고 초청하면 예수님은 우리 안에 들어오십니다. 불 꺼진 방이 금세 환해질 것입니다.

진정한 자유와 평안과 기쁨을 누리게 될 것입니다.

　어떤 사람들은 자신의 인생을 손님으로 사는 사람이 있습니다. 이러면 아무것도 못합니다. 우리는 우리 인생의 주인공이 되어 몸소 움직여야 합니다. 어둠에 있지 말고 빛으로 나와야 합니다.

　계속해서 고민하고 갈등하고 죄책감에 시달리는 일은 그만해야 합니다. 예수님을 영접하면 그가 빛과 생명으로 오셔서 우리가 가야 할 길을 가르쳐 주십니다. 마음의 문을 열고 예수님을 영접해 보십시오.

"아사히카와 러브소나타 후속 행사로
큐티와 관련된 세미나에 참석했다.
이런 세미나는 처음이었다. 매우 감사하다.
지금까지의 내 큐티 생활에 대해 돌아볼 수 있었다.
하나님과의 대화가 아니라 일방통행이었음을 깨달았다.
앞으로 큐티를 통해 묵상뿐 아니라
하나님의 음성을 기다리는 훈련을 하고 싶다."

후지키_아사히카와 가미아이그리스도교회 목사

획기적인 전도 사역 시스템

후쿠모리 미츠토시_아사히카와 러브소나타 실행위원장, 가무이크리스트교회 목사

일본에서 하용조 목사만큼 종합적인 전도를 전개한 사람은 없을 것입니다. 러브소나타가 좋은 모델이었습니다. 러브소나타는 가지고 있는 모든 도구를 사용하여 복음을 모르는 사람들에게 전파하는 장이었습니다.

우선 달란트를 가진 사람들을 최대한 활용했습니다. 특히 다양한 음악적 재능을 겸비한 인재와 무대장치, 음향, 조명 등에 남다른 소질이 있는 사람들이 첫 번째 대상이 되었지요.

아사히카와 러브소나타에서는 모래로 그리는 그림이 정말 인상적이었습니다. 관중들이 보는 앞에서 모래를 물처럼 흘려 그리는 그림은 일대 장관이었습니다. 미우라 아야코의 초상화나 그녀의 작품 시오카리 언덕의 그림이 멋지게 묘사되기도 했습니다.

다음으로 TV전도가 있습니다. 지금 시대에 가장 영향력 있는 매체는 TV입니다. CGNTV는 일본 어디서나 시청할 수 있는 위성 방송입니다. 24시간 기독교에 관한 모든 것을 방영하고 있으며, 국내는 물론 해외 곳곳의 저명한 목회자들의 설교도 들을 수 있습니다.

CGNTV가 앞으로 얼마나 큰 역할을 할지 기대가 큽니다. TV를 통한 전도 사역은 지금까지 볼 수 없었던 획기적인 시스템이라 할 수 있습니다.

세 번째는 제자 교육 프로그램입니다. QT와 일대일 양육을 기본으로 하고, 그 외에도 다양한 교육 프로그램을 활용합니다. 아사히카와에서도 QT와 일대일 세미나를 시행하고 있는데, 이러한 제자 훈련 없이는 선교도 불가능합니다.

마지막으로 출판 사업이 있습니다. 일본 두란노는 QT 가이드북이나 일대일 세미나 교재는 물론, 하 목사의 저서와 성경, 신앙서적을 출판하고 있습니다.

온누리교회처럼 노방 전도와 TV전도, 제자 훈련, 출판 사업 등을 이용하여 종합적으로 전도를 진행하는 것은 실로 전무후무하지 않을까 생각됩니다. 이를 지켜본 일본 교회는 너무나 큰 충격을 받았고 아울러 큰 도전이 되었습니다. 지금은 엔화가 강세라서 한국 입장에서는 경제적인 타격이 클 텐데도, 하 목사는 아랑곳하지 않고 일본 선교를 결단하고 전개해 나갔다는 사실에 다시 한 번 감사를 드립니다.

아사히카와에서 CEO 포럼이 열렸을 때, 한국에서 전(前) 재무부 장관, LG전자 사장, 국회의원, 전주대학교 총장, CJ 제일제당 부사장, 서울대 교수, 그 외에도 각 단체 고문과 책임자, 의사, 교수에 이르기까지 각계각층의 인사가 참석했습니다. 개최지인 아사히카와에서도 명성 있는 분들을 모시고 싶었지만, 사실 이곳에서는 그런 인사들을 찾아보기가 어렵습니다. 시장님께 초청장을 보내드렸지만 참석하지 못하셨고, 중소기업 사장과 한일 관계에 관심 있는 분들을 몇 분 초대하는 것으로 만족해야 했습니다.

멋진 호텔에서 테이블을 둥글게 모아 놓고 전도 집회가 시작되었을 때 우리는 이런 자리가 익숙하지 않아 잔뜩 긴장을 하고 있었습니다. 하지만 하 목사는 이쪽저쪽 테이블로 옮겨 다니며 참석한 사람들에게 열정적으로 말씀을 전하고 있었습니다.

지금까지는 구미 지역을 중심으로 세계가 움직였습니다만, 최근에는 유럽의 힘도 약해지고 미국에도 어두운 그림자가 드리우기 시작했습니다. 장래에는 아시아에 모든 힘과 권력이 집중되리라 조심스러운 예상을 하고 있습니다. 아시아 중에서도 가장 영향력을 발휘할 수 있는 나라가 바로 한국과 일본이 아닐까요. 한국과 일본 교회가 더욱 힘을 모아 원대한 사명을 완수해 나가야 합니다. 일본 교회가 더욱 강건해져서 한국 교회와 어깨를 나란히 하여 선교 사역에 충실할 수 있게 되기를 기원합니다.

하나님을 만나면 천국으로 바뀐다

고개를 들어 하늘을 향해 보십시오.
하나님을 향한 시간과 공간 속에 우리를 맡기면
알 수 없는 희열과 기쁨이 우리 몸속에서 넘치게 될 것입니다.
눈물이 흐르고 감동이 찾아올 것입니다.

천지 창조의 역사

성경의 제일 처음은 창세기이고, 창세기에는 천지창조 이야기가 등장합니다. 천지창조를 이해하면 인생이 보이고, 역사가 보이고, 성경이 보이기 시작합니다. 이것은 마음의 눈이 있어야 가능합니다. 영적인 눈이 있어야 합니다. 눈을 감고 있으면 하나님의 빛이 내 안에 들어옵니다. 어둡던 내 인생에 빛이 들어오기 시작합니다. 삶의 의미가 없던 내가 살아나기 시작합니다.

창세기의 첫 부분은 "태초에 하나님이 천지를 창조하시니라"(창 1:1)로 시작합니다. 그 단순한 문장이 성경의 문을 열고 있습니다. 여기에는 '태초', '하나님', '천지', '창조'라는 중요한 네 개의 단어가 나옵니다.

시공간을 창조하신 하나님

첫째, '태초에'라는 말씀을 생각해 보겠습니다. 태초는 하나님께서 시간을 창조하신 순간을 말합니다. 하나님은 시간을 창조하셨습니다. 하나님이 시간을 창조하시기 전에는 시간이라는 개념이 없었습니다. 이것은 하나님이 시간의 주인이라는 뜻입니다.

그렇다면 시간이 있다는 말은 무슨 뜻입니까? 공간이 있다는 말입니다. 시간과 공간은 동전의 양면처럼 공존합니다. 공간 없는 시간이 없고, 시간 없는 공간이 없습니다. 시간과 공간이 엮어가는 것을 우리는 역사라고 부릅니다. 우리는 역사 안에 존재하고, 시간 안에 존재하고, 공간 안에 존재합니다.

우리가 태어나는 순간부터 우리에겐 과거와 현재, 미래가 생깁니다. 시간과 공간을 인간이 쓰면 인간의 시간이 됩니다. 그러나 하나님이 쓰시면 하나님의 역사가 됩니다. 이런 의미에서 성경의 역사는 세상의 역사와 다릅니다. 우리가 학교에서 배우는 역사는 세상의 일반적인 역사입니다. 인간의 역사는 덧없이 흘러갑니다. 세상의 역사도 덧없이 흘러갑니다. 그래서 많은 사람들이 오래 살면 살수록 허무하다고 말합니다. 그냥 시간이 흘러가기 때문입니다. 그러다가 어느 시간에 이르면 죽음과 마주하게 됩니다.

하나님 없이 만들어지는 역사는 의미 없고 덧없습니다. 인간의 역사 안에 있는 것들은 허무합니다. 그러나 똑같은 시간이지만 하나님의 역사는 의미가 있고 보람과 축복이 있습니다. 일반 세상에서 100년을 살아도 의미가 없지만, 하나님의 시간 속에서 사는 사람들은 정말로 행복합니다. 아무리 어렵고 힘든 일이 있어도 그는 웃을 수 있습니다. 감사할 수 있습니다. 축복할 수 있습니다.

인간의 시간과 공간이 하나님의 시간과 공간으로 바뀌면 구원받은 시간으로 채워집니다. 그리고 자기가 서 있는 곳이 어디든 모두 천국이 됩니다. 반면 아무리 환경이 좋고 부유하다 하더라도 인간의 시간 속에서 살면 괴로움과 번민이 가득하고 자꾸만 흑암 속으로 빨려 들어가게 됩니다.

고개를 들어 하늘을 향해 보십시오. 하나님을 향한 시간과 공간 속에 우리를 맡기면 알 수 없는 희열과 기쁨이 우리 몸속에서 넘치게 될 것입니다. 눈물이 흐르고 감동이 찾아올 것입니다. 내가 세상에 살았던 시간과 하나님 안에서 사는 시간은 이렇게 천지 차이가 있는 것입니다.

그래서 성경에는 "세월을 아끼라 때가 악하니라"(엡 5:16)고 했습니다. 이 세상은 악합니다. 이 악한 세상에서 살아가는 우리는 자신의 의지와 상관 없이 환경의 지배를 받습니다. 사람이 허무해지면 술을 먹습니다. 술에 취해 현실을 도피하고 싶은 것입니다. 내 인생을 잊어버리고 싶은 것입니다. 그러나 술이 깨면 현실은 언제나 그대로입니다.

시간은 단순히 흘러가는 것이 아닙니다. 시간은 만들어져 가는 것입니다. "시간을 아끼라"는 말은 시간을 구원하라는 말입니다. 구름이 흘러가듯이 우리의 인생을 그냥 흘러가게 할 수는 없습니다. 우리의 인생은 구원 받아야 합니다. 그래서 하나님의 시간에 우리가 들어가야 합니다. 시간과 공간은 우리 것이 아닙니다. 하나님의 것입니다. 우리가 세상에 태어났다는 것은 하나님으로부터 시간과 공간을 빌렸다는 뜻입니다. 때가 되면 시간과 공간을 주인에게 돌려줘야 합니다.

시간의 주인이 우리라면 죽을 필요가 없습니다. 그러나 시간은 하나님의 것이기 때문에 하나님이 부르시면 가야 합니다. 우리가 더 살고 싶다고 고집을 피운다고 해서 시간을 붙잡을 수는 없습니다. 우리는 시간과 공간의 지배를 받습니다. 때가 오면 떠나야 합니다. 내가 아무리 꽉 쥐고 있어도 시간이 지나면 떠나야 합니다. 궁궐 같은 집에 살아도 때가 되면 그 궁궐을 떠나야 합니다.

우리 인생의 주인 되신 하나님

둘째, '하나님'이라는 단어를 눈여겨보십시오. 창세기 1장에는 하나님이라는 단어가 서른 번 나옵니다. 우리는 하나님에 대해서 잘 알지 못합니다. 많은 이들이 인생의 주인은 나라고 생각합니다. 내가 생각하고, 말하고, 행동하고, 결정하면 행복해지리라 생각합니다. 그러나 정 반대로 내가 주인이면 인생은 불행해집니다.

나 자신이 인생의 주인일 때는 가능성보다는 불가능이 많습니다. 희망보다는 절망이 많습니다. 낭떠러지에 서 있는 것처럼 불안하고 걱정스럽고 절망적입니다. 그러면서도 우리는 행복한 척 하며 살아갑니다.

우주 만물은 하나님이 창조하셨습니다. 하나님이 창조했다는 말은 하나님이 주인이라는 뜻입니다. 어머니가 나를 낳은 것은 사실이지만 궁극적으로 우리를 만드신 분은 하나님이십니다. 하나님이 중심이 되면 인간은 행복해집니다. 그러나 인간이 주인이 되면 불가능과 시간의 제약 속에서 살다가 죽음에 이릅니다. 불행해지는 것입니다.

인간이 가진 사상 가운데 가장 위험한 것은 인간이 신이 되려는 사상입니다. 신처럼 살고 신처럼 영원하기를 원합니다. 그러나 인간은 때가 되면 죽을 줄 알아야 합니다. 안 죽으려고 발버둥 쳐도 죽음은 오게 되어 있습니다. 내가 가진 것을 끝까지 붙들려고 하지만, 결국에는 다 내려놓아야 합니다.

인간의 사상 가운데 또 위험한 것은 인간이 중심이 되는 휴머니즘입니다. 휴머니즘은 인간이 주인입니다. 인권도 중요하다는 뜻입니다. 이렇게 되면 하나님께서 서실 자리가 없습니다. 우리 안에서 하나님을 몰아내는 것입니다. 빛을, 생명을 몰아내는 것입니다. 그러면 우리 마음이 어떻게 되겠습니까? 어둠으로, 절망으로, 죽음으로 가득 차게 됩니다. 때가 되면 죽을 텐데, 미리 죽어 버리는 것입니다.

어두운 터널이나 굴을 지나가 본 적이 있습니까? 어두운 터널을 지날 때 우리는 두려움에 휩싸입니다. 아무것도 보이지 않기 때문입니다. 과연 밝은 세상으로 나갈 수 있는 길이 맞는지 의심이 들기도 합니다. 터널이나 굴은 우리 인생의 고난입니다. 불안한 미래입니다.

창세기 1장 1절을 보면 우주 만물과 인간을 창조하신 분은 인간이 아니고 하나님이라고 했습니다. 우리 안의 어둠을 몰아내실 분은 하나님뿐입니다. 어둠 속에 있는 사람이 빛을 만나면 눈이 부셔서 견디지를 못합니다. 하지만 포기하지 않고 하나님을 받아들이면 우리 마음 구석구석까지 빛을 비추어 어둠을 몰아내실 것입니다.

죄인은 하나님을 좋아하지 않습니다. 하나님의 말씀이 다가오는 것을 두려워하고 밀어냅니다. 수많은 사람들이 하나님을 믿지 않습니다. 우리의 얼굴은 어둡고 눈에는 빛이 없습니다. 육체적으로는 살아 있어도 정신적으로 죽은 것이나 다름없습니다.

시편 14편에 이런 말씀이 있습니다.

"어리석은 자는 그의 마음에 이르기를 하나님이 없다 하는도다"(시 14:1)

어리석은 자는 하나님을 인정하지 않습니다. 하나님이 마음에 들어오려고 하면 자꾸 이상한 생각이 납니다. 세상적인 것들이 하나님이 들어오시려는 것을 방해합니다. 그러나 성경을 보면, 여러 곳에서 하나님께로 돌아오라고 외치는 것을 알 수 있습니다.

하나님 중심으로 살아간다는 것은 하나님을 힘써 알고 그 앞에 나아가 경배와 찬양을 드리는 것입니다. 우리는 자신의 이성과 지성과 합리성에 의지하지 말아야 합니다. 그것들은 하나님이 주시는 기적을 베풀지 않습니다. 우리 인생에는 기적과 변화가 필요합니다. 이성과 합리성은 과거를 해석할 뿐 미래를 만들지는 않습니다. 우리에게 필요한 것은 하나님의 기적입니다.

생명이 담긴 지구
세 번째, '천지'라는 말입니다. 천지란 하늘과 땅을 말합니다. 이

단어가 원문에서는 복수로 표기되어 있습니다. 우리가 보는 하늘에는 수많은 별들이 있습니다. 그것을 은하계라고 하는데, 천 억 개의 별이 있다고 합니다. 이것이 하늘입니다.

천문학자들에 의하면 하늘은 엄청난 무한대의 공간이라고 합니다. 하나님은 그러한 공간을 창조하셨습니다. 그러나 우리는 기껏해야 우리 집 앞에 있는 하늘만 겨우 봅니다. 그것이 하늘의 전부라고 생각합니다. 이렇게 우리는 하나님을 모르는 미련한 존재인 것입니다.

하나님은 영이시고, 인간은 물질입니다. 인간은 시간과 공간의 제한을 받으며 과거와 현재와 미래를 삽니다. 하지만 하나님의 세계에는 그런 것이 없습니다. 영이기 때문에 시간과 공간을 초월하십니다.

물질은 시간과 공간의 제한을 받습니다. 시간이 창조되는 날, 천지가 창조되었습니다. 그 말은 세상에 끝이 있다는 의미입니다. 시작이 있으면 끝이 있습니다. 성경을 보면 세상의 종말이 가까워졌습니다. 가장 먼저 변하는 것이 자연 환경입니다. 전 세계적으로 화산이 폭발하고 해일과 지진, 가뭄과 홍수가 일어나고 있습니다. 세상은 언제까지나 계속될 수 없습니다. 언젠가 하나님의 심판이 임할 것입니다. 역사의 종말은 지구의 종말로 오는 것입니다.

지금의 지구는 생명으로 가득 차 있습니다. 수많은 별들 중에서 지금까지 발견된 바로는 유일하게 지구에 생명을 집어넣으셨습니다. 아름다운 자연을 주셨습니다. 사시사철을 주셨습니다. 처음의 지구는 그냥 무생물, 돌덩이였을 것입니다. 사람이 살 수 없는 곳이었을 것입니다. 그런데 그 지구에 하나님의 생명이 감돌기 시작했습니다. 놀랍게도 지구는 생명이 살 수 있는 곳으로 변했습니다. 인간이 살 수 있도록 만들어졌습니다. 하늘과 땅이 만들어졌고, 인간이 창조되었습니다.

하나님은 지구를 디자인하셨고, 하나님의 성령은 지구를 감쌌습니다. 빛이 있으라 하니 빛이 있었고, 빛으로 이 지구가 생명체로 변했습니다. 하나님은 하나님의 형상대로 인간을 만드셨습니다.

하나님께서 인간을 만드신 것을 보면 세 가지 특징이 있습니다. 첫째는 하나님의 형상대로, 둘째는 남자와 여자로, 셋째는 지구를 다스리고 통치하도록 만드셨습니다. 그런데 요즘은 인간이 지구를 아끼며 다스리지 않고 지구를 파괴하고 있습니다. 기후 변화가 생기고 빙하가 녹아 내리며 공기가 오염되었습니다. 지구가 몸살을 앓고 있습니다. 이 모든 것이 인간의 욕심 때문에 생긴 일들입니다.

하나님께서 맡기신 소유

네 번째 '창조'라는 단어입니다. 창조는 무에서 유를 만들었다는 의미입니다. 하나님이 우리의 주인이라는 뜻이기도 합니다. 인간에게는 소유권이 없습니다. 내가 죽으면 모든 소유가 끝나 버립니다. 모든 것이 하나님께 빌린 것이기에 다 놓고 가야 합니다. 사람에게는 소유권은 없고 위탁권만 있습니다. 하나님이 맡겨 주신 것들입니다. 우리가 살아 있는 동안에 돈이나 집이나 자연을 잘 관리하라고 빌려 주신 것입니다.

하나님이 우주 만물을 가지고 계신 것에 비하면 인간의 소유,

집, 돈, 비즈니스는 아주 작은 것에 지나지 않습니다. 그러기에 우리 인생에 문제가 생기면 하나님께로 돌아와야 합니다. 기계가 고장 나면 그 기계를 만든 사람이 가장 잘 고치듯이 인생에 문제가 생기면 인간을 만드신 하나님께 가야 금세 고침을 받을 수 있습니다.

우리는 하나님을 거절하지 말고 우리 마음속에 받아들여야 합니다. 그분의 이름을 높이고 그분을 받아들이면 하나님께서 더 많은 축복을 우리에게 보여 주실 것입니다.

하나님은 우리가 스스로 하나님을 초청할 때까지 조용히 기다리십니다. 억지로 우리 마음 문을 열라고 하지 않으십니다. 하지만 우리가 마음 문을 열기만 하면 즉시 들어오실 것입니다. 그리고 여기저기 고장 난 우리의 마음을 척척 고쳐 주실 것입니다. 우리를 머리 끝부터 발 끝까지 속속들이 알고 계신 분이 하나님이시기 때문입니다.

부모가 아이를 낳으면 책임이 다 끝난 것입니까? 아닙니다. 그 뒤로 계속해서 아이를 돌봅니다. 먹을 것을 주고 기저귀를 갈아 주며 사랑으로 보듬습니다. 그리고 아이를 지키기 위해 목숨을 겁니다. 하나님도 마찬가지십니다. 우리 인간을 창조하신 것에서 그치지 않고 끝까지 우리 인생을 책임져 주십니다. 그래서 예수님과 성령님을 보내 주신 것입니다.

하나님은 누가 만든 존재가 아니라 스스로 존재하시는 분입니다. 하나님의 성령을 바람이라고 말합니다. 하나님의 성령이 우리를 부드럽게 감쌉니다. 그래서 무생명인 우리가 접붙임으로 생명으로 거듭나는 것입니다. 그리고 빛을 비춰 주십니다. 그러면 우리는 생명체로 빛납니다.

사탄이 좋아하는 것이 죽음입니다. 사탄이 역사하면 자꾸만 죽음을 생각하게 됩니다. 하지만 하나님을 만나면 생명이 우리 안에서 자라는 것을 느낄 수 있습니다. 기적이 일어납니다. 우리는 이러한 빛 되신 예수님을 영접해야 합니다.

창세기 1장 마지막을 보면 하나님께서 천지를 창조하신 후에 '보시기에 좋았다'라고 말씀하셨다고 나옵니다. 저는 이 말씀을 볼 때마다 참 마음이 편안해집니다. 하나님이 후회하신 것이 아니라 참 좋다고 감탄하신 것입니다. 이 얼마나 감사하고 기쁜 말입니까.

우리는 누구에게나 참 좋은 존재로 살아가야 합니다. 우리가 이 세상에 태어난 것은 참 기쁜 일입니다. 우리의 인생은 아름답습니다. 인생은 살 만한 가치가 있습니다. 땅을 보지 말고 하늘을 보십시오. 과거를 보지 말고 미래를 보십시오. 우리의 인생에 빛이 들어오기를 바랍니다. 예수님이 우리를 지배하시고, 우리 인생의 빛이 되어 주시기를 기도합니다.

"처음부터 끝까지 느낄 수 있었던 것은
하나님의 손길이 니가타 위에 있었다는 것이다.
우리가 살펴볼 수 없는 이 넓은 니가타의 영혼들을
하나님이 능력의 손으로 불러 모으셨다.
이는 믿지 않는 분들을 전도하기 위한 수고와
더불어 니가타의 각 교회가 하나가 되었기 때문인 것 같다."

코바야시 에미코_ 니가타 러브소나타 자원봉사자

지금도 이어지는 러브소나타의 축복

나카무라 사토시_ 니가타 러브소나타 실행위원장, 니가타 성서학원 원장

2010년 11월에 니가타 러브소나타를 개최하면서 저는 실행위원장이라는 중책을 맡게 되었습니다. 시내 문예회관 대형홀에서 열린 러브소나타에는 2천 명이 넘는 사람들이 참가하여, 니가타 기독교 사상 최대 규모의 전도 집회로 기록되는 크나큰 축복을 받았습니다. 하 목사는 그 집회에서 한 시간에 걸쳐 메시지를 전해 주었습니다. 실로 강력하여 뼈 속까지 와 닿는 메시지였습니다.

저는 실행위원장이었기 때문에 메시지가 끝난 후 무대 뒤에 앉아 있던 하 목사를 가까이서 볼 수 있었습니다. 혈액 투석을 하고 있던 하 목사는 젖 먹던 힘까지 짜내어 말씀을 전한 후였기 때문에 금방이라도 쓰러질 것처럼 힘겨운 자세로 의자에 기대어 있었습니다. 체력, 정신력, 영력의 한계에 다다르기까지 혼신의 힘을 다했던 것입니다.

이토록 일본 사람을 사랑하고 오로지 복음을 전하겠다는 일념으로 사선을 넘어온 하 목사. 2011년 봄으로 예정되어 있던 다카마츠 러브소나타가 동일본 대지진으로 연기되는 바람에, 하 목사의 영혼이 담긴 러브소나타 메시지는 니가타가 마지막이 되고 말았습니다. 저는 이 사실을 매우 의미 있게 받아들이고 있습니다. 그렇기 때문에 일본 선교를 위해 헌신한 하 목사와 온누리교회의 열정과 사명감을 언제까지나 이어가리라 다짐해 봅니다.

니가타 러브소나타를 준비하면서 두란노서원에서 하 목사의 저서인 『기도가 천국의 문을 연다』를 선물 받았습니다. 러브소나타를 마친 후, 저는 이 책을 읽고 또 읽으면서 과연 하 목사가 멋진 사역을 펼칠 수 있었던 원동력이 무엇이었는지 알게 되었습니다.

특히 제 마음을 울렸던 구절은 다음과 같습니다.

'목숨을 걸고 기도해 본 적 있습니까? 진지하게 기도하지 않은 사람은 진지하게 인생을 살아갈 수 없습니다. 이 땅에 사는 동안, 진지하고 간절하게 기도하십시오. 목숨을 건 기도만이 생명을 살릴 수 있습니다.'

저는 반드시 기도하는 사람이 되리라 결심하고 하나님 앞에 서원했습니다. 그날부터 지금까지 일찍 자고 일찍 일어나는 생활을 계속하고 있으며, 실제로 많은 축복과 응답을 누리는 중입니다.

니가타 러브소나타의 축복은 지금도 이곳에서 이어지고 있습니다. 교파들 간의 벽이 낮아지고, 선교를 위한 공동체도 확산되고 있습니다. 합심과 기도의 교제가 점점 퍼져나가는 모습을 보며, 하 목사와 온누리교회에 진심으로 감사를 드립니다.

"일본 기독교선교 150주년 기념대회의
주 강사인 하 목사는 당일 투석을 받아
지친 몸을 이끌고 강단에 서서
일본 교회의 부흥을 간절히 염원하는 설교를 했다."
- 문성모의 『하용조 목사 이야기』에서

5장

교회는 일본의 미래다

교회는 이 세상의 유일한 희망입니다. 정치와 교육과 경제의 해답입니다.

성도들은 그냥 교회에 다녀서는 안 됩니다.

목회자들은 그냥 설교해서는 안 됩니다.

나의 설교가 이 나라와 세계를 살린다는 비전을 가져야 합니다.

교회는 세상의 열쇠다

교회는 하나님의 나라입니다.
교회는 천국 열쇠를 가지고 있습니다.
문을 열면 천국이 열립니다.
교회 문이 닫히면 천국이 닫힙니다.

교회 부흥의 주역

저는 제 마음속에서 요동치는 하나님의 부흥의 파도를 느낄 수 있습니다. 부흥은 지진과 같습니다. 땅 밑에서부터 솟아오릅니다. 또한 부흥은 하늘에서부터 오는 것입니다. 쓰나미처럼 파도가 칩니다. 한 번 치는 것이 아니라 계속해서 밀려옵니다.

한국에서는 1907년 평양에서 부흥의 파도가 쳤습니다. 100년 동안 이 파도가 쳤습니다. 저는 오사카에도 이러한 부흥이 일어나기를 기도합니다.

일본 지도를 펼쳐 보면 오사카는 일본 전체에서 중앙에 있습니다. 오사카가 변하면 일본이 변합니다. 오사카 교회가 연합하면 일본 교회들이 연합할 수 있습니다.

교회 부흥의 주역은 바로 목회자와 성도입니다. 저는 이를 야구 게임에 비유하고 싶습니다. 구단주는 하나님이십니다. 감독 또는 코치는 목회자입니다. 스타 플레이어는 성도입니다. 관객은 세상 사람들입니다.

저는 목회자, 지도자, 선교사들이 감독의 위치에 잘 서 있어야 한다고 생각합니다. 답답하다고 그라운드로 뛰어 들어가면 안 됩니다. 스타 선수는 성도입니다. 목사는 24시간 동안 예수 안 믿는 사람을 만나기가 어렵습니다. 그러나 성도들은 24시간 동안 예수를 안 믿는 세상 속에서 삽니다. 그러한 성도들이 변하면 세상이 변합니다. 목회자가 변하면 교회가 변하고 성도가 변하면 세상이 변합니다. 정치, 경제, 사회 모든 영역에서 기적이 일어납니다. 그것이 일본의 부흥을 만들 것입니다.

부흥의 징조들

부흥에는 몇 가지 징조가 있습니다.

첫째는 갈망과 기대입니다. 부흥이 일어나려면 목마름이 있어야 합니다. 안타까움이 있어야 합니다. 이대로 가다가 죽을 수도 있다는 절박감이 있어야 합니다. 그러한 절박한 마음에서 부흥이 시작됩니다. 그 마음은 우리가 회개할 수 있도록 깨우칩니다. 통한을 주는 것입니다. 회개에서 중요한 것은 애통입니다. 어떤 사람들은 이렇게 말합니다. "그래요, 나는 죄를 지었습니다. 그게 어때서요? 나뿐만 아니라 모든 사람들이 죄를 짓는데, 무슨 상관입니까?" 이것은 회개가 아닙니다.

우리는 진정으로 회개하며 가슴을 찢어야 합니다. 죄를 뒤집어 써야 합니다. 머리를 땅에 박아야 합니다. 음식을 못 먹을 정도로 아파해야 합니다. 이것이 애통입니다. 애통이 있는 고통, 애통이 있는 회개, 그것이 하나님의 부흥을 가져오게 합니다.

애통하면 기도하게 됩니다. 기도의 특징은 고개를 숙인다는 데 있습니다. 머리를 숙여 기도하면 하나님이 보입니다. 하나님이 보이면 내가 보입니다. 그때 우리는 연합하게 됩니다. 서로 다른 사람, 서로 미워하는 사람, 서로 용납할 수 없는 사람, 서로 비판하던 사람들이 껴안게 됩니다.

저는 오사카 러브소나타 집회를 보고 모두가 연합하는 모습에 기뻐 춤을 추고 싶었습니다. 목회자들과 교회들이 뭉치기 시작했습니다. 그리고 기도하기 시작했습니다. 오사카의 부흥을 위한 간절한 기도가 분명 하나님께 상달될 것입니다.

연합은 부흥의 두 번째 징조입니다. 그때 성령이 임하기 시작합니다. 우리를 위로하시고, 격려하시고, 축복하십니다. 그리고 하나님께서 비전을 주십니다. 치유와 회복이 일어납니다. 비로소 우리는 헌신하게 됩니다. 우리가 그리스도인이라면, 정말 하나님의 자녀라면 생명을 걸고 부흥을 위해 뜨겁게 기도해야 합니다. 어느 누구도 끌 수 없는 영적인 산불이 나야 합니다. 이렇게 되면 사람들이 변하기 시작할 것입니다. 잠에서 깨어날 것입니다. 용기와 비전을 갖게 될 것입니다. 그리고 세상이 변할 것입니다.

교회가 살아야 세상이 산다

이 세상이 살려면 교회가 살아야 합니다. 교회는 세상의 열쇠입니다. 교회는 세상의 방향입니다. 교회는 세상의 정신입니다. 교회가 죽으면 세상이 죽게 되어 있습니다. 교회가 타락하면 세상이 타락하게 됩니다. 왜 사기꾼들이 많습니까? 왜 낙태가 많습니까? 왜 마약이 많습니까? 왜 술주정꾼이 많습니까? 그 이유는 교회가 죽었기 때문입니다. 예수 믿는 사람들의 능력이 사라졌기 때문입니다.

교회는 이 세상의 유일한 희망입니다. 정치와 교육과 경제의 해답입니다. 성도들은 그냥 교회에 다녀서는 안 됩니다. 목회자들은 그냥 설교해서는 안 됩니다. 나의 설교가 이 나라와 세계를 살린다는 비전을 가져야 합니다. 우리의 기도가 세계를 살릴 것입니다. 아시아를 살릴 것입니다. 그것이 교회입니다.

예수님은 교회에 이러한 비전을 주셨습니다. 여기서 우리는 교회당과 교회를 구분할 줄 알아야 합니다. 교회당이라는 건물에 의존하지 마십시오. 교회의 제도와 교파에 의존하지 마십시오. 그것은 한낱 껍데기에 불과합니다. 그런데 그 껍데기가 너무 단단합니다. 껍데기를 깨고 나와야 합니다. 그래야 하늘을 날 수 있습니다. 그런 의미에서 우리는 교회를 해방시켜야 합니다. 우리는 너무나 많은 제도와 교파로 교회를 묶어 놓았습니다. 그래서는 믿음을 생산하지 못합니다. 기적과 능력은 오래 전에 사라졌습니다.

교회는 그리스도의 몸입니다. 교회에 가면 예수님을 만나야 합니다. 목회자나 사람을 보아서는 안 됩니다. 목회자의 설교를 통해서 예수님을 만나고, 성도들을 통해서 예수님의 손과 발을 보아야 합니다. 예수님의 심장을 느끼는 것이 바로 교회입니다. 교회에 가면 눈물이 나고 마음이 따뜻해지고 비전과 용기가 생기는 것입니다.

교회는 이 세상에서 거룩한 신부입니다. 교회는 이 세상의 방주입니다. 이처럼 중요한 교회에 대해 좀 더 자세히 이야기해 보려 합니다.

예수님이 말씀하신 교회의 모습

먼저 교회가 무엇인지, 교회는 어떤 역할을 해야 하는 것인지에 대한 교회론의 정립이 필요합니다. 교회론은 아주 중요한 것으로, 신체로 보자면 척추에 해당합니다. 교회론이 흔들리면 다 흔들립니다.

마태복음 16장을 보면 예수님과 제자들이 대화하는 장면이 나옵니다. 이때 예수님께서 질문을 하십니다.

"사람들이 인자를 누구라 하느냐"(마 16:13)

제자들이 대답합니다.

"이르되 더러는 세례 요한, 더러는 엘리야, 어떤 이는 예레미야나 선지자 중의 하나라 하나이다"(마 16:14)

그러자 예수님이 베드로에게 "너는 나를 누구라 하느냐?"라고 물으십니다. 그때 베드로의 대답이 무엇이었습니까?

"주는 그리스도시요 살아 계신 하나님의 아들이시니이다"(마 16:16)

그 대답은 베드로 자신이 한 것이 아니었습니다. 하나님이 깨우쳐 주신 것이었습니다. 그렇게 고백하도록 성령님이 인도하신 것이었습니다. 우리는 기도를 매우 이성적으로 시작합니다. 그러다가 점점 기도가 깊어지면 자신도 모르는 사이에 헌신의 고백이 튀어나옵니다. 아마 베드로도 그런 상태에서 대답이 저절로 나왔을 것입니다. 그것은 베드로의 실력이 아니었습니다. 그래서 예수님도 놀라며 말을 이어가십니다.

"너는 베드로라 내가 이 반석 위에 내 교회를 세우리니 음부의 권세가 이기지 못하리라"(마 16:18)

이처럼 교회는 신앙 고백의 공동체입니다.

또한 교회는 목회자의 것도, 성도들의 것도 아닙니다. 교회의 진정한 주인은 예수 그리스도이십니다. 오늘날 교회의 결정적인 실수는 무엇입니까? 목사가 주인이 된 것입니다. 교파가 주인이 된 것입니다. 사람이 주인이 된 것입니다. 예수님은 손님이 되어 버렸습니다. 그래서 교회가 부흥하지 않는 것입니다. 예수님이 하신 말씀을 기억하십시오. 교회의 주인은 예수님이라고 말씀하셨습니다.

또한 교회는 능력 공동체입니다. 예수님은 음부의 권세가 교회를 이기지 못할 것이라고 말씀하셨습니다. 그러나 현재는 세상이 교회를 지배하는 상황입니다. 그러기에 지금의 교회들은 진정한 교회가 아닙니다. 세상의 질서와 파워가 지배할 수 없는 곳이 교회입니다. 정치 권력이 교회를 지배할 수 없습니다. 교회는 하나님의 나라입니다.

마지막으로 교회는 천국 열쇠를 가지고 있습니다. 문을 열면 천국이 열립니다. 교회 문이 닫히면 천국이 닫힙니다.

이것이 예수님이 설명한 교회의 네 가지 모습입니다. 이러한 예수님의 교회론이 우리 마음속에 새겨져야 할 것입니다. '주는 그리스도시요 살아 계신 하나님의 아들'이라고 고백하는 사람들이 모인 공동체, 예수님이 주인이라고 믿는 공동체, 세상의 권력이 들어올 수 없다고 믿는 공동체, 천국 열쇠를 가지고 있는 공동체. 이런 교회를 이룬다면 기적과 부흥이 일어날 수밖에 없습니다.

교회가 우리 것이라는 생각 때문에 교회가 성장하지 못합니다. 교파가 주인이 되어 떡 버티고 있으니 교회가 자라지 못하는 것입니다. 예수님이 교회의 주인으로 서시고 하나님의 말씀이 살아 움직인다면 언젠가 교회가 부흥하는 기적이 일어날 것입니다.

사도행전적 교회

그렇다면 예수님이 말씀하신 교회가 현실 세계에 이루어진다면 어떤 교회가 될까요? 그것은 사도행전 교회일 것입니다. 사도행전 교회는 실수가 많고 불완전한 교회입니다. 잘 싸우고 잘 헤어집니다. 우리가 생각할 때 사도행전 교회는 그렇게 완전한 교회가 아니었습니다.

그러나 사도행전 교회의 특징이 있습니다. 성령이 역사했다는 것입니다. 하나님의 기적이 임한 것입니다. 그래서 사도행전 교회는 로마를 뒤집어 엎을 수 있었습니다. 이 교회는 2천 년 동안 파도처럼 역사를 뒤집어 놓았습니다. 정치, 경제, 문화, 사회, 모든 영역에 예수 그리스도의 손이 뻗치지 않은 곳이 없었습니다. 그것이 2천 년의 기독교 역사입니다. 이 모든 역사가 사도행전에서 시작되었습니다.

저는 우리의 교회가 사도행전적 교회가 되기를 바랍니다. 사도행전적 교회의 원리가 적용된다면 "은과 금은 내게 없거니와 내게 있는 이것을 네게 주노니 나사렛 예수 그리스도의 이름으로 일어나 걸으라"(행 3:6) 하는 기적의 일들이 일어날 것입니다. 후지산이 아무리 높아도, 일본의 종교가 아무리 세도 하나님을 이길 수는 없습니다. 사도행전적 교회, 바울이 서신에서 말했던 교회가 된다면 말입니다. 그것이 목회자들의 목회 철학이 되어야 할 것입니다.

목회 철학에서는 세 가지가 중요합니다. 첫째, 그 시대의 정신과 사상을 배경으로 해야 합니다. 둘째, 목회자의 부흥에 대한 사명을 배경으로 해야 합니다. 셋째, 공동체 구성원의 비전과 사명을 배경으로 해야 합니다. 우리가 만약 사도행전 교회로 돌아갈 수만 있다면 얼마나 좋겠습니까. 그들은 집도, 교파도, 조직도 없었습니다. 그러나 그들에게는 성령이 계셨습니다.

현대 교회는 어떻습니까? 건물도 있고, 제도도 있고, 다양한 프로그램도 있습니다. 그러나 성령이 없는 교회들이 많습니다. 토마스 아퀴나스가 이런 말을 했습니다.

"우리에게는 건물도 있고 사람도 있다. 그러나 우리에게는 나사렛 그리스도 이름의 능력이 없다."

맞습니다. 물질적으로는 모두 갖추었는데, 우리에겐 진짜 중요한 예수님의 능력이 없습니다. 우리가 바라보아야 할 교회의 모델은 성령이 살아 계시는 사도행전 교회입니다.

예수님이 말씀하시는 교회의 모습과 사도행전 교회의 모습은 교회를 세우는 기둥이자 시스템입니다. 이것들로 튼튼한 교회의 뼈대를 갖추어야 합니다. 우리는 단순히 단층 건물을 짓는 것이 아닙니다. 5층 건물을 짓는 것과 100층 건물을 짓는 것은 차원이 다릅니다. 고층 건물일수록 굉장히 정교한 설계도가 필요합니다. 하나님의 교회 역시 정교하고 탄탄한 교회론과 목회 철학으로 지어져야 할 것입니다.

살아 있는 예배

교회론과 목회 철학이 잘 갖추어졌다면, 세 번째로 신경 써야 할 것이 살아 있는 예배입니다. 교회에서 가장 중요한 것이 예배입니다. 예배에는 감동과 눈물, 심장이 뛰는 그 무엇이 있어야 합니다. 예배를 드리는 우리는 하나님의 임재 앞에 서 있는 것입니다. 하나님의 영광 안에 들어가는 것입니다. 성령의 능력 안에 들어가는 것입니다.

예배를 통해 우리 몸의 세포들이 다 살아나는 경험을 하게 됩니다. 찬양하며 하늘을 향해 뛰어오르는 것입니다. 이런 진짜 예배를 드리면 일주일 동안 세상을 살아갈 힘을 얻습니다.

교회 부흥의 원리는 예배입니다. 하나님의 은혜를 체험하고, 하나님의 영광의 임재를 경험하고, 성령의 기름 부으심을 경험하는 것입니다. 예배 드리는 동안 귀신이 나가고, 치유와 은사가 나타납니다. 또한 예언과 방언이 터집니다. 이렇게 하나님의 천국이 임하는 것입니다.

예배는 하나님의 임재 속에 들어가는 것입니다. 그래서 교회에 가기 위해 집에서 떠날 때부터 흥분이 됩니다. 사랑하는 사람을 만나러 갈 때와 똑같은 마음입니다. 항상 설레고 기대하는 마음으로 하나님 생각에 잠겨 삽니다. 그리고 만날 생각에 발걸음이 저절로 빨라집니다. 이것이 하나님을 만나는 우리의 마음 상태입니다. 우리는 그런 예배의 시간을 가져야 합니다.

성령이 임재하는 예배, 말씀과 기도, 교제와 헌신이 있는 예배를 통해 자신을 불태워야 합니다. 기대가 없고 지루하기만 한 예배가 아닌 살아 있는 예배, 기적이 있는 예배, 치유가 있는 예배를 드릴 수 있도록 노력해야 합니다.

진짜 교회는 살아 있는 예배를 드립니다. 예배에서부터 흘러넘치는 것이 있습니다. 바로 역동적인 사역입니다. 예배가 없으면 사역이 없습니다. 예배를 드리는 가운데 사역이 흘러넘칩니다. 성령의 기름 부으심이 있고 은사들이 나타납니다. 지혜의 은사, 지식의 은사, 믿음의 은사, 병 고침의 은사, 방언의 은사, 통역의 은사, 예언의 은사 등 놀라운 은사들이 나타나기 시작합니다.

세상은 교회로 인해 살고, 교회는 성령의 은사를 받아 삽니다. 교회는 은사 공동체입니다. 그리고 서로 협력하는 공동체입니다. 교회에 성령이 임하면 언제나 팀워크가 이루어지게 되어 있습니다. 하나가 됩니다. 그리고 그 은사는 선교 지향적으로 변하게 됩니다.

성가대에서 봉사를 하든, 유치부 교사로 봉사를 하든, 식당이나 청소 봉사를 하든 그것들은 모두 하나님이 주신 은사로 하는 것입니다. 무엇 하나 온전한 내 힘으로 하는 것이 없습니다. 돈을 써도 그 돈은 내 돈이 아닙니다. 내가 쓰는 시간은 내 시간이 아닙니다.

내가 쏟는 열정도 내 것이 아닙니다. 모두 하나님의 것입니다. 그래서 하나님의 방법으로 이 은사들을 써야 합니다. 그것이 사역입니다. 살아 있는 예배, 성령 충만한 예배에서 흘러넘치는 것이 역동적인 사역입니다. 기적을 만드는 사역입니다.

그 다음으로 중요한 것은 성경 공부와 설교입니다. 양육이 이루어지고 설교가 살아 있어야 합니다. 설교는 예수님의 음성을 듣는 것입니다. 성령의 음성을 듣는 것입니다. 그러면 우리에게 불타는 마음이 생깁니다. 그것이 전도하고자 하는 마음입니다.

전도는 하나님의 마음입니다. 전도는 성령의 능력으로 하는 것입니다. 내 힘으로 전도하는 것이 아닙니다. 처음에 러브소나타를 계획했을 때 마음의 부담감이 꽤 컸습니다. 과연 일본에 복음의 문이 열릴까? 일본에 기적이 일어날까? 그러나 우리가 기도했을 때 하나님께서 하라고 명하셨습니다. 그래서 믿음으로 오키나와부터 시작했습니다. '과연 사람들이 모일까? 과연 교회가 연합할까?' 하고 걱정했는데, 러브소나타 개최를 2주 앞두고 교회가 뭉치기 시작했습니다. 강당을 꽉 메울 정도로 많은 사람들이 모였습니다. 우리가 합심해서 기도할 때 변화가 일어났습니다. 그것이 후쿠오카로 이어지고 오사카까지 전해지고 있습니다. 이 일본 땅에 멋진 교회들이 세워져서 십자가로 뒤덮이기를 기도합니다.

선교는 하나님의 꿈

마지막으로 선교에 대한 이야기를 하겠습니다. 전도는 하나님의 마음이고, 선교는 하나님의 꿈입니다. 하나님의 꿈은 무엇일까요? 모든 족속으로 제자를 삼는 것입니다. 성경의 명령은 무엇입니까? "가라"입니다.

성경에서 선교를 표현할 때 두 단어가 많이 쓰입니다. 먼저 'come'입니다. '오라'는 것입니다. 예수님은 "수고하고 무거운 짐 진 자들은 다 내게로 오라"고 말씀하셨습니다. 두 번째는 'go'입니다. '가라'는 것입니다. 지금 떠나서 땅 끝까지 가라고 하십니다.

교회는 선교사를 보내면 부흥하기 시작합니다. 저는 22년 전에 온누리교회를 세웠습니다. 처음에는 열두 가정으로 시작했습니다. 지하실을 빌려서 예배를 드렸습니다. 그때 제가 하나님께 이런 기도를 했습니다.

"하나님, 저에게 청년들 2천 명만 주십시오. 하늘의 권세를 흔들 수 있는 청년 2천 명만 주십시오."

그러자 하나님이 청년들을 보내 주시기 시작했습니다. 청년들이 메뚜기 떼처럼 몰려왔습니다. 저는 그때 비전이라는 것이 정말 대단한 것임을 깨닫게 되었습니다. 22년 전에는 열두 가정이었던 교회가 지금은 청년들이 1만 5천 명이나 되는 교회로 성장했습니다. 하나님께서 청년을 향한 저의 꿈을 이루어 주신 것이었습니다.

저에게는 청년들에 대한 꿈이 있었습니다. 그들에게 복음을 심고 전도하길 원했습니다. 그때 하나님께 약속한 것이 있습니다.

"하나님, 제가 2천 명의 선교사를 세상에 보내겠습니다."

그 약속을 지키기 위해 계속 선교사를 파송하고 있습니다. 지금 (2007년 당시) 천 명째에 이르렀습니다. 2천 명의 선교사를 보내려면 성도가 10만 명은 모여야 합니다. 그래야 선교사를 계속해서 남미로, 아프리카로, 러시아로 보낼 수 있습니다.

일본 교회가 성장하기 위해서는 선교사를 전 세계에 보내야 합니다. 지금 당장 살기 힘들다고 미루지 마십시오. 도전을 하면 기적이 일어날 것입니다. 저는 온누리교회를 처음 시작했을 때 1년 동안 월급을 받지 않고 선교사를 먼저 파송했습니다. 그랬더니 하나님께서 교회를 더 우뚝 세워 주셨습니다. 내가, 우리가 먼저 희생하고 헌신하면 기적이 일어납니다. 죽기를 결정하면 못할 것이 없습니다. 그러면 교회는 반드시 부흥합니다.

교회의 부흥을 막고 있는 것은 하나님이 아니라 나, 우리입니다. 하나님께 그 자리를 내어 드리면 부흥의 기적이 일어납니다. 우리는 하나님을 끌고 갈 수 없는 존재입니다. 우리가 하나님께 끌려가야 합니다. 그러면 부흥이 일어납니다. 기적이 일어납니다.

"너희는 가서 모든 민족을 제자로 삼아"(마 28:19)라는 예수님의 말씀을 가슴에 새기십시오.

더 넓게 확장되는 교회

"두세 사람이 내 이름으로 모인 곳에는 나도 그들 중에 있느니라"(마 18:20)

예수님은 교회의 기본 크기에 대해서 두세 사람이라고 말씀하셨습니다. 두세 사람이 있으면 기본적으로 교회가 되는 것입니다. 그러면 최대 크기는 어느 정도일까요? 열둘입니다. 예수님은 열두 제자를 택하셨습니다. 5천 명이 모이고 몇 만 명이 모여도 그 숫자는 그리 중요하지 않았습니다. 예수님의 관심은 항상 열두 제자였습니다. 그나마 12분의 1은 실패했습니다. 교회에는 항상 떠나거나 배신하는 사람이 있기 마련입니다.

목회자는 교회 성도들을 자기 사람으로 만들어서는 안 됩니다. 누구나 배신할 수 있고, 교회를 떠날 수 있으며, 다시 돌아올 수 있습니다. 자기를 배신하거나 떠나는 것은 중요하지 않습니다. 오직 그들을 예수님 말씀을 잘 듣는 사람으로 만드는 것이 중요합니다. 성경 말씀대로 사는 사람이 되게 하십시오.

성도들마다 생각이 다르고 체질과 스타일도 다릅니다. 그들을 교회 울타리 안에 가두지 말고 자유롭게 풀어 두십시오. 그것이 부흥으로 가는 길입니다. 그러면서 강한 체질이 됩니다. 하나님의 나라는 자유롭습니다. 부흥은 고정이 아니라 융통성에서 비롯됩니다. 끊임없이 파도 치는 것입니다.

세상에 내 사람이란 없습니다. 모두 예수님의 사람, 하나님의 사람일 뿐입니다. 교파와 교단에 상관없이 함께 목회하고 사역하는 것이 바람직합니다. 중요한 것은 성령의 역사입니다. 우리에게 전도의 열정이 있다면, 선교에 대한 꿈이 있다면 우리는 한 가족이 되는 것입니다.

교회의 크기는 신경 쓸 것이 못 됩니다. 항상 교회의 기본은 열두 명입니다. 교회는 벌집이나 개미집과 같습니다. 교회는 상하관계가 아니라 끝없는 수평관계입니다. 넝쿨을 계속 뻗어나가는 것입니다. 그리고 궁극에는 하나님의 나라가 이루어지는 것입니다.

교회에서는 높고 낮음이 없습니다. 우리는 다 하나입니다. 교회는 재생산하는 공간이자, 끝없이 확장하는 곳입니다. 그래서 교회에서 중요한 것이 연합입니다. 이런 살아 있는 조직이 됐을 때 세상에 영향력을 미칠 수 있습니다. 정치와 경제, 사회 지도층이 교회로부터 영향을 받게 되는 것입니다.

우리 안에 부흥이 일어나고, 목회자와 성도들이 하나가 되어 환상적인 호흡을 맞추며 선교에 임하는 드림팀이 되기를 기도합니다. 그때 교회에 진정한 부흥의 파도가 칠 것입니다.

교회의 모델은 사도행전이다

예수님이 말씀하신 교회는 눈에 보이지 않고
손으로 만질 수 없는 무형의 것이었습니다.
눈에 안 보이는 DNA요, 씨앗과 같은 것입니다.
그 교회가 이제 사람들이 볼 수 있는 형태로 태어났습니다.
그것이 사도행전입니다.

교회론은 교회의 척추다

성경적인 교회론이 없이는 교회가 똑바로 설 수 없습니다. 교회
론은 교회의 척추와 같은 역할을 합니다. 교회가 부흥하기 위해서
는 성경적 교회론이 분명해야 합니다. 원리 없이 방법도 없습니다.
항상 원리로 돌아가야 합니다. 성경적인 교회론에서 사도행전적
목회 철학이 나옵니다.

성경적인 교회론은 마태복음 16장에 4가지로 나타나 있습니다.

첫 번째로, 하나님께서는 베드로의 신앙 고백을 통해서 교회가
신앙 고백 공동체라는 것을 가르쳐 주셨습니다. "주는 그리스도시
요 살아 계신 하나님의 아들"이라고 고백하는 사람들이 모인 곳이

교회인 것입니다. 오늘날 교회의 위기는 무엇입니까? 신앙 고백 없는 사람들이 교회에 들어온 것입니다. 그들이 교회를 운영하고 교회의 중요한 자리를 차지하면서 교회가 이상한 곳으로 변질되었습니다. 교회의 가장 중요한 첫 번째 출발은 신앙 고백입니다.

두 번째로, 베드로가 "주는 그리스도시요 살아 계신 하나님의 아들"이라고 말했을 때 예수님이 "네 고백 위에 내 교회를 세우리라"고 말씀하셨습니다. 교회는 주님의 것입니다. 신앙 고백 위에 세워졌지만 교회의 머리는 예수 그리스도이십니다. 교회의 주인은 예수 그리스도이십니다. 우리는 예수 그리스도를 높여야 합니다. 예수 그리스도 외에는 아무것도 없습니다. 이것이 교회입니다. 오늘날 우리의 위기는 무엇입니까? 교파가 앞서는 것입니다. 또, 교리와 전통이 앞서는 것입니다. 그래서 예수님이 잘 안 보입니다.

세 번째로, 예수님은 "음부의 권세가 이기지 못하리라"고 말씀하셨습니다. 교회는 승리 공동체입니다. 그러나 오늘날은 세상의 세력이 교회 안에 들어왔습니다. 교회가 세상을 따라가고 있는 것입니다. 그래서 교회에 능력이 없습니다. 진짜 교회는 성령의 능력과 말씀의 능력과 기도의 능력과 사랑의 능력이 있는 곳입니다. 세상 사람들이 교회를 따라와야 합니다. 능력이 있는 승리의 공동체가 바로 교회입니다.

네 번째로, 교회는 천국 열쇠의 공동체입니다. 교회가 천국을 열면 열리고, 닫으면 닫히는 것입니다.

이 네 가지는 간단한 원리이지만 굉장히 중요한 것입니다. 이러한 교회의 본질을 붙들고 있지 않으면 교회는 타락하거나 변질되기 쉽습니다.

사도행전을 닮아가는 교회

그러면 이런 교회론을 기초로 해서 어떻게 교회가 만들어질까요?

예수님이 말씀하신 교회는 눈에 보이지 않고 손으로 만질 수 없는 무형의 것이었습니다. 눈에 안 보이는 DNA요, 씨앗과 같은 것입니다. 그 교회가 이제 사람들이 볼 수 있는 형태로 태어났습니다. 그것이 사도행전입니다. 초대 교회입니다. 사실 완전한 교회는 아닙니다. 실수가 많고 허물이 있습니다. 그러나 그 교회는 진짜 성경에서 말하는 교회입니다.

어린아이가 세상에 막 태어났을 때는 완전하지 않습니다. 약하고 실수가 있습니다. 그러나 그 어린아이는 계속해서 자라납니다. 교회도 마찬가지입니다. 연약하고 실수가 있고 부족하지만 그 안에 하나님과 성령님이 계시고 말씀이 있기 때문에 교회는 엄청나게 성장하게 될 것입니다.

교회의 모델은 사도행전입니다. 세상에서 가장 완전한 교회가 있다면 실수가 없는 교회가 아니라 사도행전을 닮아가는 교회일 것입니다. 저는 오늘날의 교회가 모두 사도행전적 교회가 되기를 바랍니다. 그렇다면 사도행전적 교회란 어떤 것일까요? 여기에는 10가지 특징이 있습니다.

첫째, 사도행전적 교회는 성령으로 태어난 교회입니다. 교회와 성령은 떼어놓을 수 없습니다. 성령으로 시작했고 성령으로 성장하는 것입니다. 그것이 사도행전적 교회입니다.

둘째, 예수 공동체 교회입니다. 떡을 떼며 사도의 가르침을 받고 구제하며 서로 모이고 찬양하는 것이 예수 공동체입니다. 교회에 가면 예수님을 느껴야 합니다. 예수님이 생각나야 합니다. 이것이 초대 교회의 모습이었습니다.

셋째, 매일 기적을 경험하는 교회입니다. 이성으로 만들어진 교회는 이 땅의 교회일 뿐입니다. 진짜 교회는 하늘의 기적이 있습니다. 매일매일 기적을 경험하는 것입니다. 앉은뱅이가 일어나고 봉사가 눈을 뜨고 귀머거리의 귀가 열리고 우리 삶 가운데 기적이 일어납니다. 그것이 교회입니다. 그래서 사람들이 교회에 가고 싶은 것입니다. 새벽부터 교회가 기다려지는 것입니다. 그것이 초대 교회였습니다.

넷째, 고난을 경험하는 교회입니다. 예수를 전할 때 고난이 옵니다. 감옥에 들어갑니다. 매를 맞습니다. 쫓겨 다닙니다. 그것이 교회의 본질입니다. 고난이 없으면 진정한 교회가 안 됩니다.

다섯째, 거룩과 순결이 있는 교회입니다. 교회는 정직해야 합니다. 그래서 사도행전 5장에서 거짓으로 헌금한 아나니아와 삽비라가 엎드러져 죽었습니다.

여섯째, 평신도 중심의 목회를 하는 교회입니다. 목사 중심이 아니라 평신도 중심이어야 합니다. 초대 교회는 성령 충만한 집사들을 뽑아 그들에게 교회 사역을 위임합니다. 평신도들이 활발하게 움직이는 것이 사도행전 교회였습니다.

일곱째, 순교하는 교회입니다. 오늘날 교회가 약한 까닭은 순교자가 없기 때문입니다. 목숨을 걸고 예수를 믿어야 합니다.

여덟째, 이방인을 품는 교회입니다. 사도행전 10장을 보면 베드로가 고넬료를 만납니다. 이방인을 만난 것입니다. 교회는 서로 다른 민족들과 함께 성장하는 공동체입니다. 같은 사람들끼리 목회하는 것은 교회가 아닙니다. 한국에는 약 100만 명의 외국인 근로자들이 있습니다. 비자 없이 불법체류하고 있는 이들도 많습니다. 그들을 어떻게 받아들이느냐가 한국 교회의 숙제입니다. 동남아시아에 있는 수많은 어려운 처지에 놓인 사람들이 돈을 벌기 위해 한국으로 왔습니다. 우리는 그 사람들을 품어야 합니다.

아홉째, 선교하는 교회입니다. 사도행전 13장을 보면 안디옥교회에서 선교가 시작되었습니다. 바울과 바나바가 첫 선교사로 떠났습니다. 오늘날의 교회가 복을 받는 비결은 담임목사가 선교사만 보낼 것이 아니라 자신이 직접 선교사로 파송되는 것입니다.

사도행전 13장에서 28장까지 선교가 계속해서 이어집니다. 1차 전도, 2차 전도, 3차 전도까지 이어지는데, 이 내용이 사도행전의 반을 차지합니다. 그렇다면 오늘날의 교회 예산의 반도 선교비로 쓰여야 합니다.

우리는 굶어도 선교비가 먼저입니다. 온누리교회를 처음 개척할 당시 제 월급을 받지 않고, 선교사 파송부터 했습니다. 그러자 하나님께서 축복해 주셔서 20여 년이 지난 지금 천 명의 선교사를 파송하게 되었습니다. 이 일은 계속되어 2천 명의 선교사가 전 세계로 파송될 것입니다. 이것이 사도행전적 교회의 원리입니다.

열째, 교회를 출산하는 교회입니다. 개인 전도는 개인이 개인에게 전도하는 것입니다. 그렇지만 교회는 개인이 세우는 것이 아닙니다. 교회가 교회를 세워야 합니다. 개인이 교회를 만들기 때문에 교회가 계속 어려운 것입니다. 교회가 교회를 세울 때 먼 곳에 세우면 안 됩니다. 가까이에 세워서 올바른 교회로 설 수 있도록 보살피고 키워야 합니다. 우리 교회의 성도와 목사님을 보내어 함께 교회로서 성장해야 하는 것입니다. 이것은 엄연히 분열하는 교회와 다릅니다.

살아 있는 교회

이렇게 교회가 세워지면 그 다음에 중요한 것이 설교입니다. 설교를 따라 청중들이 모입니다. 그러면 어떻게 설교해야 할까요? 목회 설교를 해야 합니다. 전도 설교와 목회 설교는 다릅니다. 매일, 매 주일 성도들을 먹이는 설교가 아주 중요합니다.

설교 다음에는 성경공부입니다. 설교와 성경공부가 살아 있어야 합니다. 성령 충만해야 합니다. 살아 있는 설교, 성령 충만한 성경공부가 갖추어지면 예배가 흘러넘치기 시작합니다.

예배는 매우 중요합니다. 죽은 예배가 아니라 살아 있는 예배, 춤추는 예배가 되어야 합니다. 예배를 드리다가 귀신이 나가야 합니다. 예배를 드리다가 병이 나아야 합니다. 하나님을 경험하는 예배를 사모하십시오. 예배에서 사역이 흘러넘칩니다. 우리의 봉사가 힘들고 지친다면, 그것은 우리 사역에 예배가 없기 때문입니다. 예배를 드린다면, 힘이 생길 것입니다. 그 넘치는 힘으로 봉사하는 것입니다. 그것이 사역입니다.

또한 목회에서 중요한 것은 개인 영혼을 사랑하는 전도입니다.

끊임없이 전도해야 합니다. 누가 전도를 제일 못할까요? 바로 목사입니다. 목사는 평소에 예수를 안 믿는 사람보다 예수를 믿는 사람을 훨씬 더 많이 만날 수밖에 없습니다. 예수 안 믿는 사람을 만나는 것이 얼마나 어려운지 모릅니다. 하루 종일 목사, 전도사, 장로들한테 둘러싸여 있습니다. 너무 바빠서 예수 안 믿는 사람을 만날 시간이 없습니다.

하지만 기억하십시오. 담임목사가 전도하면 부목사가 전도합니다. 부목사가 전도하면 성도들이 전도합니다. 목사들은 전도하라고 외치기만 하지 말고 자신이 솔선수범하여 전도해야 합니다. 그러면 교회가 달라집니다.

목사뿐만 아니라 신학교 교수들도 마찬가지입니다. 신학교 교수가 먼저 나서서 전도를 하면 그 신학교가 달라질 것입니다. 예수님을 오래 믿은 사람도 전도에 힘쓰십시오. 그 옛날 가슴 떨리는 구원의 느낌을 되살려 전도하십시오. 교회는 전도해야 합니다. 나부터 나서면 다른 사람도 하게 되어 있습니다.

마지막으로 선교입니다. 산을 건너고 물을 건너 문화와 언어를 넘어서 타 민족을 전도하는 것입니다. 일본에서 목회를 하고 싶다는 마키토 상이라는 분이 있습니다. 그는 일본에서의 목회를 꿈꾸었지만 하나님께서는 자꾸만 네팔로 가라고 말씀하셨습니다. 그는 계속 안 가겠다고 버티다가 결국 눈물을 흘리며 네팔로 갔습니다. 선교란 이런 것입니다. 하나님께서 가라는 곳으로 순종하여 가는 선교사들이 있기에 세상 구석구석이 변할 수 있는 것입니다. 온누리교회에서 파송한 선교사들 중에 순교하신 분들이 일곱 분이나 계십니다. 그들의 죽음이 헛되지 않도록 하나님께서 이 세상을 반드시 축복해 주실 것입니다.

교회는 선교에 매달려야 건강해질 수 있습니다. 교회당이 얼마나 크냐가 중요한 것이 아닙니다. 진정한 교회는 양이 아니라 질로 결정되는 것입니다. 교회당의 크기와 성도 수가 아니라 얼마나 선교했느냐로 판가름 납니다.

복음과 문화

그렇다면 어떻게 전도하고 부흥을 이루어야 할까요? 이 문제를 다루려면 우리는 반드시 복음과 문화를 함께 살펴보아야 합니다.

복음은 변하지 않습니다. 그러나 문화는 변합니다. 복음을 전할 때 제일 먼저 부딪히는 것이 문화입니다. 문화를 통과하지 않으면 복음을 전할 수 없습니다. 우리는 문화의 장벽을 어떻게 뛰어넘어야 할까요?

일본 선교의 열쇠는 문화를 어떻게 이해하느냐에 있습니다. 우리 안에는 이미 복음이 있습니다. 예수 그리스도의 생명의 복음을 우리가 갖고 있는 것입니다. 이 복음을 어떻게 전하느냐가 매우 중요합니다. 이것은 물과 그릇에 비유할 수 있습니다. 목마르면 물을 먹습니다. 그런데 물을 그냥 먹을 수는 없습니다. 그릇이나 컵에 담아서 먹어야 합니다. 그렇지만 그릇을 먹지는 않습니다. 그 안에 있는 물만 마십니다. 여기서 물을 복음이라고 한다면, 그릇은 문화입니다. 이것이 복음과 문화의 관계입니다. 예수님은 질그릇 속에 보배가 담겨 있다고 하셨습니다.

또한 복음과 문화는 배와 바다와 같습니다. 바다는 문화이고, 배는 복음입니다. 배는 산 위에 있지 않습니다. 바다 위에 떠 있는 것입니다. 배에 있어서 중요한 것은 무엇입니까? 물이 배 위에 들어오지 못하게 하는 것입니다. 물이 배 안으로 들어오면 배는 가라앉게 되어 있습니다. 이것이 문화에 대한 이해입니다.

문화에 대한 이해에서 가장 먼저 고려해야 할 것이 연령에 따른 차이입니다. 10대와 30대, 50대의 문화가 모두 다릅니다. 그래서 교회는 연령별로 전도 집회를 해야 합니다.

예를 들어 40대 남성들을 따로 모아서 전도를 하면 아주 잘 됩니다. 그들은 직장에서 중간 지도자급에 해당합니다. 막내도 아니고, 보스도 아닌 애매한 위치에 있습니다. 무거운 책임을 실질적으로 져야 하면서 권리를 찾기는 힘듭니다. 집에서도 가족들한테 시달립니다. 부부관계가 제일 힘든 때가 이 때입니다. 아내한테 만날 야단맞습니다. 아이들은 대들고 반항합니다.

40대 남성들은 위로 받고 싶어서 직장과 가정에서 도망칩니다. 술집을 찾고, 외도를 합니다. 다른 곳에서 안식처를 찾으려고 안간힘을 씁니다. 그러다가 건강을 잃습니다. 40대 남성의 암 사망률이 1위라고 합니다.

이런 시기에 놓인 40대 남성들을 모아 놓고 고민거리를 나누게 하고 상담을 해 주면 모두 눈물을 흘립니다. 자신들의 마음을 알아주어 감동한 것입니다. 저는 그들에게 이렇게 말했습니다.

"여러분들에게는 쉼이 필요합니다. 친구가 필요합니다. 꿈이 필요합니다. 40년 인생을 살아오면서 너무나 지쳐 있습니다. 친구와 꿈을 잃어버렸습니다. 다시 그것을 회복해야 합니다. 예수님이 내게로 오라고 하셨습니다. 예수님이 우리에게 친구가 되어 주신다고 했습니다. 예수님이 우리에게 비전을 주셨습니다. 예수님을 믿어 보지 않겠습니까?"

그러면 많은 이들이 예수님을 믿겠다고 고백을 합니다. 이렇듯 문화를 이해하면 대화가 됩니다.

60대 여성들을 전도할 때는 남편과 아이들만 바라보며 산 해바라기 같은 삶을 이해하려고 애씁니다. 그들은 가족들을 위해 자신의 삶을 희생했습니다. 그런데 60의 나이가 되고 보니 남편과 사이가 멀어지고 자녀들도 자신을 떠나 새로운 가정을 꾸립니다. 해바라기처럼 남편과 자녀를 바라보고 살아왔던 60대 여성들에게 저는 바라보는 대상을 바꾸라고 말합니다. 하나님을 바라보라고 말합니다. 예수 그리스도는 영원히 변하지 않는 분이시기 때문입니다. 그러면 이들이 예수님께 쉽게 다가옵니다. 이것이 맞춤 전도입니다.

40대 분들을 전도할 때는 20년 전에 유행했던 팝송이나 가요를 함께 부릅니다. 그러면 금방 마음을 열고 친해집니다. 왜 그럴까요? 가슴에 와 닿기 때문입니다. 이것이 연령의 이해입니다.

문화적 장벽을 넘어서라

우리는 시대적 문화를 이해해야 합니다. 지금 중년의 나이에 있는 이들은 모던적 사고를 합니다. 하지만 지금 10대와 20대들은 포스트모던적 사고를 갖고 있습니다. 이 둘은 전혀 다른 세계입니다. 하나님과 진리에 대해서 젊은이들은 중년처럼 생각하지 않습니다.

'절대'라는 개념이 없습니다. 절대 선이 어디 있느냐며 자신의 마음 가는 대로 살겠다고 말합니다.

제멋대로 옷을 입고 머리에 염색을 하고 요란한 치장을 하며 다닙니다. 그 아이들이 교회에 순순히 오려 할까요? 어른들이 자신들을 타락한 아이로 보는데, 누가 교회에 오려 하겠습니까. 우리는 젊은이들의 사고방식을 이해해야 합니다. 그 아이들은 종교다원주의의 시대에 살고 있습니다. 그래서 예수님뿐만 아니라 뉴에이지나 명상 같은 데도 빠집니다. 그런 차세대 아이들의 마음 상태와 생각을 읽어낼 줄 알아야 교회가 부흥할 수 있습니다.

지금의 교회는 젊은이들에게 맞지 않습니다. 젊은이들이 보기에 고리타분하고, 무겁게 느껴지기만 합니다. 예전에 릭 워렌 목사님의 새들백교회에 가본 적이 있는데, 그 교회를 보고 저는 적잖이 놀랐습니다. 예배당 바로 옆에 게임 룸을 만들어 놓은 것입니다. 아이들이 예배가 끝나자마자 게임을 하러 갑니다. 또한 예배당은 내부가 모두 까맣습니다. 마치 나이트클럽처럼 어둡습니다. 젊은이들이 교회를 외면하니 젊은이들의 관심을 끌기 위해 외형을 바꾼 것입니다.

문화적 장벽을 넘어서지 못하면 젊은이들에게 하나님의 복음을 전하기가 어렵습니다. 어른들은 예배를 드릴 때 경직되어 있습니다. 물론 경건하고 단정한 몸가짐으로 예배를 드려야 하는 것은 맞습니다. 하지만 젊은이들이 다 떠나간다면 교회에 문화적인 장벽이 있음을 깨닫고 다른 대책을 세워야 합니다.

온누리교회도 그런 일환으로 여러 가지 노력을 하고 있습니다.

그 한 예로 조조 할인 시간에 극장을 통째로 빌린 것을 들 수 있습니다. 3백 석 가까이 되는 좌석을 구입해서 그곳에서 예배를 드렸습니다. 그랬더니 자리가 하나도 남지 않고 꽉 찼습니다.

그 뒤로 나이트클럽도 빌렸습니다. 술 냄새가 진동하고 사방이 온통 새까만 그 지하실 공간을 빌려 예배를 드렸습니다. 그랬더니 예수에는 관심도 없던 청년들이 수없이 몰려들었습니다. 우리는 거기서 드럼을 치며 열정적으로 찬송을 불렀습니다. 그러자 아이들이 변하기 시작했습니다. 교회당으로 오라 하면 오지 않던 아이들이 극장으로, 나이트클럽으로 모여 예배를 드리게 된 것입니다.

한번은 스타벅스를 빌린 일도 있었습니다. 스타벅스에서 새벽 기도를 해 보자는 아이디어였습니다. 그러자 카페 분위기를 좋아하는 젊은이들이 오기 시작했습니다. 친구들도 한두 명씩 따라 왔습니다. 그들에게 맞는 설교를 하고 전도를 했습니다. 그랬더니 나중에는 교회로 와서 예배를 드리고 예수님을 영접하는 열매를 맺게 되었습니다.

우리는 젊은이들을 이해해야 합니다. 그들 안으로 뛰어 들어가야 합니다. 꼭 교회당에서 예배를 드려야 한다고 생각하지 않습니다. 그 곳이 극장이든 나이트클럽이든, 스타벅스든, 사무실이든 상관없습니다. 우리의 중심이 바로 서 있으면 장소가 어디든 하나님께서 그 예배를 기뻐 받으실 것입니다.

부흥을 위해 버려야 할 것
사람마다 나라마다 문화가 다릅니다. 가까이 있는 한국과 일본만 해도 겉모습은 비슷할지 모르지만, 생각과 표현이 다르고, 예의와 풍습도 다릅니다. 이런 문화 때문에 우리가 수많은 갈등을 겪기도 합니다.

저는 목회하면서 연예인들 전도에 힘을 기울였습니다. 코미디언, 가수, 배우 등 각 분야의 유명한 사람들을 전도했습니다. 연예계에 있는 사람들은 확실히 보통의 사람들과는 다른 구석이 있었습니다. 그들은 주로 밤샘 촬영이 많으니 아침에 잠을 자고 밤에는 말똥말똥합니다. 그러다 보면 주로 늦은 밤 시간에 상담을 요청하는 전화가 걸려 오곤 합니다. 저는 이것에 익숙해지는 데 7년이 걸렸습니다.

하지만 지금 생각해 보면 연예인 분들은 제 인생의 선생님이었습니다. 그들이 저에게 대중문화가 무엇인지를 가르쳐 주었습니다. 이것은 신학교에서는 배우지 못하는 것입니다. 대중들에게 친숙하게 다가가는 방법을 배운 저는 연극, 드라마, 콘서트와 같은 방식을 통해 전도를 시도했습니다. 그것이 모두 연예인 성도들에게서 배운 것입니다.

또한 온누리교회를 시작할 때 과학자들을 전도한 적도 있었습니다. 한국에 키스트(KIST, 한국과학기술연구원)라는 과학단지가 있는데, 거기서 일하는 분들은 전부 박사님입니다. 평생 연구에만 매달린 이들입니다. 그곳에도 나름의 문화가 있습니다. 우리는 그 문화를 깊이 이해하고 포용해 주려고 노력했습니다.

온누리교회는 맞춤전도를 합니다. 열린 예배를 드립니다. 물론 50대, 60대 어른들을 위해서 전통적인 예배도 드립니다. 전통적인 예배를 드리고 싶은 사람은 그쪽으로 가면 됩니다. 젊은이들은 그들에게 맞는 예배를 드리는 것입니다. 이러한 시작은 이미 사도 바울 시대부터 있었습니다.

"또한 모든 것을 해로 여김은 내 주 그리스도 예수를 아는 지식이 가장 고상하기 때문이라 내가 그를 위하여 모든 것을 잃어버리고 배설물로 여김은 그리스도를 얻고 그 안에서 발견되려 함이니 내가 가진 의는 율법에서 난 것이 아니요 오직 그리스도를 믿음으로 말미암은 것이니 곧 믿음으로 하나님께로부터 난 의라"(빌 3:8-9)

사도 바울의 생각은 무엇입니까? 예수를 만난 이후에 유대주의를 버렸습니다. 바리새인의 교훈을 버렸습니다. 심지어 조국까지 버렸습니다. 예수님 외에는 모든 것을 배설물로 여겼습니다. 왜 그랬습니까? 예수님을 전하기 위해서였습니다.

"내가 모든 사람에게서 자유로우나 스스로 모든 사람에게 종이 된 것은 더 많은 사람을 얻고자 함이라 유대인들에게 내가 유대인과 같이 된 것은 유대인들을 얻고자 함이요 율법 아래에 있는 자들에게는 내가 율법 아래에 있지 아니하나 율법 아래에 있는 자 같이 된 것은 율법 아래에 있는 자들을 얻고자 함이요 율법 없는 자에게는 내가 하나님께는 율법 없는 자가 아니요 도리어 그리스도의 율법 아래에 있는 자이나 율법 없는 자와 같이 된 것은 율법 없는 자들을 얻고자 함이라"(고전 9:19-21)

사도 바울은 "유대인에게는 유대인처럼, 바리새인에게는 바리새인처럼" 대한다고 말합니다. 자신이 그에 맞게 변한다는 것입니다. 이 말을 들으면 마치 사도 바울이 주체성이 없어 보입니다.

사도 바울이 베드로와 격론을 벌이며 베드로를 야단쳤습니다.

"너는 이방인들에게 왜 그렇게 무거운 멍에를 매게 하려 하느냐? 왜 이방인들에게 유대인처럼 살라고 하느냐? 그들은 그들 나름대로 살게 해라. 유대인처럼 사는 것이 중요한 게 아니라 예수님처럼 사는 것이 중요한 것이다."

사도 바울은 겐그리아에 가서 머리를 깎았습니다. 자신의 학문도, 전통도, 조국도, 유대주의도 버렸습니다. 그에게 남은 것은 오직 예수 그리스도뿐이었습니다.

오늘날 일본 교회가 부흥하기 위해서는 포기하고 버려야 할 것이 너무나 많습니다. 예수보다 높아진 것은 다 버려야 합니다. 그것이 아무리 좋은 전통이든, 교파든, 우리 교회의 자존심이든 버려야 합니다. 그것을 포기할 때 예수님이 드러나게 될 것입니다.

연합과 일치는 부흥의 징조다

이제 일본에서 선교사들이 일어날 때가 되었습니다.
모두가 선교사로 헌신하는 것입니다.
저는 교회 개척을 하면서 선교사 파송에 목숨을 걸었습니다.
선교에 힘쓰는 교회에 하나님께서 큰 축복을 내려 주실 것입니다.

일본에 일어나는 부흥의 바람

어느덧 일본 개신교 선교 150주년을 맞이하게 되었습니다. 아마 일본 역사에 이런 일은 드물지 않나 생각합니다. 하지만 여기서 멈추어서는 안 될 것입니다. 역사상 유례가 없는 대부흥이 일본 땅에서 일어나야 합니다. 그것은 잔잔한 파도가 아닙니다. 태풍이 불고 폭풍이 몰아치며 산을 삼킬 만한 부흥이 일어나야 합니다. 저는 일본에 이 부흥의 바람이 이미 불고 있다고 믿습니다.

2년 동안 러브소나타와 다른 여러 가지 활동을 하면서 일본 교인들과 목사님들을 만날 기회가 있었습니다. 그들에게서 발견한 첫째 부흥의 징조는 연합과 일치의 바람이었습니다. 놀랍게도 예전에 없었던 연합이 일어나기 시작했습니다. 복음파, 성령파, 사회파 할 것 없이 모든 교회가 하나님을 갈망하고 있다는 사실을 몸소 느꼈습니다. 연합과 일치는 부흥의 시작입니다.

두 번째로 모든 목사님들과 교인들이 일본 교회의 부흥을 갈망하는 모습을 볼 수 있었습니다. 전통에서 벗어나 변화와 이상과 비전을 찾고 있는 모습이 참 감명 깊었습니다.

일본 목사님들과 교인들을 보면서 떠오르는 단어는 바로 연합과 열정과 변화입니다. 이것은 미래를 향하는 일본 교회의 희망입니다. 마치 에스겔이 하나님의 환상을 본 것같이, 엘리야가 3년 반 동안 비가 안 왔을 때 갈멜산 꼭대기에 올라가 얼굴을 무릎 사이에 넣고 일곱 번 기도하니 비가 온 것같이 하나님께서 희망의 메시지를 주시리라는 믿음이 생깁니다.

엘리야는 우리와 본성이 같은 사람이었습니다. 그는 위대한 하나님의 종이었지만 동시에 우리와 똑같은 죄인이요, 실수가 많은 사람이었습니다. 믿음의 사람이었지만 의심도 많은 사람이었습니다. 그의 기도를 하나님께서 들어 주셨다면, 우리의 기도를 들어 주지 않으실 이유가 없습니다.

지금 일본 땅에 불고 있는 손바닥만 한 부흥의 구름이 전 일본을 폭포로 만들 것입니다. 부흥이란 무엇입니까? 처음으로 돌아가는 것입니다. 처음 생각, 처음 비전, 처음 열정으로 돌아가는 것입니다. 타락이란 무엇입니까? 본질에서 벗어나는 것입니다. 일본 개신교 선교 역사 150주년이라는 역사적인 길목에서 우리는 하나님께 눈물의 기도를 드리고 불가능한 새로운 벽에 도전하고 미래를 향해 나아가야 합니다.

일본 교회가 부흥하는 길

150년 전 선교사들이 목숨을 걸고 일본 땅에 와서 복음을 전했습니다. 첫째로 우리는 그 순교의 정신을 회복해야 합니다. 저는 요코하마 항구에 와서 수십 번 기도했습니다. 바다를 바라보며 어떻게 하면 일본이 부흥할 수 있을지, 어떻게 하면 일본이 새로워질 수 있을지, 어떻게 하면 일본 교회가 긴 잠에서 깨어날 수 있을지를 고민했습니다.

우리가 생명을 걸고 하면 안 되는 것이 없습니다. 무엇이든 목숨을 걸어야 합니다. 10년, 20년 전에 우리가 죽었다고 생각해 봅시다. 못할 것이 무엇이겠습니까. 우리는 이미 다 죽은 사람입니다. 두려울 것이 무엇이겠습니까. 목사 한 명이 순교의 각오를 하면 그교회는 살아납니다. 일본의 그리스도인들이 순교의 각오를 하면 일본 민족은 살아납니다.

이제 일본에서 선교사들이 일어날 때가 되었습니다. 모두가 선교사로 헌신하는 것입니다. 저는 교회 개척을 하면서 선교사 파송에 목숨을 걸었습니다. 처음에는 선교사 단체를 찾아다니며 선교사를 자원했지만 건강이 허락하지 않아 포기해야 했습니다. 그래서 저는 선교사로 못 가면 선교사를 보내는 사람이 되겠다고 다짐했습니다. 선교에 힘쓰는 교회에 하나님께서 큰 축복을 내려 주실 것입니다.

둘째로 말씀과 기도로 돌아가야 합니다. 이것은 전혀 구태의연하거나 전통적인 방법이 아닙니다. 부흥의 본질은 말씀으로 돌아가는 것이요, 기도의 운동이 일어나는 것입니다. 하나님의 말씀은 살아 있고 운동력이 있습니다. 기도는 능력이요 응답입니다. 주일 날 설교 강단에 불이 내려져야 합니다. 성도들 마음속에 기도의 불이 일어나야 합니다. 형식적인 기도나 중언부언 하는 기도가 아니라 믿음의 기도와 성령 충만한 기도가 필요합니다.

저는 우리 모두에게 새로운 도전을 던지고 싶습니다. 교회가 새벽기도 운동으로 일어나기를 바랍니다. 철야기도 운동이 일어나기를 바랍니다. 금식기도 운동이 일어나기를 바랍니다. 모이면 기도하고 흩어지면 전도해야 합니다. 그것 외에는 다른 방법이 없습니다. 지식이 우리를 변화시키지 않습니다. 학문이 우리를 변화시키지 않습니다. 정도가 우리를 변화시키지 않습니다. 말씀과 기도만이 우리를 변화시킵니다.

셋째로 성령의 임재가 있는 예배를 드려야 합니다. 사도행전을 보면 교회는 성령의 임재로부터 시작되었습니다.

"오순절 날이 이미 이르매 그들이 다같이 한 곳에 모였더니 홀연히 하늘로부터 급하고 강한 바람 같은 소리가 있어 그들이 앉은 온 집에 가득하며 마치 불의 혀처럼 갈라지는 것들이 그들에게 보여 각 사람 위에 하나씩 임하여 있더니 그들이 다 성령의 충만함을 받고 성령이 말하게 하심을 따라 다른 언어들로 말하기를 시작하니라"(행 2:1-4)

오순절이 되었을 때 그들이 모두 함께 한곳에 머물러 있었습니다. 그때 하늘로부터 갑자기 급하고 강한 바람 같은 소리가 있었고 그들이 앉아 있던 온 집을 가득 채웠습니다. 그리고 마치 불이 혀처럼 갈라지면서 각 사람들에게 나타나 그 위에 임했습니다. 그러자 모두 성령으로 충만함을 받고 방언이 터지기 시작했습니다.

하나님은 어제나 오늘이나 영원토록 동일하십니다. 성령의 역사도 어제나 오늘이나 영원토록 동일합니다. 오순절 날 초대 교회에 생긴 일이 지금의 교회에서 일어나지 말란 법은 없습니다. 다만 그러한 역사가 일어나지 않는 것은 우리의 비전과 믿음이 부족하기 때문입니다.

전통적으로 잘 짜여진 예배가 아니라 성령께서 임재하는 예배를 드려야 합니다. 예배가 살면 교회가 살고 사역에 열매가 있고 우리의 삶이 풍성해질 것입니다.

넷째로 전도에 힘써야 합니다.

"오직 성령이 너희에게 임하시면 너희가 권능을 받고 예루살렘과 온 유대와 사마리아와 땅 끝까지 이르러 내 증인이 되리라 하시니라"(행 1:8)

이 말씀은 예수님을 믿고 난 후 제 평생의 좌우명으로 삼는 말씀입니다. 이것은 온누리교회의 목표이기도 합니다. 성령이 임했을 때 제일 먼저 나타난 현상은 무엇입니까? 은사가 아닙니다. 이상한 기적 현상이 아닙니다. 그들은 불을 받자마자 문을 박차고 밖으로 뛰어나가서 예수가 그리스도라고 증언했습니다.

"예수께서 나아와 말씀하여 이르시되 하늘과 땅의 모든 권세를 내게 주셨으니 그러므로 너희는 가서 모든 민족을 제자로 삼아 아버지와 아들과 성령의 이름으로 세례를 베풀고 내가 너희에게 분부한 모든 것을 가르쳐 지키게 하라 볼지어다 내가 세상 끝날까지 너희와 항상 함께 있으리라 하시니라"(마 28:18-20)

"또 이르시되 너희는 온 천하에 다니며 만민에게 복음을 전파하라"(막 16:15)

"너희는 이 모든 일의 증인이라"(눅 24:48)

"그들이 조반 먹은 후에 예수께서 시몬 베드로에게 이르시되 요한의 아들 시몬아 네가 이 사람들보다 나를 더 사랑하느냐 하시니 이르되 주님 그러하나이다 내가 주님을 사랑하는 줄 주님께서 아시나이다 이르시되 내 어린 양을 먹이라 하시고 또 두 번째 이르시되 요한의 아들 시몬아 네가 나를 사랑하느냐 하시니 이르되 주님 그러하나이다 내가 주님을 사랑하는 줄 주님께서 아시나이다 이르시되 내 양을 치라 하시고"(요 21:15-16)

성경 곳곳에서 복음 전파에 대해 강조하고 있습니다. 교회가 전도하지 않고는 부흥할 수 없음을 모두가 알 것입니다. 교회가 선교사를 파송하지 않으면 이 세상은 변할 수가 없습니다.

우리는 지금 당장 전도해야 합니다. 전도가 입에 붙어야 합니다. 전도가 내 머릿속에 박혀야 합니다. 때를 얻든지 못 얻든지 우리는 전도해야 합니다. 맨 땅에 머리를 박는다 생각하고 개척해야 합니다. 목숨을 걸고 개척해야 합니다. 교회는 교회를 낳습니다. 개인이 전도에 힘쓸 때 세상이 변하기 시작할 것입니다. 더러운 귀신들이 통곡하며 떠날 것입니다.

마지막으로 병든 세상을 품는 것입니다. 예수님의 메시지의 핵심은 서로 사랑하라는 것입니다. 네 이웃을 네 몸처럼 사랑하라는 것입니다. 원수까지 사랑하라는 것입니다. 하나님께 세상을 품으며 울 수 있는 자가 되게 해 달라고 기도하십시오. 목숨을 바칠 각오로 세상을 따뜻하게 감싸 안는 우리가 되어야 할 것입니다.

지금은 영적인 불을 붙여야 할 때다

지금은 영적인 불을 붙여야 할 때입니다.
새로운 선교의 지도를 그려야 하는 때입니다.
과거의 방법으로 그림을 그리면 좋은 그림이 안 나옵니다.
사랑으로 세상을 섬기는 것이 선교입니다.

에든버러 선교의 부흥과 영광

100년 전, 에든버러 선교대회는 희망과 비전과 확신으로 시작되었습니다. 당시 존 모토 박사님(위원장)으로부터 시작해서 8개국 국제 위원들이 18개월 동안 준비한 대회로서 선교 지도자들이 약 1천 2백 명이 모였습니다. 그러나 그 선교대회는 서구의 지도자들이 중심이 될 수밖에 없었습니다.

100년이 지난 지금, 우리 사회는 많이 달라졌고 세계 선교 환경도 급변하고 있는 것을 실감하게 됩니다. 이번 대회에 모인, 선교의 비전을 안고 목회하는 이들, 선교지에서 목숨 걸고 전도하는 이들 중 상당수가 비서구권 사람들인 것입니다. 저는 이번 대회를 통해 두 가지 큰 깨달음을 얻었습니다.

첫째는 교회가 그동안 목회와 선교에 힘써왔지만 오래된 치욕이 완전히 제거되지 않았다는 사실입니다. 아직도 전 세계 인구의 5분의 4가 복음을 한 번도 들어 보지 못했다고 합니다. 선교대회는 이러한 교회의 연약함과 약점을 회개하는 자리가 되었습니다.

둘째는 교회가 복음에 있어서 난공불락의 요새들을 제거하자고 선언한 것입니다. 이슬람과 공산주의가 장악한 나라는 아직도 복음이 들어가기 어려운 지역입니다. 난공불락의 요새는 아직도 남아 있습니다. 위클리프성경번역선교회에 의하면 현재 세계에는 65억 명의 인구와 7천 개의 언어 그룹이 있다고 합니다. 아직도 성경이 그들의 언어로 번역되지 않은 미전도 종족이나 언어가 없는 민족은 2천 2백 개가 넘습니다. 기쁜 소식은 고도로 발달된 번역 기술에 따라 2025년이 되면 성경이 모든 언어로 번역될 수 있다는 것입니다. 그래서 '2025년 비전'이 선포되기도 했습니다.

1910년의 에든버러 대회 이후 100년이 지난 지금, 상상할 수 없을 만큼 상황이 많이 변했습니다. 복음은 제1차 세계대전, 제2차 세계대전 같은 엄청난 전쟁과, 기아와 지진 같은 소용돌이 속에서도 멈추지 않고 오늘날까지 왔습니다. 100년 전에 에든버러에서 시작된 복음의 불길이 꺼지지 않고 수많은 선교사들과 선교 단체들을 만들어 냈습니다.

위대한 선교사로는 허드슨 테일러, 찰리 스터드, 윌리엄 캐리 등을 생각해 볼 수 있습니다. 그리고 OMF나 WEC, OM이나 YWAM 같은 정말 존경 받는 많은 선교 단체들이 생겨났습니다.

특별히 기억할 것은 학생 선교 단체들이 많이 생겨났다는 사실입니다. IVF, CCC, 네비게이토와 같은 단체들을 통해 젊은이들이 모이고 선교에 힘쓰고 있습니다. 그리하여 처치(church)와 파라 처치(parachurch)의 갈등 사이에서 교회는 새로운 눈을 뜨게 되었습니다.

선교와 분리될 수 없는 교회 성장

저는 어렸을 때부터 교회에서 자랐습니다. 대학 때 거듭남의 체험을 하면서 교회에서 제자 훈련과 선교 훈련 등을 받기 시작했습니다. 그러면서 도전을 받고 성장했습니다. 목회자가 될 무렵에는 선교 단체의 영성과 선교 방법론을 가지고 교회로 들어갔습니다. 그것은 대단한 비전이었고 도전적인 모험이었습니다. 저에게는 교단이나 교파가 별로 크게 보이지 않았습니다. 제 눈에 가장 크게 보이는 것은 선교였습니다. 선교를 위해서 목숨을 걸겠다는 것이 제 각오였습니다. 그것이 오늘날의 온누리교회가 있게 한 발판이 되었습니다.

교회 성장과 선교는 분리할 수 없습니다. 선교가 멈추면 교회 성장도 멈춥니다. 그러나 선교의 영성이 계속되는 한 교회는 부흥합니다. 100년이 지난 지금 교회는 시들어가고 있습니다. 교인은 점점 교회를 떠나고 사회 영향력은 줄어들었습니다. 선교 단체들도 힘이 빠졌습니다. 우리는 어쩌면 과거의 영광만을 바라보며 살아왔는지 모릅니다. 과거에 선교의 영향이 얼마나 강했으면 150년 전 일본에도 선교사들이 파송되었겠습니까.

수많은 선교사들이 일본을 사랑하고 일본에 대한 비전을 품고 순교했습니다. 선교의 싹이 자라나고 뿌리가 내리기 시작했습니다.

그렇게 150년이 흘렀고, 일본 내 기독교인은 1%입니다. 사람들은 이제 겨우 1%밖에 안 되냐고 할지 모릅니다. 왜 일본은 전도가 안 되느냐고 자조 섞인 푸념을 늘어놓을지 모릅니다.

하지만 그 1%는 결과가 아니라 시작입니다. 대나무는 오랫동안 자라지 않고 있다가, 어느 한 순간에 오랜 세월의 벽을 깨고 무섭게 자라기 시작합니다. 나는 일본 교회를 바라보며 대나무의 성장을 떠올려 보았습니다. 성장하지 않는 것 같고, 기적도 없는 것 같지만 뿌리가 내리고 있다는 것에 희망을 걸었습니다.

어느 날 일본은 상상조차 안 되는 모습으로 성장할 것입니다. 일본은 전 세계에 선교사들을 보내게 될 것입니다. 일본은 모든 준비가 다 끝났습니다. 일본은 경제대국입니다. 기술의 나라입니다. 이제 그것들이 조화를 이루어 선교의 불꽃이 타오를 것입니다. 1%의 벽을 넘어 성장할 것입니다. 변화될 것입니다. 세계에 영향력을 끼칠 것입니다.

아직도 일본을 사랑하고 기도하며 애쓰는 사람들이 많습니다. 1910년에 일어난 에든버러 선교대회에는 100년을 끌고 가는 열정이 있었고 성령의 능력이 충만했습니다. 100년이 흐른 지금 하나님께서는 우리에게 다음 100년을 준비하라고 명령하십니다. 에든버러 대회 이후에 선교 영웅과 선교 단체가 탄생했고 많은 영적 도전과 열정이 일어났습니다. 수많은 위기를 넘어서서 복음의 꽃을 피웠습니다. 우리는 그때의 부흥을 다시 꽃피워야 합니다.

우리는 100년 전의 우리 조상들이 가졌던 선교의 비전과 열정을 다시 회복해야 합니다. 요즘의 10년은 예전의 100년과 같습니다. 그만큼 빠르게 변화되고 있다는 것입니다. 그러니 100년 후가 아니라 10년 후에 부흥의 불꽃이 타오를지도 모릅니다.

다시 타오르는 부흥의 불길

우리는 100년 후의 세계 선교 지도를 다시 그려야 합니다. 과거의 방법으로는 미래 세계를 맞이하지 못합니다. 과거의 영광에 머물러서는 안 됩니다. 이미 과거는 지나간 시간입니다. 새로운 시대가 우리 앞에 큰 산처럼 서 있습니다. 이것이 오늘날 우리 앞에 놓인 숙제입니다.

앞으로의 시대는 고난이 더 클 것입니다. 우리가 지나온 고난보다 상상할 수 없는 고난이 기다리고 있을지 모릅니다. 그런데 교회가 변하지 않고 과거의 방식에 머물러 있다면 미래에 오는 세계를 제대로 맞이할 수 없습니다.

전 세계는 기상 이변으로 몸살을 앓고 있습니다. 천재지변이 일어납니다. 아일랜드의 화산 폭발, 몽골의 사막화, 중국의 대홍수, 가뭄 등 예전에 일어나지 않던 일들이 생기고 있습니다. 수많은 사람들이 엄청난 지각변동을 느끼고 있습니다. 여기서 우리는 죄로 인한 인재도 무시할 수 없습니다. 멕시코의 유전 사고, 전 세계에 퍼지고 있는 테러와 전쟁들이 그것입니다.

또한 세상은 아날로그 시대를 지나 디지털 시대로 변화되고 있습니다. 이것은 문화적인 변동으로 기존 세대와 젊은 세대들 간의 간극을 피할 수 없게 되었습니다. 미국 발 경제위기나 유럽 발 경제위기도 마찬가지입니다. 한 국가가 잘한다고 해결되는 것이 아님니다. 이제 모든 나라가 영향을 주고받는 상태에 이르렀습니다.

종교전쟁은 일촉즉발의 위기에 있습니다. 지금 전 세계는 테러로 인해 공포에 떨고 있습니다. 한번은 아프가니스탄을 방문한 적이 있었는데, 한 국제교회에서 예배 도중에 터진 폭탄으로 많은 이들이 고통받는 것을 보며 가슴이 아팠습니다. 이렇게 종교 전쟁은 전혀 종교스럽지 못한 방법인 살인과 폭력으로 얼룩져 있었습니다.

여기서 또 우리가 심각하게 생각할 것은 빈부의 차이입니다. 옛날에는 빈부의 격차가 그렇게 크지 않았습니다. 그러나 오늘은 정치와 연관돼서 빈부 차이가 엄청난 사회 문제로 등장하게 되었습니다.

이렇게 심각한 문제들이 쏟아져 나오는 현실에서 우리의 선교적인 대안은 무엇이 되겠습니까? 종교 다원주의와 포스트모더니즘과 문화의 격변 속에서 우리가 살아남을 수 있는 방법은 무엇입니까? 그것은 하나님의 말씀과 기도와 성령운동으로 돌아가는 것입니다. 그저 흉내만 내는 목회 철학이 아니라 성경 중심의 교회와 목회 철학을 확실히 선포해야 합니다.

교회는 그냥 교회가 되면 죽습니다. 대담하게 진화론을 뛰어 넘어서 창조론과 지적 설계론으로 나아가야 합니다. 다시 오순절을 경험해야 합니다. 100년을 겪어낼 수 있는 힘은 오순절에 있습니다. 사도행전적 꿈을 꿔야 합니다. 사도행전의 초대 교회가 로마를 무너뜨렸듯이 오늘날 성령의 역사로 충만한 교회가 이 세상을 뒤엎을 수 있는 것입니다.

성경적인 대안으로 우리는 사회 개혁에 불을 지펴야 합니다. 교회가 사회 문제에 소극적이고 등한시하는 태도를 취해서는 안 됩니다. 한번은 교회 장로님들과 이야기를 나눈 적이 있습니다. 그들이 말하기를 처음 교회에 왔을 때 교회의 비전에 큰 감명을 받고 생명을 걸어 뛰어야겠다는 열정이 솟아났다고 합니다. 그런데 세월이 흐를수록 교회의 비전이 약해지고 선교는 그저 우리가 맡은 과제 중의 하나가 되어 버린 느낌이라는 이야기가 나왔습니다. 우리는 처음의 자세와 마음가짐을 잊어서는 안 됩니다. 죽을 각오를 하고 덤벼들었던 처음처럼 선교에 힘쓰고 사회 개혁에 불을 지펴야 합니다. "세상 사이로, 세상 속으로" 들어가야 하는 것입니다.

과거에 있었던 교회 부흥의 불씨는 아직 살아 있습니다. 그 불씨를 지펴서 커다란 불길로 피워야 합니다. 부흥의 불길을 지피기 위해서는 선교사가 파송되어야 합니다. 나부터 시작해야 합니다. 지금 선교의 위기는 적당히 하겠다는 태도 때문입니다. 적당히 하고 적당히 포기합니다. 하지만 선교는 그렇게 해서는 안 됩니다.

선교는 맨 바닥에 헤딩하는 것입니다. 백지에서 시작하는 것입니다. 무일푼에서 시작하는 것입니다. 목숨을 걸고 하는 것입니다. 그러면 안 될 것이 없습니다.

제 친구 중에 이재환 목사님이 있습니다. WEC에서 함께 훈련받은 동기인데, 세계에서 가장 가난한 나라로 가겠다고 결심하고 감비아로 선교를 떠나기 위해 준비했습니다. 그런데 그들 부부에게 7년 동안 아기가 없었습니다. 아내가 뇌종양이었기에 임신이 불가능했던 것입니다. 그러던 어느 날 그 친구로부터 전화가 왔습니다. 그 친구의 아내가 임신을 했다는 소식이었습니다. 그들 부부가 감비아로 떠나기 하루 전의 이야기입니다. 기적은 바로 이런 것입니다.

지금 당장 선교에 헌신해 보십시오. 선교에 목숨을 걸어 보십시오. 하나님께서 내려 주시는 기적을 경험하게 될 것입니다.

다각도로 펼쳐지는 선교의 노력들

온누리교회는 선교사 파송에 온 힘을 쏟았습니다. 목사들과 장로들이 선교사로 지원했고, 평신도들도 선교사로 떠났습니다. 선교 공동체를 이루기 위한 교회로 지금까지 온 것입니다.

그러나 세상이 변했습니다. 외국으로 나가 선교하는 것도 중요하지만, 전 세계 사람들이 우리나라로 들어오는 것도 무시해서는 안 됩니다. 우리 사회가 간과하고 있던 이들이 바로 외국인 근로자들입니다. 벌써 그들이 백만 명이 넘었습니다. 한국에는 외국인과 결혼한 가정이 많습니다. 코리안 드림을 안고 그들이 제 발로 찾아왔습니다. 교회는 이들에게로 눈을 돌려야 합니다. 이때 필요한 것이 위성을 사용한 TV 전도입니다. 현재 CGNTV는 5개 국어로 24시간 방송을 시작했습니다. 앞으로의 비전은 12개 언어로, 특히 모슬람어로 방송하는 것입니다.

지금 시대에 개인 선교는 힘듭니다. 선교 공동체를 만들어야 합니다. 이제는 메가 처치가 중요하지 않습니다. 멀티 사이트 교회가 중요합니다. 큰 교회와 작은 교회가 공존할 수 있는 방법을 찾아야 합니다. 가난한 자와 부자들을 화해시킬 방법들이 필요합니다.

문화 선교와 젊은이들 선교도 잊어서는 안 됩니다. 디지털 목회를 시도하여 모바일, 위성 TV, IPTV 등의 방법을 이용해 다각도로 선교를 해야 합니다.

또한 창조과학회 일도 중요합니다. 우리는 창조주 하나님을 믿는 자들입니다. 이 땅에 진화론이 아닌 창조론이 심어져야 합니다. 이혼 가정이 늘어나는 현실에서 가정 사역도 중요합니다. 단순히 설교하고 성경공부하고 예배 드리는 것을 넘어서 현대 교인들의 삶에 해답을 줘야 합니다.

우리가 도외시했던 사회 선교 운동에도 관심을 기울여야 합니다. 우리는 사회의 어두운 면에 우리의 헌신을 약속해야 합니다. 우리는 이 문화의 사각지대에 도전해야 합니다. 이때 가장 좋은 방법론은 사랑과 섬김입니다.

교회가 이러한 변화를 주도하면 하나님을 모르는 이들이 교회를 찾을 것이고 어두운 사회가 밝게 변할 것입니다. 이러한 변화는 이웃 나라로 번져 나가 전 세계로 확대될 것입니다. 이방인 선교와 이스라엘 선교 완성을 통해 지구의 종말을 이야기한 성경으로 돌아가야 합니다.

이를 위해 교회는 연합과 부흥운동을 일으켜야 합니다. 각 교단의 부흥이나 개인만의 부흥은 사회적인 영향력을 미치지 못합니다. 성경 중심으로, 예수님 중심으로 교단과 교파가 하나가 되어야 합니다. 선교에는 교회도 교파도 따로 있지 않습니다. 오직 예수 그리스도 한 분만 높이는 것입니다.

부흥의 주제가 무엇입니까? "가서 모든 족속으로 제자를 삼으라"입니다. 우리 교회가 커지고 부자 교회가 되는 것이 중요한 게 아닙니다. 진짜 선교사가 나오는 교회가 되어야 합니다. 진짜 큰 교회는 목사가 훌륭한 교회가 아니라 교인들이 훌륭한 교회입니다. 우리는 보통 교회를 이야기할 때 담임목사를 먼저 떠올립니다. 하지만 교회의 주인은 하나님이십니다. 성령이 역사하는 교회요, 교인들이 선교사로 떠나는 교회입니다.

새롭게 그려지는 선교 지도

지금은 영적인 불을 붙여야 할 때입니다. 새로운 선교의 지도를 그려야 하는 때입니다. 과거의 방법으로 그림을 그리면 좋은 그림이 안 나옵니다. 상황이 달라졌습니다. 사랑으로 세상을 섬기는 것이 선교입니다. 선교 영웅을 만드는 것이 아니라 세상을 섬기는 자로서의 선교사를 만들어야 합니다.

"예수께서 나아와 말씀하여 이르시되 하늘과 땅의 모든 권세를 내게 주셨으니 그러므로 너희는 가서 모든 민족을 제자로 삼아 아버지와 아들과 성령의 이름으로 세례를 베풀고 내가 너희에게 분부한 모든 것을 가르쳐 지키게 하라 볼지어다 내가 세상 끝날까지 너희와 항상 함께 있으리라 하시니라"(마 28:18-20)

이 성경 구절은 온누리교회 머릿돌에 새겨진 말씀입니다. 이 말씀을 잊어버리거나 경홀히 여긴다면 교회는 문을 닫아야 합니다.

저는 선교사로 세계를 누비고 싶었지만 건강이 허락하지 않아 꼼짝하기가 힘이 듭니다. 그래서 하나님께서 저를 일본 동경에 딱 박아 놓으신 것 같습니다. 그러면서 일본의 선교 상황에 눈뜨게 만드셨습니다. 하나님은 많은 것을 깨닫게 해 주시고 눈물을 흘리게 하셨습니다.

우리는 온 세상에 나가서 복음을 전파해야 합니다. 예수님도 승천하시기 전에 배신한 제자들에게 "내 양을 먹이라. 내 양을 치라"고 거듭 부탁하셨습니다. 목양을 부탁하신 것입니다. 우리는 목회를 하기보다는 목양을 해야 합니다. 목양이 우선입니다.

또한 예수님은 제자들에게 예루살렘을 떠나지 말고 성령을 받으라고 말씀하셨습니다. 성령의 열매는 무엇입니까? 첫째는 선교이고, 둘째는 은사입니다. 셋째는 치유가 일어납니다. 그런데 늘 우리의 관심은 치유가 첫째요, 은사가 둘째요, 선교가 셋째가 됩니다.

우리가 성령을 체험했다면, 성령으로 구원 받은 것을 확인했다면 하나님의 나라가 이 땅에 오는 것에 대해서 세례 요한처럼, 사도행전처럼 준비해야 합니다.

우리가 꿈꾸는 공동체는 하나님 나라의 공동체이지만 이것을 현실적으로 말하면 사도행전적 공동체를 의미합니다. 성령 충만한 공동체, 예수님이 임재한 공동체, 기적이 나타나는 공동체, 고난 속에서도 복음이 전해지는 공동체, 선교와 거룩과 성결이 추구되는 정직 공동체, 평신도 리더를 세우는 공동체, 순교하는 공동체, 이방인을 가슴에 품는 공동체, 땅 끝까지 선교하는 공동체, 교회가 교회를 낳는 공동체인 것입니다.

주 안에서 일본과 한국은 따로 있지 않습니다. 우리는 하나입니다. 하나님 나라의 백성입니다. 우리와 중국은 따로 있지 않습니다. 하나입니다.

우리는 하나님이 보여 주신 방향과 목적을 잃어서는 안 됩니다.

지구의 종말이 어느 순간에 다가올지 모릅니다. 전 세계는 여러 재앙 속에서 고통스러워하고 있습니다. 전쟁과 기근은 계속될 것이고, 범죄와 테러도 끊이지 않을 것입니다. 이때 우리는 세상을 하나님께로 인도하는 안내자 역할을 잘 해내야 합니다. 우리가 증인이 되어야 합니다. 비전을 잃어버린 이에게 비전을 심어 주고, 꿈을 잃어버린 이에게 꿈을 회복해 주고, 기운을 잃어버린 이에게 기운을 불어 넣어 줘야 합니다.

러브소나타의 열매

연도	지역	일정	장소	협력교회수	현지참가자	결신자수
2007	오키나와	3월 29일	컨벤션센터	76	2,075	173
	후쿠오카	3월 30일	선팔레스호텔	78	2,100	192
	오사카	5월 3~4일	국제회의장	208	3,700	158
	동경	7월 23~24일	사이타마 슈퍼아레나	380	15,684	339
	삿포로	10월 31~11월 1일	후생연금회관	71	2,580	153
	센다이	11월 22~23일	선프라자	74	1,830	139
2008	히로시마	4월 22~23일	후생연금회관	86	1,862	112
	대만 타이베이	6월 19~20일	타이베이 아레나	대만교회연합회 협력	19,603	2,738
	요코하마	7월 28~29일	파시피코 요코하마	209	5,260	264
	아오모리	9월 24~25일	시문화회관	62	1,440	34
	나가사키	11월 4~5일	브릭홀	49	1,690	101
2009	고베	4월 14~15일	고베국제회관	141	2,097	130
	나고야	11월 25~26일	아치현 예술극장 대홀	130	2,400	139
2010	아사히카와	8월 30~31일	아사히카와 시민문화회관	55	1,710	71
	니가타	11월 10~11일	니가타 현민회관 대홀	56	1,683	70
2011	나가노	11월 15~16일	나가노 호쿠토문화홀	61	1,660	66
2012	다카마쓰	4월 25~26일	알파아나부키홀	67	1,891	113

[추모의 글]
하용조 목사님을 기억합니다

한국인이 일본을 위하여 무언가를 한다는 것은 자신을 버리지
않으면 불가능한 일인 것 같습니다. 하용조 목사가 자신의 생명까지 걸며
일본을 사랑한 모습에 가슴 깊이 감사의 말씀을 올립니다.
"정말 감사합니다."

나는 하나님의 영광을 보았다!

오가와 츠구미치_ 야마토갈보리교회 목사

할렐루야! 하나님의 거룩한 이름을 찬양합니다.

하용조 목사의 유족과 온누리교회 성도님들께 주님의 각별한 위로가 임하기를 간절히 기원합니다.

"그가 자기 영혼의 수고(travail-진통과 산고를 의미, King James Version)한 것을 보고 만족하게 여길 것이라 나의 의로운 종이 자기 지식으로 많은 사람을 의롭게 하며 또 그들의 죄악을 친히 담당하리로다"(사 53: 11)

"예수 그리스도는 자신의 삶의 방식을 기준으로 이사야 53장을 해석했다. 겟세마네 동산에서 곧 다가올 고통이 하나님께로부터 온 것임을 깨닫는 순간 그제야 비로소 침묵할 수 있었다. 겟세마네 기도 후에 이어진 이 신비로운 침묵은 십자가의 고통을 기꺼이 받아들인다는 의미였던 것이다." -오오키 히데오(大木英夫)

눈물의 예언자

CGNTV에서 하 목사가 선교사들에게 "여러분이 가족들에게 아무것도 해 주지 못하고, 곁에 함께 있어 주지도 못한다는 것이 가장 안타깝다"는 말을 하면서 눈물을 글썽이는 모습을 보았습니다. 그 모습을 보고 '아아, 이 분이야말로 사랑의 사도요, 눈물의 예언자구나' 하는 생각이 들면서 저도 눈시울이 뜨거워졌습니다.

하 목사는 야마토갈보리교회에 자주 오셔서 메시지를 들려 주셨습니다. 그러던 어느 날, 내외 분께서 예고도 없이 예배에 참석하셨기에 함께 점심 식사를 하면서 물었습니다. "목사님, 오늘은 설교 준비를 하지 않으셔도 되니 조금 한가하시죠?"

그러자 "그래요, 오늘은 아주 편안하고 또 오가와 목사의 설교를 들으면서 은혜도 많이 받았어요. 하지만 제가 설교를 했더라면 더 행복했겠지요."라고 대답하시는 것이었습니다. 조금 놀라기도 했지만 역시나 하 목사는 진정한 '말씀의 사역자'라는 생각을 했습니다.

무슨 일이 벌어져도 평안한 사람

몇 년 전, 하 목사의 입원 소식을 듣고 치유 기도를 해 드리기 위해 한국을 찾았습니다.

장로님들의 안내로 병실에 들어가니, 그곳에는 하 목사가 뼈만 앙상하게 남은 채 누워 있었습니다. 하지만 눈이 마주치자 얼굴 가득 밝은 미소로 반갑게 맞이해 주었습니다. 그를 위해 기도를 하는데 어찌 된 일인지 제가 더 은혜를 받았습니다. 정말 '신기한 승리자'가 아닙니까.

통곡하지 않는 한국 사람들

하 목사의 장례식 참석을 위해 한국에 가면서 목자를 잃은 성도들이 얼마나 서럽게 통곡을 할지, 내가 그 상황을 어떻게 견딜지 걱정이 태산 같았습니다. 그러나 그것은 나의 기우였습니다. 이명박 대통령을 비롯해 조용기 목사와 각계 대표들이 참석하여 슬픔과 애통을 나누면서도 깊은 적막과 고요마저 느껴지는 엄숙한 장례식이었습니다.

비교문화론에 관심이 많았기에 한국의 장례식 문화에 대해 책에서 읽고 귀로 전해 들은 것이 있었지만 그와는 달리, 참석자들은 아름다운 미소까지 머금으며 하 목사에 대한 존경과 사랑의 향기를 가득 뿜어냈습니다. 물론 마음속에는 슬픔을 담고 있었겠지만, 평소에 '소천(召天), 개선(凱旋)'에 관해 하 목사가 들려주었던 메시지와 신앙이 뚜렷하면서도 자연스럽게 묻어나왔습니다. 사모님과 자녀들, 온누리교회 장로님들과 성도들 그리고 전 세계에서 몰려든 선교사들의 몸짓은 그야말로 환상과 아름다움이었습니다.

하 목사가 일본 국민 앞에 남긴 말씀은 역사에 길이 남을 것입니다.

"하나님은 일본 국민을 사랑하십니다. 우리가 일본 국민을 용서하지 못하는 죄를 용서해 주소서!"

그동안 나는 한국 국민 앞에 수십 번도 넘게 무릎을 꿇고 일본의 죄를 사죄해 왔습니다. 그런데 하 목사는 오히려 자신들의 죄를 용서해 달라며 머리를 숙였습니다. 그리스도의 사랑이 폭발하는 순간이었습니다. 러브소나타, CGNTV, 일본 두란노 등 이루 헤아릴 수 없이 베풀어 주신 사랑에 진심으로 할렐루야를 외칩니다!

한일 양국을 위한 사랑의 다리

사사키 미츠오_ 국제 변호사

마음 깊이 존경하고 사랑하는 하용조 목사의 소천 소식을 듣고 큰 충격과 아울러 깊은 슬픔이 몰려왔습니다.

자신을 '종합병원'이라고 부를 만큼 갖가지 병마에 시달리고 있었기 때문에 언제 하늘의 부름을 받아도 이상할 것 없었지만, 그래도 저는 좀 더 오래 천국 사역을 담당해 주시리라 믿고 기대해 왔습니다. 한시도 지체할 수 없어 온누리교회에서 거행된 장례식(천국 환송 예배)에 참석했습니다.

하 목사와는 3년 전, 동경 러브소나타 개최를 얼마 앞두고 첫 만남을 가졌습니다. 한국의 리더들(정치가, 비즈니스맨, 전문직)을 중심으로 결성되어 활동을 벌이고 있던 '한국 CEO 포럼'의 부탁으로, 일본의 각계각층 리더들과 합동 회의를 개최하는 것을 논의하는 자리에서였습니다. 그 후, '일본 CEO 포럼' 결성과 창조론 전파를 위한 '러브 크리에이션(Love Creation)' 결성을 함께 준비하면서 하 목사와 많은 대화를 나누게 되었습니다.

하 목사는 이미 한국의 위대한 목회자 가운데 한 사람이라는 것을 누구나 알고 있는데도, 그 분은 한 번도 그런 사실을 자랑하지 않았습니다. 오히려 항상 부족한 저를 존경해 주었고 우리의 사역을 물심양면 지원해 주셨습니다.

막상 장례식에 참석하고 보니 '하 목사는 내가 알고 있던 것보다 훨씬 위대하고 멋진 목회자였구나!' 하는 생각이 들었습니다.

하용조 목사는 위대한 비전을 품은 사람이었다

하 목사는 학생선교단체인 CCC 스태프에서 목사로 변신하여 동료 열두 가정과 1년 동안 신약성경 사도행전을 중심으로 매일 성경을 공부했습니다. 그리고 사도행전은 28장에서 끝나지만 자신들이 사도의 행적을 지속적으로 실천하여 사도행전 29장을 이어서 써 내려 가리라는 비전을 품게 됩니다.

일반 대중에게 좀 더 친근하게 복음을 전하기 위해 연예인 교회를 설립했고, 문화를 통한 사역의 일환으로 두란노서원을 세웠습니다. 또한 TV로 온 세계에 복음을 전파하기 위해 위성방송 CGNTV를 개국했습니다.

하 목사는 세계 각지로 2천 명의 선교사를 파견하고, 교회에서 파견한 선교사를 지원하기 위해 1만 명의 사역자를 전 세계로 파송하리라는 비전도 품고 실천했습니다.

하 목사의 비전은 여기서 그치지 않습니다. 허구로 가득한 진화론에 대항하여 교회에 성서 창조론을 도입했고, 대학과 신학교 및 선교사 훈련 센터를 설립했습니다. 나아가 아버지의 권위와 사랑을 회복하여 하나님의 축복으로 가득한 가정을 만들기 위해 '아버지학교'를 시작하고 이를 온 세계에 널리 보급했습니다.

일본에 복음을 전하기 위해 대형 문화 전도집회인 러브소나타 일본 종단 축제를 기획했고, 일본 두란노, 일본 CGNTV도 설립했습니다.

하 목사는 진정, 하나님이 주시는 비전을 품고 행했던 하나님의 사람이었습니다.

하용조 목사는 위대한 실천가였다

하 목사는 상상을 초월하는 고된 업무뿐 아니라 중증 당뇨병, 신
장 투석, 간암 등으로 고초를 겪으면서도 의연하게 비전을 실현해
나갔습니다.

누구에게도 결코 자신을 과시하지 않고 언제나 모든 사람을 동
등하게 대했으며, 아래 사람에게는 먼저 손을 내밀어 주셨습니다.
질병으로 몸이 쇠약해질수록 더욱 더 주님께 의지하며 겸손해졌다
고나 할까요.

"나의 육체가 쇠잔하기 때문에 주님의 은혜를 입어 강하게 설
수 있습니다."

하 목사는 늘 이 말을 입버릇처럼 하셨습니다.

하 목사는 언제나 약한 사람, 가난한 사람의 편이었습니다. 그
래서 영적으로 연약하고 마음이 가난한 일본 사람의 좋은 벗이 되
어 주실 수 있었습니다. 하 목사의 장례식에 참석하면서 다시 한 번
그분의 인격과 삶에 감동을 받아 '나도 하 목사처럼 되고 싶다!'는
강렬한 열망에 사로잡혔습니다.

이제 이 땅에 남은 사람들의 사명은 하 목사가 목숨을 담보로
세워 주신 사랑의 토대 위에 '한일 양국을 위한 사랑의 다리'를 건
설하는 것입니다. 그가 모범을 보여 준 '그리스도의 십자가 사랑'을
실천하지 못하면, 이 위대한 사랑의 다리 건설은 절대로 불가능할
것입니다.

2년 전, 하 목사가 온누리교회 성령집회에 초대해 주셨을 때 나는 '한일 십자가론'을 발표했습니다. "하나님을 사랑하고 그를 최우선으로 하는 '수직형' 한국 사람과, 사람을 사랑하고 사람을 가장 우선으로 하는 '수평형' 일본 사람이 가로와 세로로 십자가를 만들어서 세계 선교를 추진해 나가는 것이 하나님의 계획 아니겠습니까?" 라고 호소하자 우레와 같은 박수가 터져 나왔습니다.

하 목사는 바로 그 '한일 십자가론'을 목숨으로 실천해 주셨습니다. 저도 하 목사의 유지를 이어받아 끝까지 실천하리라 결심해 봅니다.

감사합니다!

요나이 히로아키_ 고쿠분지침례교회 목사

2011년, 일본은 동일본 대지진을 비롯한 갖가지 재해와 하용조 목사의 소천이라는 큰 슬픔을 겪어야 했습니다.

엄청난 천재지변은 나를 포함하여 일본 국민에게 말할 수 없는 고통과 상처를 남겼지만, 반면에 세계 각지의 지원과 격려가 쇄도했으며, 기도와 우정이라는 선물도 무한히 받았습니다.

하 목사의 소천 소식 또한 커다란 슬픔이었습니다. 하지만 그가 얼마나 일본을 사랑하고 일본 국민을 위해 애썼는지 새삼 깨닫게 되었습니다.

우리 일본 만큼 하 목사와 온누리교회 성도들, 그리고 세계 각국의 기도와 지원을 받은 나라가 있을까 싶을 정도입니다. 아무리 많이 말하고 글로 써도 주님이 주신 은혜를 보답할 길이 없는 것 같습니다.

하 목사는 러브소나타, CGNTV, 일본 두란노를 통해 무엇보다 그 자신이 일본을 위해 기도하고 기꺼이 헌신하셨습니다. 이를 통해 얼마나 많은 교회와 사람들이 도움을 받고 그리스도를 주(主)로 시인하게 되었는지 모릅니다.

한 국가나 국민을 원조한다는 것은 분명히 미담으로 소개될 일이지만, 한국 교회가 일본 교회를 돕는다는 것은 미담 이상의 성스러운 동기가 아니면 불가능한 일이었습니다.

30여 년 전 일입니다. 뜨거운 햇볕이 내리쬐는 한국의 광복절이었던 걸로 기억합니다. 서울대학교에 재학 중인 한국인 친구와 길을 걷고 있는데, 노인 한 분이 다가와서 "너 일본 사람이지?" 하며 매우 험악한 표정을 지었습니다. 오로지 제가 일본인이었기 때문입니다. 그때 곁에 있던 한국인 친구가 저와 그 노인 사이를 가로막았습니다. 그러자 노인의 분노는 같은 한국 사람인 그 친구에게로 옮겨갔습니다. 친구는 노인의 분노가 제 몫인 양 기꺼이 받아들였습니다.

한국인이 일본을 위하여 무언가를 한다는 것은 자신을 버리지 않으면 불가능한 일인 것 같습니다. 하 목사가 자신의 생명까지 걸며 일본을 사랑한 모습에 가슴 깊이 감사의 말씀을 올립니다.

"정말 감사합니다."

20년 전까지만 해도 일본은 어떤 한 나라를 모범과 목표로 삼았습니다. 하지만 지금은 비단 일본뿐 아니라 세계 어느 나라도 그렇지가 않습니다. 무조건 견제하고 경쟁하는 시대입니다. 어쩌면 일본은 이미 다른 나라의 뒤를 쫓아가는 수준이 아니라, 지금까지 한 번도 상상하지 못했던 세계에 직면했다고 말해도 과언이 아닐 것입니다.

일본이 그러하다면, 일본 교회도 마찬가지가 아닐까요. 육상 경기에서 선두를 달리는 주자가 맞바람을 맞는 것과 같은 이치입니다. 세계 흐름이라는 맞바람 말입니다. 그러나 맞은 편에서 불어오는 강한 바람이 있어야 비행기가 부력을 받아 날아오르는 것처럼, 그 바람을 이용하는 법이 더욱 중요합니다.

하 목사는 맞바람을 어떻게 받아들여야 하는지 제시해 주신 분입니다. 일본과 일본 국민에게 새로운 바람을 경험하게 해 주신 분입니다. 새로운 발상, 새로운 도전, 새로운 비전의 바람을 서서히 경험하게 해 주셨습니다. 개인이나 재단으로서가 아닌, 교회를 주체로 내세우는 목회자로서 새로운 모범을 보여주신 것입니다.

앞으로는 일본 교회가 활주로만 빙글빙글 맴도는 종이 비행기에서, 드넓은 창공을 날아오르는 거대한 비행기로 변신할 수 있기를 바랍니다. 맞바람을 이용하여 멋지게 날아오르고 싶다는 염원을 품게 해 준 하 목사에게 감사한 마음 이루 표현할 길이 없습니다. 진심으로 고맙습니다.

또 저는 설교자로서의 하 목사를 잊을 수가 없습니다. 각종 부흥회와 집회에서 목격했던 진귀한 광경이 생각납니다. 의자에 기대어 설교하시던 그 모습은 감동 그 자체였습니다. 투병 생활 동안, 국내외 활동을 한다는 것이 얼마나 힘겨웠을지 상상이 갑니다. 설교자로서의 이상형을 몸소 보여 준 하 목사. 그분은 누가 등 떠밀어서가 아니라 스스로 사명감을 갖고 기쁘고 즐겁게 현장에 임하셨습니다.

일본 목회자들은 악조건 속에서도 설교를 고집하려는 실천 의지가 부족합니다. 성경을 모르고 말씀을 한 번도 들어 본 적 없는 보통 사람들에게 담대히 전하려는 실천력이 부족한 것입니다. 설교에 대한 사명감과 즐거움을 보여 준 하 목사에게 다시 한 번 머리 숙여 감사드립니다.

마지막으로, 하 목사가 남기고 간 목회 사역이 지금도 지속되고 있다는 사실에 감사합니다.

그 중 하나인 CGNTV는 일본 전역에 네트워크가 총망라되어 있습니다. 이 방송망을 통해 그 동안 뿔뿔이 흩어져 있던 교회와 성도들을 하나로 이어 준 것입니다. 이제 일본 자체적으로 이 위성방송을 운영할 수 있도록 기도해야 합니다. 그리고 일본의 지역 교회들이 이 네트워크로 연결되어 공동체 교회라는 의식으로 협력할 수 있게 되기를 소망합니다.

드디어 일본 교회의 진가를 평가 받을 때입니다. 50년, 100년 후에 일본과 세계에 희망을 가져다 줄 수 있는 우리가 되기를 간구합니다.

비전과 유지(遺志)를 받들다

미노루 우사미_ 목사, 제네시스 저팬 회장

2011년 8월 2일 밤, 국제 변호사인 사사키 미츠오가 메일로 하용조 목사의 소천 소식을 알려 주었습니다. 그날의 충격과 슬픔은 이루 말로 표현할 수가 없었습니다. 하 목사는 한국에서 이미 창조론을 강력하게 주장해 왔으며, 일본에서도 여러 해 전부터 '러브 크리에이션'이라는 창조론 세미나를 전폭 지원하고 있었습니다. 나아가 일본 두란노나 CGNTV의 사역을 통해 창조론이 일본에 널리 알려지도록 온 힘을 쏟아 부었습니다.

한국과 일본에서 그를 몇 번 만나면서 그가 얼마나 일본과 일본 국민을 사랑하는지 알 수 있었습니다. 그리고 하 목사가 일본에 구원의 은혜가 넘치기를 뜨겁게 간구하고 있다는 것을 알고 가슴 깊이 감사하고 존경하고 있었습니다.

가루이자와에 있던 저는 다음 날 오전 중으로 모든 일을 마치고 서둘러 우에다에 있는 온누리교회로 향했습니다. 교회에 도착하자 존경하는 야마구치 기요타카 목사님이 반갑게 맞이해 주었습니다. 교회 안에는 스크린이 준비되어 있었고, CGNTV를 통해 한국에서 거행되는 하 목사의 장례식이 방송되고 있었습니다. 많은 분들이 하 목사를 그리워하며 추모하는 메시지가 들려왔습니다.

야마구치 목사와 저는 잠시 하 목사를 추억하고 슬픔을 위로하면서 기도의 시간을 가졌습니다. 야마구치 목사가 우에다 온누리교회에 계시지 않았다면 저는 아마도 한국으로 날아갔을 겁니다. 야마구치 목사가 "나는 이 교회를 찾는 분들을 위해 항상 교회 문을 열어 놓아야 할 책임이 있다"고 말씀하시는 것을 들으니, 하 목사의 뜻을 이어가려는 주의 형제를 보는 것 같았습니다.

예전부터 하 목사가 창조론을 절대적으로 여기고 있다는 것은 알았지만, 이것을 급박한 현실과 접목하게 된 것은 2010년 2월에 열린 한국 온누리교회 부흥회 때였습니다. 그 부흥회의 테마는 '창조와 성령'이었습니다. 그곳에는 세계적으로 유명한 한국창조과학회 초대 회장인 김영길 박사를 비롯하여 많은 창조론 과학자들이 참석했습니다. 저도 일본의 창조론자 중 한 명으로 참석했습니다.

그날, 열정적으로 메시지를 전하시던 하 목사의 모습이 바로 어제 일처럼 떠오릅니다. 현대는 성경에서 말씀하는 창조와 성령의 역사를 부정하는 시대입니다. 그러다 보니 성도들의 신앙도 점점 약해져 간다며 하 목사는 사랑과 애틋함을 담아 절절히 설파했습니다.

지금은 무신론 사상에서 비롯된 진화론이 맹위를 떨치고, 성경대로 창조론을 믿는 사람을 손가락질하는 시대입니다. 그 영향 탓에 많은 기독교인들이 창조를 사실로 받아들이지 못하게 되었습니다. 하 목사는 이런 시대야말로 창조의 사실을 믿는 것과 그것을 증명하는 사역이 매우 중요하다고 강조했습니다.

온누리교회에서는 구원 받은 사람이 제일 먼저 창조론을 공부합니다. 그것이 바로 확고한 신앙 성장을 위한 반석이 되기 때문입니다. 기독교인이라면 온 세상과 인간을 창조하신 창조주 하나님의 위대함을 배우고, 그에 대한 절대적 신뢰를 마음 깊숙이 뿌리내려야 합니다.

하 목사는 일본에서 창조론의 중요성을 역설하고 전파하는 우리에게 큰 위로와 힘이 되었습니다. 2010년의 부흥회는 그가 어떤 생각으로 일본으로 건너와 창조의 사실을 뿌리내리려 했는지, 얼마나 간절히 기도하고 있는지 이해할 수 있었던 귀중한 기회였습니다.

미력하나마 두란노서원 출판물인 『창조과학 콘서트』, 『노아 홍수 콘서트』, 『열린다 성경 : 식물 편』 출판에 힘을 보태고 CGNTV 프로그램 편성에 참여했던 일 등은 저에게 커다란 기쁨이요 보람이었습니다.

또 한 가지, 하 목사의 모습을 통해 배운 것 중 빼놓을 수 없는 것은, 일본을 향한 하나님의 무한한 사랑입니다. 마태복음 9장에서 예수님은 군중들이 목자 없는 양들처럼 흩어지고 쓰러지는 것을 보시고 가여워 하셨습니다.

"무리를 보시고 불쌍히 여기시니 이는 그들이 목자 없는 양과 같이 고생하며 기진함이라"(마 9:36)

예수님이 사랑과 자비로 무리를 바라보시고 저들을 구원하고 싶어 하신 것처럼, 하 목사 눈에 일본이라는 나라는 그렇게 비쳤습니다. 하 목사는 일본에 대한 한없는 애정을 보이시며 아무리 건강 상태가 좋지 않아도 의연하게 강단에 올라 말씀을 선포하셨습니다. 저는 그 모습을 볼 때마다 '예수님이 이렇게까지 일본과 그 국민을 사랑하시는구나' 절절히 느낄 수 있었습니다. 그리고 '내게도 그런 사랑을 허락하소서' 라며 간절한 기도를 드렸습니다.

하 목사를 통해 보여 주신 창조주의 사랑과 창조론의 중요성을 담은 메시지가 앞으로도 영원히 두란노서원과 CGNTV에서 흘러 나오기를 기도합니다. 또한 일본의 목회자들이 한국을 위해 이렇게 은혜로운 메시지를 전할 수 있다면 얼마나 좋을까요.

그러한 교류가 지속된다면, 하 목사와 한국 성도들이 일본을 사랑해 주셨던 것처럼 우리 일본도 한국과 한국인을 사랑하게 되겠지요. 장래에 형제 나라가 되어 마음을 하나로 모은다면 그것이야말로 하 목사가 기뻐하실 일이요, 창조주의 사랑이 이 땅에 이루어지는 일일 것입니다.

두란노서원과 CGNTV 역시 계속해서 한국과 일본의 징검다리 역할을 해 주시길 부탁드립니다.

하늘나라에 계신 하용조 목사께

가토 노조미_ 히로시마복음교회 목사

천국의 사역을 위해 모든 땀과 눈물을 쏟으시고 이 땅에서의 짧은 생애를 마치신 당신에게, 일본 목회자의 한 사람으로서 이루 말로 형용할 수 없는 감사의 마음 전합니다.

저에게 한국이라는 나라는 가깝고도 먼 곳이었습니다. 1990년대에 저는 미국에서 히브리어 성경을 배우기 위해 대학원에 다니고 있었습니다. 그러던 어느 날, 저는 주로 한국 목사들에게 구약성서 입문 코스를 강의하는 수업을 맡게 되었습니다. 그런데 강의 안내문에 제 이름이 뜨자 제 수업은 순식간에 보이콧 당하고 말았습니다. 대학원 지도 교수님께 한국과 일본의 관계 때문에 수업 진행에 약간의 어려움이 있을 수 있다고 듣기는 했지만, 설마 보이콧까지 당하리라고는 꿈에도 생각하지 못했습니다.

그 후, 한일 역사를 공부하면서 특히 도요토미 히데요시가 조선으로 출병할 때 선두에 섰던 가토 기요마사라는 장수가 한국 사람의 원한을 샀다는 사실을 알게 되었습니다. 한민족 400년의 원한이여! 물론 제가 가토 기요마사의 자손은 아니지만, 가토라는 제 이름만으로도 한국 국민에게는 쓰라린 과거 역사를 상기시키기에 충분하지 않았을까 생각해 봅니다.

이 보이콧 사건을 두고 대학원을 함께 다니던 한국인 동기들은 진심으로 나를 위해 분노해 주었습니다. 더구나 목사들이 이러한 차별 행위를 일삼았다는 데 대해 충격을 받은 것 같았습니다. 제가 일본에만 있었다면 이러한 한일 문제를 전혀 몰랐을 것입니다. 하여튼 이 보이콧 사건은 제 마음에 깊은 상처로 남았습니다.

2000년에 저는 일본으로 돌아와 히로시마에서 선교 활동을 하고 있었습니다. 그러던 중 한국에서 온 자매 선교사들과 교류를 하면서 러브소나타 사역에 관한 이야기를 들었습니다.

2007년 어느 날, 마침 동경 러브소나타 집회가 끝난 즈음이었는데, CGNTV 스태프 한 분이 찾아오셔서 러브소나타 영상을 보여 주었습니다. 그날 하 목사의 메시지를 듣고 저는 큰 충격을 받게 됩니다. 메시지 초반에 "일본 사람을 용서하지 못한 우리 한국 국민을 용서해 주십시오" 하고 용서를 구하는 것이 아닙니까! 지금까지 만났던 목사들 가운데 이렇게 용서를 구했던 분은 한 사람도 없었습니다.

저는 마음이 떨리고 영혼 저 깊은 곳에서 솟구쳐 오르는 감동 때문에 흐르는 눈물을 주체하지 못했습니다. 지난 몇 년 동안 저를 괴롭히던 마음의 상처도 씻은 듯 치유되었습니다. 저는 그 자리에서 '히로시마에도 러브소나타가 필요합니다. 주님의 사랑의 노래를 제발 들려주소서' 간절히 기도했습니다.

2008년 4월, 드디어 꿈에 그리던 히로시마 러브소나타가 실현되었습니다. 한국 온누리교회 성도의 기도와 응원 덕분에 2천 1백 명이 넘는 사람들이 기적의 현장에 함께 했습니다. 역사적으로 많은 상처를 안고 있는 히로시마 사람들을 위로하는 사랑의 노래가 연주되고, 사랑의 메시지가 울려 퍼지는 순간이었습니다. 하지만 안타깝게도 하 목사는 병환으로 인해 참석할 수가 없었습니다. 잠시 서운

함을 느끼던 히로시마 사람들은 하 목사가 보내 주신 축하 메시지를 전해 듣고 더 큰 위로를 받았습니다. 준비 기도회에서는 하 목사의 치유를 위한 뜨거운 기도가 이어졌고, 부디 건강을 회복하셔서 히로시마에 꼭 한 번 오시라는 내용의 편지를 쓰기도 했습니다.

그로부터 3년이 흘렀습니다. 인공투석으로 건강을 회복하신 하 목사께 히로시마에 오시라는 부탁을 드렸지만, 간절한 소망에도 불구하고 하늘의 부름을 받으셨습니다. 하나님께서도 하 목사가 필요하셨던 걸까요.

'착하고 충성된 종아, 네가 잘하였도다'는 하나님의 칭찬을 들으며, 사도 바울처럼 달려갈 길을 모두 마치고 하늘로 올라가신 하 목사. 65년이라는 결코 길지 않은 이 땅에서의 생애였지만, 수많은 선교 사역을 유산으로 남겨 주셨습니다. 그가 즐겨 부르던 '내게로 와서 쉬어라'는 찬송가 467장의 가사처럼 험하고 곤한 인생일지라도 항상 주님과 동행했던 하 목사. 이 땅에서도 천국을 거닐었던 그였지만, 지금은 그토록 고대하던 천국의 삶을 시작하셨으니 이 얼마나 기쁘고 행복한 일입니까.

세상에 남겨진 우리는 그와의 이별이 슬프지만, 하 목사가 그랬듯 하늘나라를 향하여 한 걸음 한 걸음 나아갈 것입니다. 그때에 예수님 앞에 당당히 서고 하 목사와도 웃는 얼굴로 다시 만날 수 있도록 "나는 선한 싸움을 싸우고 나의 달려갈 길을 마치고 믿음을 지켰으니"(딤후 4:7) 하는 각오로 살아갈 것입니다.

하용조 목사를 그리며

오쿠야마 미노루_ 세계선교센터 소장

거의 해마다 이런저런 이유로 한국을 찾게 됩니다만, 몇 년 전 인가 제가 한국에 들어온다는 소식을 어떻게 들었는지 온누리교회 여전도회 예배의 설교를 부탁 받은 적이 있습니다. 당시 하 목사는 병환으로 입원 중이어서 만날 수는 없었지만, 그것이 하 목사와 온누리교회와의 운명적 만남이었습니다.

그 후로는 계속해서 하 목사와 온누리교회에 폐를 끼치기만 했는데, 그 보답을 해 드리기도 전에 당신은 하늘나라로 떠나버리셨군요. 너무도 큰 희생을 치르며 결행해 주셨던 러브소나타와 CGNTV 위성방송 덕분에 일본은 회복과 치유의 축복을 받았습니다. 일본 각지에서 열린 러브소나타에서 하 목사가 거듭 강조했던 것은 "일본의 회복을 위하여!"라는 말씀이었습니다. 지금도 그 음성이 귓가에 쟁쟁합니다.

그런데 여기서 한 가지 정확하게 짚고 넘어갈 일이 있습니다. 일부 사람들이 '회복이란 기독교 국가에만 해당되는 말로, 부도덕한 기독교인이나 교회가 교화되고 쇄신된다는 뜻이다. 비기독교인에게는 전도라는 말이 옳은 것'이라고 주장합니다. '일본의 회복이라는 말은 모순'이라는 지적 같은데, 그것은 '회복이라는 단어의 고전적 정의'를 두고 하는 비판입니다.

사실 과거에는 '해외 선교'라는 말을 사용했지만 지금은 '세계 선교'라고 해서 신앙에 대한 정의도 변했습니다. 마찬가지로 회복에 대한 정의도 변했습니다. 지금 이야기하는 회복이라는 말은 인도네시아의 교회들이 내부적으로 쇄신되는 상황을 가리키기도 하지만, 본질적으로는 '이교도들에 대한 폭발적 영혼 구원 운동'을 말합니다.

하 목사를 비롯한 많은 한국 교회와 중국의 가정 교회, 온 세계의 뜨거운 영혼들이 '일본의 회복을 위하여' 기도하는 이유는, 일본의 1%도 안 되는 기독교인들의 변화를 바라서가 아닙니다. '일본국민 전체의 폭발적 영혼 구원' 때문입니다. 그것이 바로 현 시대에서 이야기하는 회복의 진정한 의미입니다. 더 이상 호랑이 담배 피던 시절의 사전적 정의를 들고 나와 부정하고 비난하는 일에 시간 낭비하지 말고, 일본의 회복과 구원을 위해 기도해야 합니다. 머지않아 일본 국민도 우상숭배에서 벗어나 참된 하나님께 예배드릴 날이 올 것입니다. 그것이 바로 일본의 회복입니다. 하 목사는 그것을 미리 꿰뚫고 일본을 위해 위대한 사역을 실천했던 것입니다.

사실 많은 사람들은 모르겠지만, 하 목사와 온누리교회가 세계를 위해 공헌한 업적이 하나 더 있습니다. 그것은 진화론과의 학문적 대결을 위해 '창조과학회' 한국 지부를 대담하게 받아들인 점입니다. 이 일을 두고 대담하다고 하는 이유는, 일본도 마찬가지지만, 구미 여러 선진국의 기독교 교회가 과학의 기본 틀인 진화론에 대항할 수 없다고 판단하면 즉시 무장해제를 하고 싸움을 포기해 버렸기 때문입니다. 그런 다음 '유신(有神)진화(신은 진화론 과정 속에서 만물을 창조했다)'라는 신학을 만들어 내어 진화론자들과의 타협을 도모했습니다.

사실 비기독교인 중에도 '진화론은 자연과학이 아니다'(죠치대학 와타나베 쇼이치 교수)라며 당당히 진화론을 전면 부정하는 발언을 하는 이가 있습니다. 그런데 재미있는 사실은, 동경대학교 진화론 학자를 비롯한 각 대학의 전문가들이 쇼이치 교수의 발언에 반격을 가하기는커녕 그저 '침묵'을 지키고 있다는 것입니다.

심지어 동경대학에서는 '진화론은 학문적으로 성립될 수 없다'는 내용의 책 세 권, 『엔트로피의 법칙』, 『기린의 목』, 『반(反)진화론(원 제목은 『진화론: 위기에 처해 있는 학설』)』을 출판했습니다. 이러한 진화론의 실체를 모르고, 허위로 가득 찬 진화론에 대하여 학문적으로 싸움을 벌이고 있는 '창조과학회'를 야유하는 것입니다.

저는 한국 교회는 조금은 특별한가 싶었는데, 당시 '창조과학회'가 한국에 들어갔을 때 약간의 저항이 있었다고 합니다. 바로 그때 하 목사와 온누리교회가 나서서, 사람을 두려워하기보다 하나님을 두려워하며 이것을 받아들여 준 것입니다. 이러한 사실 하나만으로도 하나님께 영광을 돌리지 않을 수 없습니다.

저 역시 일본에서 우사미 마사미 목사와 호리코시 목사 등과 30년 이상 '창조과학회'를 이끌어 왔지만, 일본 교회에 대한 영향력은 미미한 것이었습니다. 그러나 지금은 한국뿐 아니라 전 세계에 영향력을 미치는 하 목사와 온누리교회가 '창조과학회'를 강력하게 지지하고 있습니다. 이로 인해 일본 교회뿐 아니라 전 세계의 교회들이, 나아가 온 세계가 변할 수 있다는 확신을 가졌습니다.

그러고 보니 하 목사의 신앙과 용기 있는 결단, 목회자로서의 지도력, 겸손 등은 아무리 생각해도 위대합니다. 그 위대한 목회자와 주 안에서 교제를 나누었다는 것이 너무 행복하고, 하 목사를 큰 그릇으로 널리 사용하신 하나님께 무한한 감사를 드립니다.

"주의 말씀의 강령은 진리이오니 주의 의로운 모든 규례들은 영원하리이다"(시 119:160)

하용조 목사의 결단에 감사드립니다

호리코시 노부지_ 생명감사회 이사장

1980년대에 한국창조과학회의 김영길 회장과 김할리 박사를 포함한 여러 목사님을 욧카이치까지 초대하여 강연회를 열었습니다. 통역은 조성록 장로가 수고해 주셨습니다. 이 만남을 계기로 저는 온누리교회에 여러 차례 찾아가서 배움의 시간을 가질 수 있었습니다.

온누리교회에서 배운 창조를 기본으로 하는 교육과 지역 교회를 중심으로 한 교회 조직의 형성 등은 전통적인 인습이 강한 욧카이치 지역에서 교회가 뿌리내릴 수 있는 분위기를 조성하는 데 큰 도움이 되었습니다. 저는 온누리교회를 방문하는 동안 하용조 목사와 두세 번 만날 기회를 가질 수 있었습니다.

한국 교회가 일본에 미치는 영향

일본 교회를 향한 한국 교회의 사랑에 진심으로 감사를 드립니다.

한국 교회 신앙의 토대가 되고 있는 창조론에 대해 듣고 배울 수 있는 '제자 훈련'을 일본에서 열심히 실천한 결과, 대형 교회들이 세워졌습니다. 물론 전체적으로 볼 때는 여전히 미흡합니다. 기반이 아직 완전히 갖추어져 있지 않았는데 결과와 형식에 지나치게 집착하지 않았나 하는 반성도 합니다.

'왜 창조를 배워야 하는가' 지금까지 일본 교회가 이 물음에 대한 답을 회피해 온 것도 사실이지만, 토대가 뒷받침 되지 않은 일이 잘 진행될 리 없지 않습니까. 저도 창조론을 가르치려고 잠깐 시도해 본 적이 있지만 워낙 버겁고 방대해서 포기해 버린 적이 있습니다.

최근 창조론과 관련하여 러브 크리에이션이나 그랜드 캐니언 연수 여행 같은 프로그램이 진행되면서, 창조론의 중요성이 일부 목사와 성도들, 비즈니스맨으로 확대되어 갔다는 사실에 대해 거듭 감사드립니다.

이러한 변화들이 온누리교회의 사역 덕분임을 알기에 앞으로 일본 선교에 그 효과를 발휘하려고 합니다. 하 목사가 보여 주신 선교에 대한 열정에 감사드립니다.

한동대학교와의 결연

그 뿐 아니라 일본의 창조 신앙의 강화를 위하여 배려해 주신 한동대학교의 김영길 총장께도 감사를 드립니다. 한동대학교는 창조를 기초로 한 교육 성과를 증명한 대학으로서 앞으로 일본 교회에 큰 영향을 미치리라 믿습니다.

한동대학교가 하 목사의 노력과 지원 덕분에 여러 차례 위기를 극복하고 성장할 수 있었다는 이야기를 듣고, '과연 선교에 온 열정과 노력을 기울이시는 분이구나' 하고 감탄할 수밖에 없었습니다. 또한 하 목사에게 힘을 주시어 사역을 감당하게 하신 창조주 하나님께도 감사를 올립니다.

하용조 목사의 유산, CGNTV

와타나베 마고토 _ 일본성서협회 목사

하용조 목사의 갑작스러운 소천 소식에 깊은 애도를 표합니다. 하 목사의 대표적인 일본 선교 활동은 러브소나타, CGNTV, 큐티 사역, 이 세 가지를 들 수 있습니다(물론 다른 사역도 많지만).

개인적으로는 최첨단을 밟은 CGNTV가 하 목사의 유산 중에서 앞으로도 중요한 역할을 하게 되지 않을까 생각합니다. 24시간 전 세계로 방송되는 CGNTV는 인터넷 시청 등을 통하여 국경을 넘고 도시, 산간 마을 구별 없이 온 세계로 복음을 전파하고 있습니다.

그 중요성에 비해 일본 국내의 수신 시설이 미흡했다는 점이 유감스럽긴 합니다만, 앞으로 프로그램과 방송 내용의 질을 개선하고 보완하여 점점 더 확대되어 나가기를 바랍니다.

하 목사와 그를 지지해 준 온누리교회, 여러 방면에서 헌신해 주신 모든 분들께 진심으로 감사드리며, 하나님의 은혜와 축복이 넘치기를 기원합니다.

희생과 열정의 산물, 러브소나타

김 에슐린_ 풀가스펠후쿠오카교회 목사

저는 하용조 목사를 희생과 열정의 화신이라고 부르고 싶습니다. 그 불꽃이 일본 교회에 깊이 뿌리 내리고 있던 교단 사이의 벽을 녹여 버렸다고 믿습니다.

저는 25년 전 일본으로 건너오면서 일본 교회 목사들과 친분을 갖게 되었는데, 러브소나타를 통해 그제야 복음파와 사회파, 성령파 교단들이 하나가 되고 형제가 되는 놀라운 체험을 했습니다. 이 집회가 성공을 거둔 이유는 희생과 열정의 불꽃 덕분입니다.

일주일에 세 번씩, 4시간마다 죽음의 고통을 넘나들며 신장투석을 받으면서도 러브소나타를 주관하는 하 목사의 모습에, 얼어붙어 있던 일본 교회 목회자들의 마음이 녹아내리기 시작했습니다. 그리고 기적적으로 70개가 넘는 교회가 한마음이 되었습니다. 후쿠오카 역사상 전무후무한 일입니다. 온누리교회와 하 목사의 희생과 열정 속에서 예수 그리스도의 십자가 사랑을 본 것입니다. 그 사랑 속에서 우리는 너무도 행복했습니다. 지금도 그 연합은 이어지고 있습니다. 이 얼마나 놀라운 회복이요 치유의 은혜입니까.

감사합니다, 하용조 목사님.

새로운 시대! 새로운 선교를 향한 열정

미타니 야스토_ 가네보 제약(주) 전무

하용조 목사께 진심으로 감사드립니다. 무서운 병마에 시달리면서도 일본 선교를 위하여 목숨을 내어놓으신 은혜에 존경과 사랑을 전합니다.

CGNTV와 아버지학교, 러브소나타를 통한 문화 전도로 우리는 얼마나 큰 용기를 얻었는지 모릅니다.

특히 저는 하 목사가 집필한 『사도행전적 교회를 꿈꾼다』를 읽고 너무도 큰 감동을 받았습니다. 그 중에서도 '맞춤(Target) 전도'에 대한 방법론은 비즈니스맨인 저에게 '타겟 마케팅'이라는 힌트를 주었고, 실생활에 적용할 수 있다는 확신을 갖게 되었습니다.

에든버러 100주년 대회에서는 하 목사의 절절한 선교 의지가 전해져 왔습니다. "과거의 눈으로 미래를 볼 수 없다. 과거는 지나갔다. 새로운 시대는 새로운 방법으로 접근해야 한다. 혼란과 불안의 시대에 교회가 변하지 않으면 어떻게 사회를 변화시킬 것인가. 이제 교회가 사회 속으로 들어가야 한다."

지금 일본 사람들은 희망을 잃고 폐쇄와 단절 속에서 신음하고 있습니다. 이때야말로 하 목사의 선교를 향한 열정과 목숨 건 노력을 닮아, 사랑으로 복음을 전하고 희망을 주어야 합니다.

위대한 하나님의 사랑, 하용조 목사

게이코 모리_ 카넬신학교 이사

신디 제이콥스 목사가 일본 '가와구치 리리아홀' 집회에서 이런 이야기를 했습니다.

"한국과 일본은 주님 안에서 형제자매입니다. 하나님은 우리를 위하여 항상 새것을 준비하십니다. 언젠가는 이 일본에도 대형 스타디움에 수천 명이 모여 예배를 드리는 광경을 보게 될 것입니다."

2만 명이 참석했던 사키타마 아리나의 러브소나타, 홋카이도에서 오키나와에 이르는 일본 종단 러브소나타. 수천 명이 예배를 드렸던 감격의 순간, 주님 안에서 형제자매가 된 한국. 모든 것들이 어제 일인 듯 선명하게 떠오릅니다. 일본을 향한 꿈의 선교, 예수 그리스도의 비전을 품은 하용조 목사의 소망, 비전, 희망의 실현. 하나님의 시간표에 맞추어 이루어진 모든 일들과 일본 선교 사역에 마음 깊이 감사드립니다.

마틴 루터 킹 목사님이 이런 말씀을 했습니다.

"설령 목숨을 버리더라도 꼭 이루고 싶은 목표를 찾지 못하면 살아가는 의미가 없다."

하 목사도 『나는 선교에 목숨을 걸었다』에서 '우리는 인생의 목표를 확실히 하지 않으면 안 됩니다. 무엇을 위해 사는가, 또 무엇을 위해 죽는가'라고 말씀했습니다.

여러 차례의 암 수술, 주 3회 인공투석, 보통 사람은 상상도 할 수 없는 건강 상태에서 그토록 위대한 하나님의 사역을 감당하신 하 목사.

"너희는 그 은혜에 의하여 믿음으로 말미암아 구원을 받았으니 이것은 너희에게서 난 것이 아니요 하나님의 선물이라"(엡 2:8)

그것은 하나님의 일방적인 은혜요 놀라운 기적이었습니다.

하 목사는 말씀했습니다.

"아무리 괴롭고 힘들어도 하나님을 위하여 인생을 바쳐야 합니다. 이것이 선교입니다."

하나님께 모든 것을 헌신한 그의 신앙에서 하나님 중심이 무엇인가를 배웁니다. 99% 비기독교인과 타 종교인들을 위한 러브소나타. 앞으로 남은 우리가 힘을 모아 계속 이어가야 합니다. 한국과 일본은 주님 안에서 한 지체이기 때문입니다.

예수님은 요한복음 17장 21~22절에서 "아버지여, 아버지께서 내 안에, 내가 아버지 안에 있는 것 같이 그들도 다 하나가 되어 우리 안에 있게 하사 세상으로 아버지께서 나를 보내신 것을 믿게 하옵소서 내게 주신 영광을 내가 그들에게 주었사오니 이는 우리가 하나가 된 것 같이 그들도 하나가 되게 하려 함이니이다"라고 말씀하셨습니다.

서로의 마음을 모았던 러브소나타 집회를 모델 삼아, 초교파적인 사역이 확대되어 나가기를 소망합니다.

소중한 사람과의 만남. 하 목사를 만나고 그에게서 배려와 사랑을 배웠습니다. 그것이 저의 가장 큰 재산입니다. 정말 감사합니다.

하용조 목사님, 천국에서 응원을 보내주세요

모리 유리_ 가스펠 가수

제가 처음 하용조 목사님을 만난 것은 2007년 7월, 한일 리더십 포럼에서 사회를 맡으셨을 때입니다. 한일 기독교 리더들이 한자리에 모인 호텔 연회장은 따스하고 편안한 분위기가 넘쳐흘렀습니다.

하 목사님은 이 어마어마한 행사와 방대한 일정을 주관하고 진행하는 분이라고는 생각할 수 없을 만큼 겸손하고, 소박한 미소를 보내 주셨습니다. 표정은 온화하지만 말씀을 선포하실 때는 선교를 향한 불타는 정열을 내뿜으시는 모습을 보며, '이것이 진정한 전도자의 모습이구나' 하고 감동을 받았습니다. 한국인으로서 일본을 위하여 자신의 목숨을 걸고 예수 그리스도의 복음을 전해 주신 분. 지금은 하늘나라로 돌아가신 하 목사님의 뜨거운 사랑과 의지를 이어받아, 일본이 하나님의 사랑으로 가득한 나라가 되도록 기도로 달려가겠습니다.

한국과 일본이 손을 잡고 온 세계에 복음이 전파되기를 바랍니다. 천국에 계신 하 목사님도 기도로 우리를 응원해 주시리라 믿습니다.

존경하는 하용조 목사님

배재철_ 테너

저에게 2008년 여름은 요코하마의 추억으로 감사와 행복이 넘칩니다. 저는 갑상선암 수술 중에 신경이 절단되는 사고를 당해 일상적인 대화를 할 수 없음은 물론이고 테너 가수로서의 목소리도 잃어버렸습니다.

그 후 하 목사님을 만나 요코하마 러브소나타에 초대되었습니다. 수술 후 처음으로 무대에 올라 찬양했던 그 순간을 지금도 잊을 수가 없습니다.

그날, 하 목사님은 병환 중에서도 열정적으로 메시지를 전해 주셨습니다. 하 목사님 속에 함께하시는 성령의 역사를 고스란히 느낄 수 있었습니다. 무척이나 행복해 보이는 하 목사님의 모습을 보며 깊은 감동을 받았고 한없는 감사를 드렸습니다. 자신의 힘으로는 아무것도 할 수 없으나 하나님의 도움으로 행복하게 사역을 감당하는 사람, 하늘의 사명을 감당하는 인생을 살아가는 비밀을 하 목사님을 통해 배웠습니다.

존경하는 하나님의 종, 하용조 목사님. 지금쯤 사랑의 하나님 품에서 편히 쉬고 계시겠지요. 제가 비록 작고 부족하지만 한없이 신실한 신앙과 열정, 모든 것을 십자가 아래 내려놓고 사랑으로 살아가신 하 목사님을 닮고 싶습니다. 그것이 저의 영원한 기도제목이 되기를 간구합니다. 아멘.

천국 환송 예배(온누리교회 서빙고성전)

소망교회)　김상복 원로목사(할렐루야교회)

미네노 타츠히로 목사(요도바시교회)

오가와 츠구미치 목사(갈보리교회)

장남 하성석의 감사의 인사

마지막 작별 인사

두란노 본사 앞에서

운구 행렬

하관 예배

하관 예배

김영미 소프라노의 특별찬양

국화로 장식한 묘지

하용조 목사의 비석

추모 예배

온누리교회 빈소

헌화하는 성도들

조문하는 이명박 대통령

추모 예배(온누리교회 서빙고성전)

이동원 목사(지구촌교회)

오정현 목사(사랑의교회)

김진홍 목사(두레공동체운동본부 대표)

김지철 목사

동경 추모 예배(요도바시교회)

홍정길 목사(남서울은혜교회)

오가와 초구미치 목사(갈보리교회)

쿠니요시 마모루 목사(나하침례교회)

하관예배(문막 온

도이 류이치 목사(중의원 의원)

오쿠야마 미노루 목사(세계선교센터 소장)

사사키 미츠오(국제 변호사)

관서 추모 예배(온누리교회 이재훈 목사)

(시라가와다이침례교회 고무라사키 요시

복음과 성령의 균형을 이루며 예수 그리스도의 지상명령을 준행하고 선교에 목숨을 걸었던 이 시대의 영적 지도자, 故 하용조 목사가 2011년 8월 2일 하나님 곁으로 부르심을 받았습니다.

생전에 항상, 설교를 하다가 강단에서 하나님의 부르심을 간구했던 하 목사는 7월 31일 주일 예배 설교 후, 평소대로 교회 업무를 마치고 오후 8시경 귀가했습니다. 그리고 그날 밤(새벽) 자택에서 뇌출혈로 쓰러지고 말았습니다.

하 목사는 곧장 병원으로 옮겨져 두 번에 걸쳐 수술을 받았습니다. 그러나 모두의 간절한 바람에도 불구하고 8월 2일 오전 8시 40분, 주님 품에 안겼습니다.

변화산에서 생긴 일

기도를 위해 변화산에 오르시다

베드로의 신앙고백은 기독교의 시작입니다. 왜냐하면 그의 신
앙고백 위에 교회가 생겼고, 교회라는 단어가 처음 등장했기 때문
입니다. 예수님은 베드로의 신앙고백 위에 교회를 세우셨고, 교회
시대가 시작되었습니다. 이 고백이 교회의 기초가 된 것입니다. 이
고백을 하고 6일이 지난 후 예수님은 제자들, 그중에 특별히 베드
로와 야고보와 요한을 따로 데리고 높은 산으로 올라가셨습니다.

이스라엘을 여행하는 사람들은 이 변화산을 꼭 가 보게 되는데,
그냥 언덕으로 보이지만 올라가면 숨이 차고 땀을 뻘뻘 흘릴 정도
로 높습니다. 꼬불꼬불 돌아가야 해서 시간이 많이 걸려야 변화산
에 오를 수 있습니다.

왜 예수님은 세 명의 제자를 데리고 이 산꼭대기까지 올라가셨
을까요?

"엿새 후에 예수께서 베드로와 야고보와 요한을 데리시고 따로 높은 산에 올라가셨더니 그들 앞에서 변형되사"(막 9:2)

예수님의 제자는 열두 명인데 그중 세 명만 따로 데려가신 것을 보면 항상 열두 제자를 만나는 게 아니라 가깝게 만나던 제자가 이 셋이었던 것 같습니다. 아마 특별한 관계가 있지 않았을까 추측해 봅니다. 누가복음에 보면 똑같은 기사가 나오는 데, 누가는 기도하기 위해 갔다고 기록했습니다.

그 산에 올라간 목적은 말씀을 전하기 위해서도 아니고, 쉬기 위해서도 아닙니다. 그곳에 힘들게 올라간 목적은 기도하기 위해서입니다. 예수님과 제자들은 지금까지 핍박도 없고 평온한 상태에서 복음을 전하고 말씀을 가르쳤습니다.

그런데 이 변화산의 사건 이후부터 상황이 달라집니다. 이때부터는 기도하지 않으면 견디기 어려운 고난과 역경, 어려운 문제들에 직면하게 됩니다. 우리가 예수님을 믿을 때도 마찬가지입니다. 처음 믿을 때는 하나님이 좋고 편하게 해 주십니다. 하지만 하나님을 진짜 잘 믿어 보려고 하면 험난한 상황에 부딪히게 됩니다.

하나님은 처음에 웬만한 것은 다 봐 주십니다. 술 마셔도 봐 주고, 교회에 빠져도 봐 주고, 거짓말해도 봐 주고, 기독교인답지 않게 적당히 해도 그것을 문제 삼지 않으십니다. 하지만 신앙에 깊숙이 들어오면 하나님은 작은 것까지 다 간섭하십니다. 연애할 때도 마찬가지입니다. 처음 연애할 때는 설렁설렁합니다. 그런데 '내 사람이다'라는 생각이 들면 달라집니다. 작은 것까지 전부 간섭하게 됩니다.

이 장면 이후부터 십자가와 겟세마네 동산, 고난이 기다리고 있기 때문에 기도하러 산에 올라가신 것입니다. 이 고난을 이겨 내려면 기도로 준비하지 않으면 안 되기 때문에 훈련을 시키시는 것입니다.

"기도하실 때에 용모가 변화되고 그 옷이 희어져 광채가 나더라"(눅 9:29)

마태복음과 마가복음에는 기도하는 모습이란 말을 쓰지 않았지만 누가복음에는 산에 가서 기도하셨다고 기록되어 있습니다. 제자들이 예수님과 함께 기도한 것입니다. 기도해 보면 알겠지만 정신을 바짝 차리고는 기도를 다 하지 못합니다. 기도하다 졸기도 하고 화장실도 갔다 오고 좀 딴 짓도 하다가 또다시 기도합니다. 그런데 기도 중에 갑자기 예수님이 변하신 겁니다.

우선 예수님의 옷이 변했습니다. 천국에서 입고 있던 옷으로 변한 것입니다. 세마포처럼 지상에서는 한 번도 본 일이 없는 설명하기 어려울 정도로 하얗게 된, 그런 옷을 입고 계신 겁니다. 얼굴빛은 해가 힘 있게 비추는 것 같았다고 합니다.

같은 예수님이지만 땅에 계실 때와 하늘에 계실 때가 차이가 납니다. 그런데 인간 예수님이 기도 중에 하나님 나라에 계실 때의 예수로 변화하신 겁니다. 변형되신 겁니다. 이를 본 제자들이 얼마나 놀랐겠습니까.

베드로의 미숙한 신앙

"그 옷이 광채가 나며 세상에서 빨래하는 자가 그렇게 희게 할

수 없을 만큼 매우 희어졌더라"(막 9:3)

또한 비슷한 말씀이 다른 성경에도 나오는데, 여기에선 좀 더 자세하게 설명하고 있습니다.

"그들 앞에서 변형되사 그 얼굴이 해 같이 빛나며 옷이 빛과 같이 희어졌더라"(마 17:2)

우리는 이런 것을 본 적이 없다 보니 이게 어떤 모양인지 모릅니다. 그런데 성경 저자는 위와 같이 표현했습니다. 아마도 천국 의상이 아니었을까 생각해 봅니다. 영적 세계에서 입고 다니던 옷이 아니었을까 합니다. 또한 영적인 천국에 가면 내 얼굴이 없어지는 게 아니라 예수님처럼 빛나는 얼굴이 되지 않을까 생각해 봅니다.

요한계시록에서도 예수님을 표현할 때 이와 비슷하게 묘사합니다.

"그의 오른손에 일곱 별이 있고 그의 입에서 좌우에 날선 검이 나오고 그 얼굴은 해가 힘있게 비치는 것 같더라"(계 1:16)

제자들은 해가 힘 있게 비추는 것 같은 예수님의 얼굴을 바라볼 수가 없었습니다. 태양을 바라보기 어렵듯이 말입니다. 그 빛이 너무나 강렬했기 때문입니다. 그런데 자세히 보니 예수님 옆에 누군가 다른 두 분이 계셨습니다. 예수님이 그 두 분과 이야기를 나누고 계시는 겁니다. 그 두 분은 예수님 당시 사람들이 가장 존경하고 사랑하는 구약의 두 인물이었습니다. 엘리야와 모세가 예수님과 함께 이야기하고 있었습니다.

"이에 엘리야가 모세와 함께 그들에게 나타나 예수와 더불어 말하거늘"(막 9:4)

마태복음과 마가복음, 누가복음에 변화산 사건이 모두 기록되어 있기 때문에 내용을 종합해 볼 수 있습니다. 누가복음에는 특히 다른 복음서에는 나와 있지 않은 내용이 등장합니다. "문득 두 사람이 예수와 함께 말하니 이는 모세와 엘리야라, 영광 중에 나타나서 장차 예수께서 예루살렘에서 별세하실 것을 말할 새"(눅 9:30-31)

이 세 사람은 예수님이 이제 곧 예루살렘으로 돌아가서 십자가에 못 박혀 죽게 될 일을 의논하고 있었습니다.

이 광경을 본 베드로는 혼돈에 빠졌습니다. 충격을 받고 제정신이 아니었습니다. 이 영계를 해석할 수가 없었습니다. 육의 세계에 살고, 시간과 공간에 살고, 물질세계에 살고, 이성과 상식의 세계에 살고 있는 인간은 영계에 대한 상식과 지식, 경험이 없기 때문에 베드로는 굉장한 충격을 받은 것입니다.

그래서 다음에 베드로가 횡설수설하고 있습니다. 말은 해야겠는데 무슨 말을 어떻게 해야 할지 몰라 자기도 모르는 말을 한 것입니다.

"베드로가 예수께 고하되 랍비여 우리가 여기 있는 것이 좋사오니 우리가 초막 셋을 짓되 하나는 주를 위하여, 하나는 모세를 위하여, 하나는 엘리야를 위하여 하사이다 하니"(막 9:5)

이것은 베드로가 너무 급해서 한 말이지 정신 차리고 한 말은 아닙니다. 모세와 엘리야, 변화된 예수님을 만나자 정신을 못 차리고 "여기에 초막 세 개를 지어 한 채씩 모시도록 하겠다"는 소리를 합니다. 그곳에 어떻게 집을 짓고 삽니까?

"이는 그들이 몹시 무서워하므로 그가 무슨 말을 할지 알지 못함이더라"(막 9:6)

베드로의 이 말은 실로 책임 질 수 없는 말이었습니다.

베드로는 아직 신앙이 미숙한 상태였습니다. 지금 자신의 신앙이 미숙하다고 걱정할 것은 없습니다. 그냥 있는 대로 살면 됩니다. 미숙하면 미숙한 대로, 그러한 사실을 인정해야 믿음이 성숙해집니다. 신앙에 실수하지 않을 만큼 성숙한 믿음을 갖지 못한 것이 현실입니다. 우리는 최선을 다하고 성실하게 하지만 결과를 보면 항상 문제가 있습니다.

베드로는 예수님이 십자가에 못 박히실 때 멀찍이 서서 다 지켜보았습니다. 닭이 울기 전에 세 번이나 예수님을 부인했고, 부활하신 주님을 직접 봤습니다. 그러고도 고기를 잡는 어부로 돌아갔습니다. 그때까지도 베드로에게는 영적인 성숙함이 없었습니다. 예수님이 부활하시고 나서야 성령을 받고 제자리로 돌아왔습니다.

그러므로 우리가 제자리로 돌아오는 데는 한참 걸립니다. 지금 그 자리까지 가지 못했다고 걱정할 것은 없습니다. 그냥 실수한 채로 열심히 살아가야 합니다. 놓치지 말아야 하는 것은 지금 우리가 서 있는 자리가 최선의 자리라고 착각하는 것입니다. 지금 우리는 최선의 자리에 있지 않습니다.

우리의 죄를 위해 죽으신 예수님

"마침 구름이 와서 그들을 덮으며 구름 속에서 소리가 나되 이는 내 사랑하는 아들이니 너희는 그의 말을 들으라 하는지라"(막 9:7)

구름이 나타났습니다. 신구약에서 구름은 하나님의 영광과 임재를 상징합니다. 예수님이 하늘로 올라가실 때도 구름 가운데서 구름을 타고 올라가셨습니다. 이것은 하나님의 영광과 임재를 의미합니다. 그들 사이에 하나님의 영광과 그분의 임재를 상징하는 구름이 왔다는 겁니다.

이것은 마치 모세가 시내산에 올라갔을 때 하나님의 영광의 구름 가운데 서 있었던 것과 같습니다. 우리는 여러 성경에 나오는 장면을 이렇게 비교하면서 "아, 이런 거였겠구나" 하고 유추해 봅니다. 모세가 시내 산에서 떨기나무에 불이 붙는 것을 보는 장면도 이것과 비슷합니다.

출애굽기를 보면 이스라엘 백성이 성막을 짓고 기름을 붓고 나면 그 성막 안에 하나님의 구름이 가득 찼다고 나옵니다. 하나님의 영광이 가득 차서 모세도 그 하나님의 성전에 들어갈 수가 없었습니다.

이 말씀을 읽을 때마다 슬픈 것은 오늘 우리는 교회에 아무렇게나 들락날락 하고 있다는 겁니다. 사실 교회는 하나님의 영광과 임재가 가득 차서 들어올 때마다 두려움과 떨림을 가져야 합니다. 방자하게 들어오면 안 됩니다. 함부로 들어오면 안 됩니다. 왜입니까? 구약에 보면 교회는 하나님의 거룩과 임재가 있는 곳이기 때문입니다.

하나님의 영광과 임재 속에는 언제나 그분의 음성이 나타납니다. 하나님의 음성은 예수님이 요단강에서 세례 요한한테 세례를 받으실 때 들렸던 음성과 같은 것입니다. 세례 요한이 예수님께 세례를 받아야 합니까? 예수님이 세례 요한한테 세례를 받아야 합니까? 세례 요한이 예수께 세례를 받아야 합니다. 그럼에도 예수님은 자원해서 "나에게 세례를 달라"고 하셨습니다.

충격은 세례 요한이 받았습니다. "아니, 내가 예수님께 세례를 받아야 할 텐데 어째서 예수님이 나보고 세례를 달라고 하십니까? 이건 말도 안 되는 얘기입니다." 그때 예수님은 "거절하지 말라. 나에게 세례를 베풂으로 하나님의 의를 이루라"고 하셨습니다.

예수님이 죄가 있어 세례를 받으신 것이 아닙니다. 온 인류의 죄를 위해 그분이 대신 세례를 받으신 것입니다. 예수님은 죄가 있어 십자가에 못 박혀 죽으신 것이 아니라 온 인류의 죄를 대신해 십자가에 못 박혀 죽으신 것입니다. 예수님 사역의 초기에는 우리를 대신해서 세례를 받으셨고, 예수님 사역의 마지막에는 우리를 대신해서 십자가를 지셨습니다.

두 가지 음성이 들렸습니다. "예수는 내 사랑하는 아들이다. 내 사랑하는 아들이다." 또한 마태복음에는 "내 기뻐하는 아들이다. 내 사랑하는 아들이다"라고 말씀합니다. 또한 "그의 말을 들으라. 내 사랑하는 아들이라"고 말씀합니다. 이 말은 무슨 뜻일까요? 얼마나 사랑하고 있다는 말을 하시는 걸까요?

이것은 하나님의 보증수표와 같은 것입니다. 하나님의 확신입니다. 만약 이 말만 우리가 들을 수 있다면 다른 건 다 필요하지 않습니다. "내가 너를 사랑하노라. 내가 너를 보배롭고 존귀한자로 여기노라." 우리가 이 말만 마음에 인치심을 받았다면 뭐가 더 필요하겠습니까! 또한 사람들에게 이렇게 명령합니다. "그분의 말을 들어라." 이처럼 권위 있고 분명한 명령이 어디 있습니까!

이 두 가지는 모든 사역자가 항상 가슴에 품고 살아야 할 음성입니다. 이 음성을 듣지 못한 사람은 사역자가 될 자격이 없습니다. 하나님의 일을 할 수가 없습니다. 많은 고난과 어려움과 억울함을 당할 터인데, 아 두 마디를 듣지 못하면 실족해서 끝까지 갈 수가 없습니다.

"문득 둘러보니 아무도 보이지 아니하고 오직 예수와 자기들뿐 이었더라"(막 9:8)

변화된 예수님도 보이지 않으시고, 모세도 엘리야도 보이지 않고 맨 처음으로 돌아왔습니다. 무슨 뜻일까요? 일상으로 돌아왔다 는 얘기입니다.

메시아가 오기 전에 엘리야가 오다

우리는 항상 변화된 몸으로 사는 게 아니라 일상으로 돌아와 살 아야 합니다. 그러나 죽으면 변화된 예수님의 모습처럼 변화된 성 도들과 같이 그렇게 살 것입니다. 지금은 육의 몸을 입고 시간과 공 간의 제한을 받으며 고난 속에서 이렇게 살고 있는 것입니다. 예수 님도 제자들도 다시 육으로 돌아왔습니다.

"그들이 산에서 내려올 때에 예수께서 경고하시되 인자가 죽은 자 가운데서 살아날 때까지는 본 것을 아무에게도 이르지 말라 하 시니"(막 9:9)

제자들이 본 것을 말했을까요? 안 했을까요? "비밀이야, 비밀이 야"라고 하면서 했을 겁니다. 왜 예수님은 말하지 말라고 하셨을까 요? 십자가에 못 박혀 죽으시는 것만 가지고는 구원이 완성되지 않 습니다. 부활해야 예수님과 하나님이 원하시는 구원이 완성됩니다.

그런데 도중에 소문을 내면 사람들은 정치적으로 예수를 메시아로 만들고, 빵을 좀 얻어먹을 수 있으니 경제 대통령으로 만들고, 혁명을 일으키기 위해 이용하려고 할 것입니다. 예수님을 진정한 메시아로 보지 않고 정치적 도구로, 경제적 도구로 이용하려는 세력이 너무 많이 생기기 때문에 불필요한 오해를 낳지 않기 위해 본 것을 말하지 말라고 말씀하신 것입니다.

"그들이 이 말씀을 마음에 두며 서로 문의하되 죽은 자 가운데서 살아나는 것이 무엇일까 하고"(막 9:10)

제자들이 부활이란 뜻을 알았습니까? 몰랐습니다. 예수님께서 이렇게 말씀을 해 주셨는데도 몰랐습니다. 빵을 쥐어 줘도 모르고 먹여 줘도 몰랐습니다. 진리란 가르쳐 준다고 아는 것이 아닙니다. 그래서 제자들은 자기들끼리 자꾸 토론을 합니다. 토론한다고 해답이 나올까요? 교회에서 너무 많이 토론하지 마세요. 토론하면 싸우게 됩니다. 토론하면 기분만 나빠집니다.

제자들은 아직도 영적으로 무지합니다. 그러니 예수님은 얼마나 힘드셨겠습니까. 이렇게 영적으로 무지한 사람들과 같이 일하자니 말입니다. 뭘 좀 알아들어야 십자가에 못 박힐 때도 안심할 수 있고, 부활도 안심하고 하실 텐데 말입니다. 이런 것을 보면 예수님은 정말로 믿음이 좋으시다는 생각이 듭니다. 이런 제자들한테 일을 맡겨 놓고 십자가에서 죽기도 하시고 부활하기도 하셨으니 말입니다.

더 놀라운 것은 제자들한테 "너희는 가서 모든 민족을 제자로 삼아 아버지와 아들과 성령의 이름으로 세례를 베풀고"라고 말씀하시면서 믿고 맡기고 간다고 하신 것입니다. 제자들이 하지 않으면 어떻게 합니까? 깨닫지 못하면 어떻게 합니까? 그래서 "내가 너희에게 보혜사 성령을 보내 준다"라는 한마디를 남긴 채 예수님은 승천하셨습니다. 천만다행으로 제자들은 예수님의 말씀을 깨닫고 다락방에 모여 기도했습니다. 그때까지도 제자들은 제대로 몰랐습니다.

제자들은 의심이 생겼습니다. '왜 엘리야가 나타났을까? 왜 모세가 나타났을까?'

"이에 예수께 묻자와 이르되 어찌하여 서기관들이 엘리야가 먼저 와야 하리라 하나이까"(막 9:11)

이것은 구약 학자들이 주장한 얘기입니다. 메시아가 오기 전에 엘리야가 온다는 것입니다. 그때 예수님은 이렇게 대답하셨습니다.

"이르시되 엘리야가 과연 먼저 와서 모든 것을 회복하거니와 어찌 인자에 대하여 기록하기를 많은 고난을 받고 멸시를 당하리라 하였느냐, 그러나 내가 너희에게 이르노니 엘리야가 왔으되 기록된 바와 같이 사람들이 함부로 대우하였느니라 하시니라"(막 9:12-13)

그 엘리야는 세례 요한이었습니다. 엘리야가 이미 세례 요한으로 왔던 것입니다. 그런데 사람들은 세례 요한을 죽였습니다. 단칼에 목을 베어 죽여 버렸습니다. 예수님은 "메시아는 이 땅에 와서 십자가의 고난을 받는다"라는 얘기를 또 하셨습니다. 예수 그리스도는 우리의 주님이시요, 참 메시아이십니다. 그는 진실로 하나님의 아들이십니다.

그 당시에도 예수님을 알지 못하는 사람이 많았습니다. 그런데 창녀처럼 살았던 수가성의 여인은 학식도 없고 조롱과 천대를 받았지만 메시아를 알아봤습니다. 이 여인은 우물가에서 예수를 만났습니다. 그리고 예수님과 대화하면 할수록 이 사람은 인간이 아니라 메시아라는 생각이 들었습니다.

"여자가 이르되 메시아 곧 그리스도라 하는 이가 오실 줄을 내가 아노니 그가 오시면 모든 것을 우리에게 알려 주시리이다. 예수께서 이르시되 네게 말하는 내가 그라 하시니라"(요 4:25-26)

"여자가 물동이를 버려두고 동네로 들어가서 사람들에게 이르되, 내가 행한 모든 일을 내게 말한 사람을 와서 보라 이는 그리스도가 아니냐 하니"(요 4:28-29)

여인은 물 항아리를 내버려 둔 채 마을로 돌아가 사람들한테 "와서 내 과거를 모두 말해 준 사람을 보십시오. 이분이 그리스도가 아니겠습니까"라고 말했습니다. 성경에 보면 다음과 같은 말씀이 나옵니다.

"예수께서 그리스도이심을 믿는 자마다 하나님께로부터 난 자니 또한 낳으신 이를 사랑하는 자마다 그에게서 난 자를 사랑하느니라"(요일 5:1)

우리는 수가성의 여인보다 더 높은 학력에다 더 높은 지위를 가지고 있습니다. 우리의 마음이 가난해져 수가성의 여인처럼 주 예수 그리스도가 나의 메시아임을 발견하고 그분 앞에서 눈물을 흘리며 "나의 주, 나의 하나님"이라고 고백하면 좋겠습니다.

하용조 목사의 발자취
1946년 9월 20일~2011년 8월 2일

1946년 9월 20일	평안남도 강서군에서 3남 3녀 중 셋째 아들로 태어남
1951년	6. 25전쟁 중, 목포로 피난
1964년 3월	건국대학교 축산가공학과 입학, 1972년 2월 졸업
1965년	한국대학생선교회(CCC) 문을 두드리다
	7년 동안 학생회 리더와 전임간사로 봉사
1966년 8월 4일	경기도 CCC 하계수련회에서 성령으로 거듭남 체험
1972년 3월	장로회신학대학원 입학, 1975년 2월 졸업
1974년 3월	목포교회에 전도사로 부임
1976년 5월	대한예수교장로회 목포노회에서 목사 안수
	한국 최초로 '연예인 교회' 개척, 1980년 8월까지 시무
1980년 12월	'두란노서원' 창립
1981년 7월	영국 런던 바이블 컬리지 입학
	1982년 6월 수료
1982년 7월	영국 WEC 국제선교센터에서 훈련을 받고
	같은 해 12월 수료
1983년 3월	영국 런던 인스티튜트 입학
	1984년 2월 수료
1984년 10월	한남동 햇불회관에서 열두 가정이 모여 '온누리교회' 모체 형성
1985년 10월	'온누리교회' 창립

1995년	11월	한동대학교 이사장 취임, 1996년 8월까지 역임
1998년	5월	미국 바이올라대학 명예문학박사 학위 취득
1999년	8월	사단법인 '온누리 복지재단' 설립, 초대 대표이사로 추대
	12월	학교법인 신동아학원 이사장으로 추대
2000년	10월	온누리 인터넷 방송국 개국
	11월	언론문화에 기여한 공을 인정 받아 문화관광부 표창을 받음
2002년	2월	미국 트리니티신학대 명예신학박사 학위 취득
2004년	2월	한동대학교 이사로 추대
2005년	2월 28일	햇불트리니티 신학대 총장으로 추대
	3월 29일	CGNTV 본사를 설립, 개국. 이사장으로 추대
	12월	외국인 노동자를 위한 온누리미션센터 개원
2006년	5월	용인에 온누리노인요양센터 개관
2007년	1월	온누리 희망의 급식순회차 운영 개시
2008년	9월	'위대한 설교 컨퍼런스' 주요 강사 5명 중 1명으로 초대받음
2010년	6월	온누리 세계선교센터 'Acts 29 비전빌리지' 오픈
2011년	5월	장로회신학대학원 명예박사 학위 취득
	7월 31일	주일 예배 설교가 마지막 설교가 되었음
	8월 2일	뇌출혈로 소천